中国移动党建宣传丛书

最美移动人

本书编写组 编

学习出版社

图书在版编目（CIP）数据

最美移动人 /《最美移动人》编写组编. -- 北京：学习出版社，2024.7
ISBN 978-7-5147-1268-1

Ⅰ. ①最… Ⅱ. ①中… Ⅲ. ①中国文学－当代文学－作品综合集 Ⅳ. ①I217.1

中国国家版本馆CIP数据核字(2024)第092813号

最美移动人
ZUIMEI YIDONGREN

本书编写组　编

责任编辑：宋　飞　胡　啸
技术编辑：朱宝娟
装帧设计：映　谷

出版发行：学习出版社
　　　　　北京市崇外大街11号新成文化大厦B座11层（100062）
　　　　　010-66063020　010-66061634　010-66061646
网　　址：http://www.xuexiph.cn
经　　销：新华书店
印　　刷：北京顶佳世纪印刷有限公司

开　　本：710毫米×1000毫米　1/16
印　　张：27
字　　数：349千字
版次印次：2024年7月第1版　2024年7月第1次印刷
书　　号：ISBN 978-7-5147-1268-1
定　　价：98.00元

如有印装错误请与本社联系调换，电话：010-67081356

凝聚移动"最美"力量
奋进强国建设新征程

杨 杰

在全党深入推进第二批学习贯彻习近平新时代中国特色社会主义思想主题教育之际，我们在这里隆重举行中国移动第四届"最美移动人"发布暨事迹报告会，主要目的是，深入贯彻落实党的二十大精神，进一步把学习贯彻习近平新时代中国特色社会主义思想主题教育引向深入，激励公司广大干部员工学习先进典型、凝聚奋进力量，为加快建设世界一流信息服务科技创新公司而团结奋斗。在此，我代表公司党组，向荣获"最美移动人"称号的先进个人和集体表示热烈的祝贺！向奋战在公司各条战线上的广大干部员工致以亲切的问候！借此机会，和大家交流3方面内容。

第一，回顾10年活动历程，我们要更加深刻领悟"两个确立"的决定性意义。10年前，在学习贯彻党的十八大精神的开局之年，公司启动了"最美移动人"主题宣传活动，目前已连续开展了4届。10年来，在新时代波澜壮阔的历史进程中，我们认真学习贯彻习近平新时代中国特色社会主义思想，坚决贯彻落实党中央决策部署，深入实施创世界一流"力量大厦"发展战略，全力推动数智化转型、高质量发展，公司保持了持续健康发展的良好态势。经过多年的不懈努力，公司实现了网络规模、客户规模、收入规模"三个全球第一"，创新能力、品牌价值、公司市值、盈利水平"四个全球领先"，在建设世界一流企业进程中迈出了坚实步伐。这些成绩的取得，归根结底在于有以习近平同志为核心的党中央掌舵领航，在于公司上下坚持学思想与学方法相结合、学习与落实相结合，自觉把习近平新时代中国特色社会主义思想作为指导事业发展的根本遵循。新征程上，我们要更加深刻领悟"两个确立"的决定性意义，增强"四个意识"、坚定"四个自信"、做到"两个维护"，不断增进政治认同、思想认同、理论认同、情感认同，切实做好深化、内化、转化工作，着力提升政治能力、思维能力、实践能力，以主题教育为契机，切实把科学的思想方法、领导方法、工作方法学到手、学到家，运用到建设世界一流信息服务科技创新公司的实践当中，在以信息化推动中国式现代化的征程中取得更多新进展、新成效。

第二，回顾 10 年活动历程，我们要更加深刻认识团结奋斗是公司不断做强做优做大的必由之路。 习近平总书记指出，团结奋斗是中国人民创造历史伟业的必由之路；团结就是力量，团结才能胜利。10 年来，我们从 49 个单位选树了 140 个"最美移动人"，他们中有锐意进取、创新开拓的技术专家，有忠诚事业、守土尽责的基层网格长，有立足岗位、平凡坚守的网络维护者，有逆行保障、振兴乡村的一线建设者，有精益服务、实干为民的市场先锋、服务标兵。他们来自不同条线、不同地域、不同岗位，但他们身上有一个共同的鲜明特质：都是团结奋斗的实干家。公司能够取得一系列令人振奋、令人骄傲的良好成绩，凝结着以"最美移动人"为代表的每一位移动人的勠力同心、奋斗拼搏。新征程上，我们要牢牢把握团结奋斗的时代要求，充分发挥典型引路作用，深入开展"最美移动人"学习宣传活动，在对标先进、学习典型中进一步凝聚共识、鼓舞斗志，教育引导全集团广大干部员工心往一处想、劲往一处使，以更加紧密的团结、更加顽强的奋斗，形成奋进新征程、建功新时代的强劲动力，推动公司事业发展不断开创新局面、创造新辉煌。

第三，回顾 10 年活动历程，我们要更加深刻把握塑造企业先进精神和优秀文化的重要价值。 习近平总书记指出，伟大时代呼唤伟大精神；文化自信是更基本、更深沉、更持久的力量。作为网信领域的中央企业和"大国重器"，我们在全面履行经济责任、政治责任、社会责任的同时，也要在传承弘扬中华优秀文化、展现中国精神、讲好央企故事、传播价值理念等方面担当作为、贡献力量。经过 10 年的持续培育选树，"最美移动人"已经成为新时代移动人弘扬伟大建党精神、践行社会主义核心价值观的重要载体；成为展示公司企业精神和员工形象的闪亮名片；成为有形的正能量和鲜活的价值观。"最美移动人"先进事迹体现出来的精神品质，是我们在创建世界一流企业进程中需要倍加珍惜的宝贵精神财富。新征程上，我们要深刻认识建设适应中国式现代化要求的一流企业，必须要有一种为国家为人民真诚奉献的精神，要始终胸怀"国之大者"，牢记红色通信传统，深入开展主题教育，坚持以学铸魂、以学增智、以学正风、以学促干，加快新时代企业精神培育、加强重大典型选树,坚定不移唱响主旋律、弘扬正能量、提振精气神,引领广大员工凝心聚力创建世界一流企业,以"做强做优做大国有企业"和"做强做优做大数字经济"的实际行动,为全面建设社会主义现代化国家、全面推进中华民族伟大复兴贡献更大力量!

(本文是中国移动党组书记、董事长杨杰2023年9月22日在"奋进新征程、建功新时代"第四届"最美移动人"发布暨事迹报告会上的讲话)

目录 CONTENTS

凝聚移动"最美"力量　奋进强国建设新征程 ············ *1*

弦歌十年芬芳路
"最美移动人"活动综述

中国移动"最美移动人"主题宣传活动综述 ················· 3

又是芳华正浓时
第四届"最美移动人"事迹巡礼

中国移动举行"奋进新征程、建功新时代"第四届"最美移动人"
　发布暨事迹报告会 ····································· 19

中国移动第四届"最美移动人"名单 ······················ 24

创新开拓　勇于进取 ·································· 27
　　方东旭：网优新曲传山城 ··························· 29
　　程日涛：涛声依旧闯新路 ··························· 35
　　文　静：初心铸匠心 ······························· 40

丁　源：万物智联皆有源 …………………………………… 45
钱　岭：守得"云"开见月明 ………………………………… 50
程宝平：让数智生活进入千家万户 …………………………… 55
王文敏：矢志报国"海归"情 ………………………………… 60
李　男："破风手"的中国"芯" …………………………… 65
尚　晶："梧桐"花开香满枝 ………………………………… 70
福建公司宁德时代5G项目突击队：
　　让"宁德时代"紧跟时代步伐 …………………………… 75

忠诚事业　勇于担当 ……………………………………… 81

张兴亮：白山松水　"移"网情深 ………………………… 83
车小瑜：车行"枫桥"鱼水情 ……………………………… 88
余　伟："后浪"逐岸千堆雪 ……………………………… 93
张秀成：细工巧思一匠成 …………………………………… 98
罗丽芳：肩扛责任白芬芳 …………………………………… 103
王　敏："雪亮女神"炼成记 ……………………………… 108
纳吉布：疾驰在丝路上的移动"巴铁" …………………… 113
凌　晨：凌晨微光梦远行 …………………………………… 117
咪咕公司全媒体中心：
　　用最强音浪讲述最美中国故事 ………………………… 121
集成公司数字政府腊子口攻坚团队：
　　为数字政府输出"移动模式" ………………………… 126
信安中心"云专家"网络安全卫士战队：
　　筑牢网络安全铜墙铁壁 ………………………………… 131

尽职尽责　平凡坚守 ……………………………………… 137

马翠红：行走在科尔沁草原的智慧使者 …………………… 139

目录

杨晶晶：鹤乡尽书移动情 …………………………………… 144
赵　荧：聚"荧"成光暖冰城 ……………………………… 148
程　颖："程"风在亚运　"颖"领新美学 ………………… 153
杨林志：为民铺就数智路 …………………………………… 158
陈燕飞：雁南飞处绽芳华 …………………………………… 164
李艳勤：移动网格里的"轴"人 …………………………… 170
拉　平：让世界见证中国移动高度 ………………………… 176
马兴新：老骥伏枥志千里 …………………………………… 182
中国移动网络事业部"网络护航"通信保障团队：
　　网络护航映丹心 ………………………………………… 187

矢志不渝　奉献社会 …………………………………… 193

范　楠：忠诚铸就金色信安盾牌 …………………………… 195
张嫚嫚：让青春在奉献中演奏曼妙旋律 …………………… 200
樊一博："冀先锋"的冰雪情缘 …………………………… 205
沈　贤：跑出青春加"苏"度 ……………………………… 210
唐相艳：让网络传递沂蒙最美风光 ………………………… 215
黄　金：忠诚护网贵如金 …………………………………… 220
朱凌锐：好山好水建好网 …………………………………… 223
吴习波：他为盐都生活增添数智美味 ……………………… 228
杨　晟：乡村振兴的领头羊 ………………………………… 233
耿忠营：满腔热血铸忠诚 …………………………………… 237

至诚至信　精益服务 …………………………………… 243

程　功：成功必定有我 ……………………………………… 245
王连锋："申"耕网格　匠"新"服务 …………………… 250
韩喜清：服务数字政府领域的"多面女将" …………………… 256

邱琰琛：冲锋陷阵的"数字工匠" 261
刘大洋：在科研润土中抽穗扬花 266
陈海玲：遨游在边缘计算的"海精灵" 271
贺晨艳：格桑绽放艳万家 276
孟祥龙：知重负重的忍小伙 281
郑宗敏：家国情怀润紫荆 286
王冰珏：冰清玉"珏"显芳华 290

笔墨浓情寄最美
"最美移动人"主题文艺创作掠影

我心中　你最美
　　——致"最美移动人" 299

遇　见
　　——为"最美移动人"而作 303

微微一笑很婵娟
　　——记"最美移动人""微笑大使"景伟娟 307

苗乡硬汉"麻三多"
　　——记"最美移动人"麻兴义 310

匠人，"犟"人
　　——记"最美移动人"黄昭文 314

高原格桑花
　　——记"最美移动人"其美多吉、边巴卓玛 318

目 录

"重"力并,则万钧不足举
　　——记"最美移动人"北京公司重大通信保障团队 …… 321

草帽下的"梦想"
　　——记"最美移动人"徐菊芬 …………………… 324

满身勋章的通信"旗"兵
　　——记"最美移动人"岑曙炜 …………………… 327

最美"慰民" 创新"为民"
　　——记"最美移动人"杨慰民 …………………… 330

数字王国中的快乐"操盘手"
　　——记"最美移动人"赵静 ……………………… 333

匠心护强网
　　——记"最美移动人"郭兰珂 …………………… 337

独龙江畔的通信之歌
　　——记"最美移动人"马春海 …………………… 340

零下45℃的温暖
　　——记"最美移动人"石玉喜 …………………… 343

走在别人没有走过的路上
　　——记"最美移动人"孙滔 ……………………… 346

在回眸里闪光
　　——致中国移动武汉抗疫群体 …………………… 349

"疫"线上的数智先锋
　　——记"最美移动人"疫情防控大数据支撑团队 …… 354

网格里的她
　　——记"最美移动人"赵菲 ………………………………… 359

"徽骆驼"
　　——记"最美移动人"华少华 ……………………………… 362

他用生命绽芳华
　　——追忆"最美移动人"李跃龙 …………………………… 365

一片山海"移"生情
　　——记"最美移动人"三都海上营业厅 …………………… 368

沂蒙汉子移动兵
　　——记"最美移动人"朱祥磊 ……………………………… 371

移动人的"技术范"
　　——记"最美移动人"范春凯 ……………………………… 375

红旗村上旗鲜亮
　　——记"最美移动人"邢亮 ………………………………… 378

生命禁区的守望
　　——记"最美移动人"丹真曲批 …………………………… 381

他是"战士"
　　——记"最美移动人"丁于 ………………………………… 383

从"中国好人"到"樱桃书记"
　　——记"最美移动人"赵军 ………………………………… 386

走过你来时的路
　　——记"最美移动人"多杰才旦 …………………………… 390

目 录

有一种责任叫奔赴
  ——记"最美移动人"新疆公司深度贫困村
    第一书记 ·················· 393

"船"承通信梦,领航新篇章
  ——记"最美移动人"NFV网络云项目团队 ········ 396

集智聚力普"芯"章
  ——记"最美移动人"肖青 ················ 399

我们不干,谁干?
  ——记"最美移动人"咪咕视讯直播团队 ········ 402

在线飞歌
  ——记"最美移动人"徐吉恩 ·············· 405

移动最美
  ——中国移动"最美移动人"主题曲 ·········· 409

后　记 ·························· 411

"最美劳动人"
活动综述

弦歌十年
芬芳路

中国移动"最美移动人"主题宣传活动综述

2012年11月，习近平总书记在参观《复兴之路》展览时提出了实现中华民族伟大复兴的中国梦，引起了全社会的热烈讨论、广泛共鸣。2013年以来，中国移动在全系统深入开展"最美移动人"主题宣传活动，广泛寻找、选树、宣传中国移动在实现伟大梦想、建设一流企业中涌现出的"最美"代表，他们是新时代中国移动的筑梦者和追梦人。

10年奋进波澜壮阔，10年选树巨木成林。10年来，"最美移动人"在新时代中国移动改革发展的实践中成长、奋进、绽放，已经成为中国移动践行社会主义核心价值观、涵养企业精神的突出代表，成为中国移动典型选树最闪亮的名字，成为中国移动员工日常学习最鲜活的榜样，成为展示一流企业形象最亮丽的名片。

一、在新时代的土壤中成长

党的十八大以来，中国特色社会主义进入了新时代。伟大时代呼唤伟大精神，崇高事业需要榜样引领。2013年，中国移动启动首届"最美移动人"主题宣传活动。10年来，4届"最美移动人"与中国移动改革发展实践同频共振，诠释了新时代中国移动人的坚定信念、奋斗风采、崇高品格和精神气质。

（一）价值引领　揭开最美篇章

2013年是中国移动集团正式组建的第13个年头。经过10余年发展，中国移动已经成长为全球网络规模最大、客户数量最多的通信运营商，成为信息时代家喻户晓的品牌。党的十八大提出了培育社会主义核心价值观的重大时代课题。新时代的通信事业需要什么样的中国移动人？世界一流通信企业的员工应当具有什么样的精神面貌？"最美移动人"主题活动在探索中给出了答案。

2013年2月，中国移动正式启动首届"最美移动人"主题宣传活动，面向全集团57万名基层员工开展"最美"挖掘选树工作。选树工作结合通信行业特点，明确了"平凡之美""服务之美""网络之美""开拓之美""廉洁之美""先锋之美""奉献之美"7个维度。

中国移动把开展主题活动与党的群众路线教育实践活动结合起来，在选树过程中，始终坚持面向基层一线，发动员工广泛参与。各所属单位从基层一线员工中深入发掘先进人物代表，累计选送了116个最具代表性的"最美移动人"候选对象。全集团26万名员工积极参与网上投票评选，最终来自18家单位的16名个人、2个集体荣获首届"最美移动人"称号。活动期间，中国移动发布了"最美移动人"主视觉，累计编发"最美移动人"彩信专刊75期、报道先进人物和集体253个，并在中国移动官方微博、10086门户网站开设专区宣传，持续向社会公众扩大活动影响力。

2013年11月11日，中国移动首届"最美移动人"先进事迹报告会在北京举行，党的群众路线教育实践活动第39中央督导组、国资委、国防邮电工会等有关单位领导，中国移动全体领导班子成员出席活动。报告会分为服务、拼搏、创新、责任4个篇章，生动展示了首届"最美移动人"获奖代表的形象事迹，6位获奖代表现场作先进事迹报告，全集团数万名干部员工通过电视电话会议系统观看了报告会，"最美移动人"的感人事迹在广大员工中引起了强烈反响。

2014年5月，中国移动结合培育和践行社会主义核心价值观，将首

弦歌十年芬芳路
"最美移动人"活动综述

◎ 中国移动首届"最美移动人"获奖代表

届"最美移动人"事迹汇编成册印发，并组织"最美移动人"先进事迹报告团到各省区市开展巡讲。2014年国庆前夕，中国移动成立"最美移动人"新媒体编辑部，上线"最美移动人"微信公众号，部署开展"学'最美移动人'，创4G精彩"活动，将"最美移动人"主题宣传活动融入日常、引向深入。

（二）争创一流　展现最美风采

2016年10月，全国国有企业党的建设工作会议召开。习近平总书记强调，做强做优做大国有企业，要有一种为国家为人民真诚奉献的精神、一支充分组织起来的职工队伍。为了适应新时代国有企业改革发展党建的新要求，中国移动于2017年6月正式启动第二届"最美移动人"主题宣传活动。

2017年10月，党的十九大首次提出"培育具有全球竞争力的世界一流企业"。中国移动结合学习贯彻党的十九大精神，对标创建世界一流企业的目标要求，深化第二届"最美移动人"挖掘选树工作。经过半年多的酝酿，各单位累计推荐在"忠诚担当有所作为、尽职尽责平凡坚守、至诚至信精益服务、攻坚创新提质增效、艰苦奋斗无私奉献"5个方面有突出贡献的111个"最美移动人"候选对象。

为提高活动评审的规范性、专业性和参与性，第二届"最美移动人"主题宣传活动领导小组累计开展了3轮评审，邀请内外专家多次研讨，并在中移网上开辟了员工投票专区，累计有21.5万名员工进行了网络投票，最终评选出19名个人和2个集体为第二届"最美移动人"。

2019年6月28日，中国移动庆祝建党98周年暨第二届"最美移动人"事迹报告会在北京隆重召开。会议向获得荣誉的表彰对象现场颁奖。第一届、第二届"最美移动人"获得者中的5名代表现场作个人事迹报告，现场氛围隆重热烈。

◎中国移动庆祝建党98周年暨第二届"最美移动人"事迹报告会

2019年年初，国资委明确中国移动为首批创建世界一流示范企业。第二届"最美移动人"的表彰宣传，正值中国移动上下锚定创建世界一流企业目标团结奋进之际。第二届"最美移动人"集中体现了新时代中国移动人争创一流的精神风貌和非凡气概，极大地鼓舞了广大干部员工的斗志。

（三）整装出发　奏响最美强音

2020年是中国移动正式组建20周年。中国移动在"奋斗20载　整装再出发"系列活动中，拉开了第三届"最美移动人"主题宣传活动的帷幕。

2020年是回顾之年、整装之年，第三届"最美移动人"主题宣传活动从一开始就注重建章立制。在前两届活动的基础上，中国移动党组制定出台了《"最美移动人"管理办法》，对"最美移动人"的推荐、评选、表彰、奖励、服务和管理等工作进行了规范，"最美移动人"主题宣传活动更加制度化、规范化。

第三届"最美移动人"主题宣传活动的开展有着特殊的时代经纬。2020年年初，新冠疫情突袭湖北，中国移动与全国上下一道，齐心协力打响了疫情防控阻击战、总体战。因此，第三届"最美移动人"在第二届基础上，增加了抗击疫情领域大战大考中的突出代表。同时，为了充分展现公司成立20周年员工面貌、发展成效，第三届"最美移动人"扩充了推荐名额和表彰名额。各单位累计评选推荐了129个"最美移动人"候选对象，经过2轮评选，最终来自40个单位的50个"最美移动人"脱颖而出。

在庆祝公司成立20周年和疫情防控的背景下，第三届"最美移动人"表彰工作节奏紧凑、氛围庄重。2020年6月30日，中国移动庆祝建党99周年暨集团公司成立20周年先进典型表彰大会在北京隆重举行。活动现场宣读了表彰通报，播放了第三届"最美移动人"宣传片，并由

◎中国移动庆祝建党 99 周年暨集团公司成立 20 周年先进典型表彰大会

第三届"最美移动人"代表作典型事迹报告,一同表彰的还有中国移动劳动模范、"一先两优"和集团级首席专家。活动通过公司视频会议系统播发,并通过咪咕视频进行了在线直播。第三届"最美移动人"的表彰,为公司上下在疫情防控条件下,进一步树正气、提士气,激发全体员工"整装再出发"的昂扬斗志,注入了强大精神力量。

(四)奋进新程 凝聚最美力量

2022 年 10 月,党的二十大胜利召开,全党全国上下掀起学习宣传贯彻党的二十大精神的热潮。中国移动紧密结合新征程上全面建设社会主义现代化国家的目标要求和公司改革发展新的战略定位,以"学二十大精神、做最美移动人"为主题,启动了第四届"最美移动人"选树表彰宣传活动。

各单位将"最美移动人"选树工作作为发掘典型、激励士气的重要契机,广泛发动员工参与,累计向集团公司推荐了 122 个候选对象。中

弦歌十年芬芳路
"最美移动人"活动综述

国移动"最美移动人"活动领导小组办公室根据《"最美移动人"管理办法》,最终评选出51个第四届"最美移动人"。

第四届"最美移动人"包含46名个人、5个集体,来自全集团44个推荐单位,具有广泛的代表性。此次评选中,位于巴基斯坦的全资子公司辛姆巴科公司员工纳吉布成为首位获得"最美移动人"的外籍员工,香港公司郑宗敏成为首位获奖的香港籍员工,"最美移动人"的影响力走向了海内外。经过连续4届"最美移动人"主题宣传活动,中国移动境内外全部33个区域公司,均有了"最美移动人"代表,各专业条线的"最美移动人"也在不断增多,形成了"身边的最美"榜样群体,为激励公司广大员工在新征程上团结奋斗凝聚了强大力量。

2023年9月22日,经过精心筹备,中国移动"奋进新征程、建功新时代"第四届"最美移动人"发布暨事迹报告会胜利召开,通过咪咕

◎中国移动"奋进新征程、建功新时代"第四届"最美移动人"发布暨事迹报告会

直播向全网播出。此次活动处处体现了"传承"与"创新",在颁奖环节,往届"最美移动人"代表与参会嘉宾一同上台,为新一届获奖代表颁发奖杯,传递"最美"的荣誉与责任;颁奖结束后,获奖人亲友第一时间通过视频形式发来祝贺。在"最美宣讲"环节,首位外籍获奖员工纳吉布使用全英文宣讲,首届"最美移动人"代表景伟娟压轴出场报告,向10年"最美移动人"历程致敬。活动最后还发布了"最美移动人"主题曲《移动最美》。这是疫情结束后,中国移动首次举办线下大型表彰活动,极大地提振了全集团干部员工的信心士气。

二、在新时代的浪潮里奋进

"最美移动人"是一项荣誉,更是一种责任。10年来,"最美移动人"从聚光灯下回到工作岗位后,又和数十万移动人一道,融入新时代中国移动奋进世界一流的壮阔征程中。

(一)创新开拓　最美勇立潮头

从3G到4G再到5G,"最美移动人"勇于开拓,始终站在通信技术创新突破的最前沿。中流击水,TD-LTE团队筚路蓝缕,全力推进4G技术自主研发和产业成熟;乘势而上,孙滔与团队辗转于实验室和国际舞台之间,护航5G中国标准走向世界。一马当先,黄昭文超越自我创造珠江奇迹;精益求精,岑曙炜上下求索刷新杭州速度。创新提质,周慧、杨慰民、郭兰珂和朱祥磊不断演绎网优之美;守护安全,娄涛、粟粟、丁于和"泰山队"持续筑牢网安之盾。赵静在指尖破解大数据的奥秘,肖青在万物智联中开辟移动"芯"路,NFV网络云项目团队精心织就5G核心网络,CMIX项目团队倾力打造国际一流数据中心。在中国移动建设网络强国的主战场上,"最美移动人"创新争先,引领并见证着我国移动通信事业3G跟随、4G并跑、5G领先的全过程。

（二）忠诚事业　最美奋发进取

在新时代的伟大征程中，"最美移动人"奋发进取，谱写了一曲曲通信事业发展的忠诚赞歌。地震突发，顾明争分夺秒接续玉树"生命光缆"；洪水来袭，钱绍禹抱病出征守护长春通信安全。在北国风雪中，内蒙古应急通信保障组闻令而动、抢通通信生命线；在南海风浪里，海南"威虎队"扎根三沙、守护孤岛信息网。首都北京，重保团队隐在幕后默默护航一次次重大活动，咪咕直播走向台前将中国文化传播至五洲四海。横断山区，马春海用5万里行程铺就独龙族的信息路，施少勇将通信网络建上"悬崖村"孤绝处。在新业务战场上，周憧深耕企业数字化沃土，刘军卫力扛"云改"先锋大旗，李巍屹织密"中移系"投资网络。疫情来袭，突击队逆战"两神山"，李跃龙向光而行，大数据助力科学防疫。"最美移动人"在新时代的大战大考中，彰显了中国移动主力军的担当、排头兵的勇毅。

（三）奉献社会　最美矢志不渝

全面建成小康社会，是中华民族传承千年的梦想；脱贫攻坚与乡村振兴，是"最美移动人"无悔奉献的战场。在全国各个贫困地区，都活跃着中国移动最美驻村书记的身影，他们深入困难群众，急人所急、难人所难，以数智技术助力乡村振兴，书写着山乡巨变、共同富裕的时代华章。在赣南和鲁南革命老区，罗龙、郑晓莉"进村赶考"；在秦岭腹地和广东梅州，赵军、徐梓文扶贫正忙。龙江山村流传着"博士书记"程俊强的故事，海南白沙印满了邢亮的足迹。高原之上，段玉平和多杰才旦为群众脱贫呕心沥血；沙海之中，解锦明和新疆深度贫困村第一书记一道苦思致富之策。黔西南的山地阻不了杨松访贫问苦的脚步，西海固的贫瘠吓不倒王东宣带领群众脱贫的决心。新时代的"最美移动人"，胸怀"国之大者"，将汗水洒在脚下的广袤土地，将人生融入脱贫攻坚的伟大斗争，在祖国大地上书写了无愧于时代、无愧于人民的动人篇章。

（四）平凡坚守　最美尽职尽责

伟大梦想需要无数普通人为之持续奋斗。"最美移动人"身处平凡、成就不凡，他们在每一个平凡的岗位上兢兢业业，筑牢中国移动发展的基石。雪山皑皑，其美多吉、边巴卓玛的"夫妻店"让神山通信永不打烊；涛声阵阵，海上营业厅让渔民畅享数字生活。漠河极光照亮过石玉喜忙碌的身影，渤海深处浸染了田芳跋涉的汗水。从四川、湖南到上海，王荣浒、黄德武和季丰用一生坚守品质，为老百姓提供优质信息服务。数十年如一日，李湛、朱志伟、李坚、王晓东、白继鹏、丁金仁将精益求精的态度融入网络维护和网络优化的工作日常，袁鹰、罗小红、丹真曲批、卓玛、龙晋将无悔的奋斗故事留在高原之上。邱乃东的廉洁坚守、张小秋的奋不顾身、刘凤祥的一线冲锋、郭翔宇的匠心独运，都彰显了移动人的非凡品质。"最美移动人"坚守在各个平凡岗位上，将守土负责的涓涓细流，汇聚成中国移动服务经济社会发展的强大力量。

（五）精益服务　最美展示形象

服务超过10亿客户，中国移动牢记"以人民为中心"的发展理念，以优质服务赢取"人心红利"。最美的身影穿梭在街头巷尾、田间地头，最美的声音回荡在客户身前、铃声之后，以"最美"的服务撑起大国品牌形象。在营业厅台，景伟娟用30年的微笑传递服务的温度；在热线那头，王艳、徐吉恩用耐心聆听和真诚话语诠释"心级服务"的力量。踏遍千山万水，徐菊芬、华少华、张慧娟、赵菲行走于乡间，把群众当成亲人；想尽千方百计，李玲、武超、肖洒、陈姗姗、李峰穿梭在社区和企业，为客户排忧解难。奉献社会，白山黑水间飘扬着"正德厚生"的旗帜；攻坚克难，港珠澳大桥插上了智慧交通的翅膀。新征程上，"最美移动人"不忘初心使命，在倾心服务人民群众中彰显一流企业的文明形象。

三、在新时代的舞台上绽放

在追求卓越的道路上,"最美移动人"永不止步。10年来,"最美移动人"的故事在行业内外广为流传,"最美移动人"不断迈向新的挑战、攀登新的高峰,形成群星璀璨的壮美奇观。

(一)最美的故事在传扬

通过持续开展"最美移动人"主题宣传活动,新时代移动人的最美故事不仅深入每个员工心中,也通过中央重点媒体、行业和地方媒体走向了社会,被更多的公众所知晓,感动着更多人,成为新时代最生动、最鲜活的央企故事。

首届"最美移动人"发布后,他们的感人事迹在社会上引起了强烈反响。2013年年底,田芳驻守大钦岛的故事被拍成微电影《移动女岛主》登上央视网,并受邀参加了2014年央视网络春晚,她的事迹被《经济日报》等许多主流媒体报道,移动人孤岛坚守的故事被广泛称道。2015年,中央电视台科教频道为其美多吉、边巴卓玛夫妇拍摄播出了40分钟的专题纪录片《青春西藏·神山爱情故事》,讲述了这对移动夫妻坚守世界屋脊,服务中外游客的故事,"神山脚下的移动'夫妻店'"由此被更多人传颂。

第二届"最美移动人"也涌现出许多脍炙人口的感人故事,得到主流媒体的持续关注。2019年国庆期间,马春海扎根云南独龙江乡助力独龙族整族脱贫的故事登上央视大型纪录片《中国建设者——云巅上的奇迹》。2021年,《人民日报》刊发了段玉平援藏先进事迹的报告文学《雪域高原上的奉献》,央视科教频道《人物·故事》、新闻频道《新闻直播间》先后播出了孙滔在5G标准领域积极创新的奋斗故事。在中央电视台2022年国庆特别节目《中国梦·祖国颂》中,中国移动北京公司重大通信保障团队代表登台向全国人民献礼。

第三届"最美移动人"选树过程中，李跃龙的战"疫"事迹已经通过央视新闻频道《新闻直播间》为社会公众所熟悉。陈巧玲和三都海上营业厅18年坚守海上服务渔民的故事，通过央视财经频道、《经济日报》等中央重点媒体发布，感动了无数观众和读者。在庆祝建党100周年情景史诗《伟大征程》播出后，新华社、《经济日报》报道了咪咕公司直播团队的幕后故事。此外，人民网、新华网、中国新闻网、《工人日报》、《中国青年报》等重点媒体和网站刊发了数十篇"最美移动人"先进事迹的报道，一批青年"最美移动人"事迹登上了《中国青年》杂志，《人民邮电报》和其他行业报刊网站持续深入宣传"最美移动人"事迹，让"最美移动人"的故事为更多人所熟知。

第四届"最美移动人"中也有许多群众耳熟能详的故事。李男带领团队研发的"破风8676"可重构5G射频收发芯片登上央视新闻，引起舆论热议。拉平和团队"5G上珠峰"的故事，此前已经被拍成纪录片登上央视，并获得了中宣部"第五届社会主义核心价值观主题微电影（微视频）征集展播活动"一等奖。党的二十大代表马兴新30余年扎根基层、用心用情服务群众的故事也通过各类媒体报道广为流传。咪咕全媒体中心在北京冬奥会、卡塔尔世界杯期间制作了一大批"破圈"的现象级传播内容，为中国移动吸引了一大批年轻粉丝、运动爱好者。

（二）最美的人物在成长

10年来，4届"最美移动人"主题宣传活动累计选树了117名个人、23个集体。在全部"最美移动人"中，有3位因病去世，8位因到龄荣休或其他原因离开了工作岗位，更多的"最美"人物和集体仍在不断勇攀高峰，争取作出更大的成绩和贡献。

10年来，"最美移动人"群体中涌现出一大批全国劳动模范、全国五一劳动奖章（奖状）、全国脱贫攻坚先进个人等先进代表，近1/3的"最美移动人"获得了全国级荣誉，一半以上的"最美移动人"获得了中央企业先进集体、中央企业劳动模范、中央企业优秀共产党员等省部级以上荣誉。其中，孙滔在新中国成立70周年之际荣获"最美奋斗者"称号，段玉平在建党百年之际荣获"全国优秀共产党员"，其美多吉、边巴卓玛夫妇获中宣部、国资委发布的十大"国企敬业好员工"，岑曙炜等10位"最美移动人"先后获得"中国好人"荣誉称号，三沙网络建维团队、TD-LTE创新团队分别荣获国资委"最美央企人""央企楷模"等称号。从"最美移动人"的舞台出发，他们迈向了更高的荣誉殿堂，将"最美"的风采传递到行业内外，展现了新时代移动人的"最美"风采。

10年来，"最美移动人"在不同工作岗位上茁壮成长，在中国移动改革发展浪潮中显身手、作表率。TD-LTE创新团队持续推进技术创新和产业应用，"第四代移动通信系统（TD-LTE）关键技术与应用"获得国家科学技术进步奖特等奖。孙滔入选国家"万人计划"领军人才，杨蔚民、孙滔、肖青、刘军卫、钱岭、程保平、尚晶7人被聘为中国移动首席专家，继续引领移动通信技术创新前进的方向。段玉平、娄涛、李巍屹走上更高管理岗位，努力为企业改革发展贡献力量。徐梓文、邢亮等一批脱贫攻坚的"第一书记"重回公司岗位，更加奋发有为地推进业务工作。王艳等一批骨干在公司改革中调整了岗位，但始终不变的是对工作的激情和态度。疫情防控项目组持续升级迭代大数据能力，助力防疫精准化、常态化并取得最终胜利，咪咕公司的直播团队和全媒体中心与重大赛会盛事同频共振，努力以生动形式和活泼话语讲好中国故事……在追求卓越、服务社会的道路上，"最美移动人"永不止步。

党的二十大开启了全面建设社会主义现代化国家的新征程，中国移动正锚定"世界一流信息服务科技创新公司"发展目标奋勇前行。新征程上，48万移动人正在各条战线上努力拼搏、接续奋斗，在新时代以信息化推进中国式现代化的伟大实践中，续写属于移动人的"最美"新篇章。

（文/宜轩）

第四届"最美劳动人"
事 | 迹 | 巡 | 礼

又是芳华正浓时

中国移动举行"奋进新征程、建功新时代"第四届"最美移动人"发布暨事迹报告会

为深入贯彻落实党的二十大精神，推动学习贯彻习近平新时代中国特色社会主义思想主题教育走深走实，2023年9月22日，中国移动举行"奋进新征程、建功新时代"第四届"最美移动人"发布暨事迹报告会。中央主题教育第20巡回指导组副组长王学峰、工业和信息化部新闻宣传中心主任张学军、国资委宣传局有关同志等参加会议。中国移动党组书记、董事长杨杰出席会议并讲话，党组副书记、总经理董昕，党组副书记、集团工会主席李丕征出席会议。

◎第四届"最美移动人"获奖人员合影

◎中国移动党组书记、董事长杨杰在发布会上讲话

杨杰指出，10年前公司启动了"最美移动人"主题宣传活动，至今已开展4届。10年来，在新时代波澜壮阔的历史进程中，公司上下认真学习贯彻习近平新时代中国特色社会主义思想，坚决贯彻落实党中央决策部署，深入实施创世界一流"力量大厦"发展战略，数智化转型不断加快，高质量可持续发展迈出新步伐，世界一流示范企业建设取得新成效，实现了网络规模、客户规模、收入规模"三个全球第一"，创新能力、品牌价值、公司市值、盈利水平"四个全球领先"。这些成绩的取得，归根结底在于有以习近平同志为核心的党中央掌舵领航，在于公司上下坚持学思想与学方法相结合、学习与落实相结合，自觉把习近平新时代中国特色社会主义思想作为指导事业发展的根本遵循，凝结着以"最美移动人"为代表的每一位移动人的勠力同心、奋斗拼搏。"最美移动人"主题活动已成为新时代移动人弘扬伟大建党精神、践行社会主义核心价值观的重要载体，成为展示企业精神和员

又是芳华正浓时
第四届"最美移动人"事迹巡礼

工形象的闪亮名片。

　　杨杰强调,要以主题教育为契机,以先进典型为榜样,在以学铸魂、以学增智、以学正风、以学促干上不断发力用劲,形成奋进新征程、建功新时代的强大力量。一是要更加深刻领悟"两个确立"的决定性意义,增强"四个意识"、坚定"四个自信"、做到"两个维护",不断增进政治认同、思想认同、理论认同、情感认同,着力提升政治能力、思维能力、实践能力,通过深入开展学习贯彻习近平新时代中国特色社会主义思想主题教育,切实把科学的思想方法、领导方法、工作方法学到手、学到家,运用到建设世界一流信息服务科技创新公司的实践当中,在以信息化推进中国式现代化的征程上取得更多新进展、作出新成效。二是要更加深刻认识团结奋斗是公司不断做强做优做大的必由之路,充分发挥典型引路作用,深入开展"最美移动人"学习宣传,在对标先进、学习典型中进一步凝聚共识、鼓舞斗志,教育引导全集团干部

◎第四届"最美移动人"形象事迹展示

员工心往一处想、劲往一处使，更加紧密团结、顽强奋斗，形成奋进新征程、建功新时代的强劲动力，不断开创公司事业发展新局面，创造新辉煌。三是要更加深刻把握塑造企业先进精神和优秀文化的重要价值，始终心怀"国之大者"，传承红色基因，加快新时代企业精神培育、加强重大典型选树，坚定不移唱响主旋律、激扬正能量、提振精气神，发扬为国家为人民真诚奉献的精神，凝心聚力建设世界一流示范企业，做强做优做大国有企业，做强做优做大数字经济，为强国建设、民族复兴贡献更大力量。

会议全面回顾了"最美移动人"主题活动10年开展情况，发布了第四届"最美移动人"获奖名单和先进事迹，与会领导和往届"最美移动人"代表共同为获奖人员颁发证书奖杯。钱岭、范楠、罗丽芳、拉平、景伟娟和海外员工纳吉布等6名"最美移动人"代表作了事迹报告，他们有的胸怀报国之志、勇攀科技高峰，有的坚守保障一线、守护首都网络安全，有的投身数智转型、服务乡村振兴，有的坚守珠峰脚下、将

◎"最美移动人"主题曲《移动最美》发布

又是芳华正浓时
第四届"最美移动人"事迹巡礼

5G 送上世界之巅,有的坚持 30 年"微笑服务"、用爱心温暖群众,有的扎根海外网络建设、搭建信息桥梁,他们的事迹感人至深、催人奋进,赢得现场观众阵阵掌声。会议在中国移动员工集体创作的"最美移动人"主题曲《移动最美》歌声中精彩落幕。

本次会议采用"线上线下 + 视频直播"形式开展,集团公司总部各部门、各所属单位近 5 万人参加了会议。

相关链接

| 发布会精彩回顾 | 主题曲《移动最美》 | 《最美时光》回顾 |

(文 / 宜轩)

中国移动第四届"最美移动人"名单

个人（以姓氏笔画为序）

丁　源　　物联网公司智能模组产品部
马兴新　　铁通公司河南分公司
马翠红　　内蒙古公司赤峰分公司
王　敏　　陕西公司重客二中心
王文敏　　在线营销服务中心服营系统开发中心
王冰珏　　在线营销服务中心湖北分中心
王连锋　　上海公司松江分公司
车小瑜　　浙江公司绍兴分公司
文　静　　政企事业部工业能源行业拓展部
方东旭　　重庆公司网络优化中心
朱凌锐　　湖南公司张家界分公司
刘大洋　　广东公司无线优化中心
李　男　　研究院无线与终端技术研究所
李艳勤　　河南公司周口分公司
杨　晟　　贵州公司黔西南分公司
杨林志　　安徽公司宣城分公司
杨晶晶　　辽宁公司盘锦分公司

吴习波　四川公司自贡分公司
邱琰琛　福建公司龙岩分公司
余　伟　江西公司信息技术部
沈　贤　江苏公司苏州分公司
张兴亮　吉林公司网络部
张秀成　河南公司网络管理中心
张嫚嫚　天津公司东丽分公司
陈海玲　广西公司防城港分公司
陈燕飞　山东公司泰安分公司
纳吉布　辛姆巴科公司网络管理中心
拉　平　西藏公司日喀则分公司
范　楠　北京公司网络与信息安全中心
尚　晶　信息技术中心大数据科技创新实验室
罗丽芳　广东公司政企客户中心
郑宗敏　香港公司网络发展部
孟祥龙　青海公司网络部
赵　荧　黑龙江公司哈尔滨分公司
贺晨艳　云南公司迪庆分公司
耿忠营　新疆公司阿勒泰分公司（追授）
钱　岭　云能力中心创新中心
凌　晨　终端公司浙江分公司
唐相艳　山东公司临沂分公司
黄　金　湖北公司武汉分公司
韩喜清　江苏公司集团客户部
程　功　山西公司集团客户部
程　颖　浙江公司杭州分公司

程日涛　设计院无线所
程宝平　智慧家庭运营中心融合通信系统部
樊一博　河北公司张家口分公司

集体（以所属单位为序）

福建公司宁德时代5G项目突击队
咪咕公司全媒体中心
集成公司数字政府项目腊子口攻坚团队
信安中心"云专家"网络安全卫士战队
集团公司网络事业部"网络护航"通信保障团队

创新开拓
勇于进取

他们牢记"国之大者",矢志初心成大道。

他们投身时代浪潮,复兴征途作雄行。

立誓为国建云,无惧银霜满两鬓。

勇闯技术高地,奋斗热血共一心。

算网铸国器,让信息点亮文明的火种。

创新谋发展,用能量续航光荣的远征。

他们是弄潮儿,

向涛头立,数智蓝海踏浪行!

他们是领跑者,

以梦为马,争创一流做先锋!

方东旭

▶ 重庆公司网络优化中心

方东旭，男，汉族，民革党员，1983年7月出生，正高级工程师，重庆公司一级专家。自主研发18项通信领域重大科技创新成果。先后获得重庆市科技创新市长奖、中国通信网络运维管理先进个人、中国移动优秀学部专家等荣誉。

获此殊荣，倍感自豪和责任！从新人到技术骨干再到技术专家，一路成长，得益于公司栽培、领导引路、团队支持。征程万里风正劲，重任千钧再奋蹄，我将怀着空杯归零的心轻装前行，在网络工作前沿阵地深踩油门蓄满力，当好新基建和技术创新排头兵！

网优新曲传山城

他是雾都"活地图"、山城"麒麟臂"。削峰填谷、挖坑设伏，从4G时代万州会战到5G时代的边缘计算应用落地，网络"双城记"，他唱得乐此不疲。

在重庆渝江压铸生产车间，因成功对接上5G专网"利器"——迷你边缘计算技术，如今，工人的生产效率提高了35%，企业管理运营也插上了数智化"翅膀"。这项"5G+工业互联网"创新产品，是国内最早的轻量级边缘计算设备之一，为推动区域数字经济发展添上了浓墨重彩的一笔。方东旭便是这项技术产品的核心研发者，深耕技术创新十余载，方东旭伴随着我国通信技术的飞速发展一路畅想追逐，为梦想与热爱全情投入。

在沉底实践中砥砺青春锋芒

20多年前，中国正迎来第一次互联网浪潮，手机、电脑等电子科技产品方兴未艾，学生时代的方东旭对它们产生了浓厚兴趣。彼时，一颗叫作"梦想"的种子在他心中萌生了——"以后一定要从事技术专业，看看这些'高不可攀'的玩意儿里面究竟有什么门道"。2011年，方东旭组建了小家庭，带着爱与责任奔赴巴山渝水，在中国移动重庆公司从事网络优化工作。山城重庆因海拔立体落差大、地理环境复杂而被称为"8D魔幻城市"，网络优化难度位居全国前列，其中万州区更是一块难啃的"硬骨头"。为彻底攻克这一难题，方东旭成为超大规模的跨区域网络优化专项行动的负责人。天下难事必作于易、必成于实。60天、1600个基站、七大攻坚任务，方东旭肩负巨大的责任与压力，他带领团队迅速在万州"安营扎寨"，每日走街串巷，把全区犄角旮旯的信号覆盖和基站分布都摸了个遍，作为一名外地人，方东旭硬是凭借脚力炼成了万州区的"活地图"。为攻克熊家镇网络信号覆盖问题，他带领团队徒步十几公里深入大巴山腹地开展勘测，现场席地而坐研究解决方案，被大伙笑称为"地坝会"；为解决环湖滨江路信号覆盖杂乱难题，他接连三日不眠不休，瞪着布满血丝的双眼专注地在纷繁数据中"掘金"，只为寻找最优解；为破除室分干扰和故障问题，他肩扛手提20多公斤的"三阶互调仪"，急行于鳞次栉比的高楼间，炼成了一双"麒麟臂"。在外奔忙的两个月里，方东旭甚至没能给家里好好打上一通电话，每晚睡前看看手机照片中女儿乖巧稚嫩的脸蛋，便是给自己的最好慰藉。凭借着这股"不破楼兰终不还"的执拗，方东旭不辱使命，万州区 4G 网络覆盖率从 90% 提升到了 95%。

在攻坚克难中竖起一面旗

"以党的旗帜为旗帜、以党的方向为方向、以党的意志为意志"是民革党员方东旭在政治学习中镌刻于心的一句话。作为一名央企人，方东旭把这种看齐意识融入、践行于铸就精品网络的使命任务中，赓续红色通信初心。2019 年，友商 FDD1800 带宽扩频至 20M，部分信号入侵导致大规模移动基站受到强干扰，影响到全国上亿客户。集团公司将这一攻坚课题交给了重庆公司。时间紧任务重，项目负责人方东旭一头扎进技术攻坚深水区，与团队成员深入研究干扰特征，建立问题模型，探求破解路径，不到两周时间便取得突破，重庆成为全国首个应对扩频干扰"平稳落地"的地区，作为集团标杆贡献了"重庆智慧"。新冠疫情防控期间，全市近千个重点区域及点位的网络保障需求

◎方东旭（右）在现场开展网络监测

呈量级倍增，方东旭迅即带领团队逆行出击。凛冽寒冬中，他身着密不透风的防护服，一次次奔赴现场勘查，组织凌晨路测。团队因疫情隔离而不断减员，但方东旭从没想过放弃："哪怕只剩我一个，也要坚持到最后！"他以千钧担当迎难而上，部署并实施了重庆市规模最大的无线网络割接调整，将一颗红心化作满足人民群众美好数字化生活的生动画面。

在抢占核心技术上建新功

5G是为夯筑新基建打下的"第一根桩"。方东旭敏锐地发现，相较于4G，5G最大的差异和难点在于多天线技术。如何最大限度地发挥5G多天线性能是当时国内外通信技术领域的研究焦点，且无成熟的参考方案。为填补这一空白，方东旭全情投入研发5G天线权值优化平台项目中。彼时5G用户极少，缺少有效样本数据进行建模。"可否以技术手段，

◎作为重庆市"榜样面对面"党的二十大精神宣讲团成员，方东旭身体力行地开展内外宣讲工作

用 4G 数据信息来牵线搭桥？"方东旭为这一设想兴奋不已，集合团队成员用沙盘细致推演，模拟 5G 覆盖情况，一举解决了样本量不足的问题，实现了平台领先于业内同类产品一年以上面世，斩获中国移动科技进步奖一等奖。

建设成渝地区双城经济圈作为国家区域核心战略，是西部经济高质量发展的重要增长极，而 5G 关键技术——迷你边缘计算技术，是助力千行百业数字化转型升级的有力支点，成功在渝江压铸、青山工业等多家企业落地运用，引发业内广泛关注和媒体深度报道。为助力"双碳"目标，方东旭又积极投身于"碳智链——基于基站的分布式数字储能"产品研发中，深度挖掘运营商超强基站储能资源，利用区块链技术解决峰谷电费计价的信任问题，实现电网调度"削峰填谷"，打开了能量存储转化的"新窗口"。

在教学相长中砥砺前行

作为公司优秀内训师，方东旭是个"问题触发机"，擅长通过一连串精妙的"挖坑设伏"将大家的思考不断引向深入，这种"过山车"般的学习体验，让他的教学方式广受好评。"在培训交流中实现教学相长，带动大家齐头并进，哪怕只进步一点点，对公司产生的价值和影响也远远大于我一个人所能贡献的。"2021 年，方东旭以导师身份带队参加中国移动首届"梧桐杯"大数据创新应用大赛。为做好赛前答疑解惑，他常常一通电话就是 2 小时，直到手机"罢工"。他的倾力付出帮助团队荣获分赛及总决赛双冠军，个人也被授予"王牌导师"称号。平日里，方东旭喜欢和同事们在开放、热烈的讨论氛围中憧憬移动信息技术的美好未来，"脑补"前路的春花烂漫与风高浪急，这是方东旭心中那份独有的"浪漫情怀"。2023 年，方东旭还入选重庆市"榜样面对面"党的二十大精神宣讲团，成为重庆电信行业唯一入选的榜样成员。

从踌躇满志的热血青年到勇攀高峰的创新带头人,从同事们亲密的良师益友,到光荣的红色宣讲人,变化的是角色,不变的是逐梦初心,方东旭将最美燃情岁月,深耕在技术创新的绚烂篇章中,奏响了一曲光荣与青春之歌。

(文 / 刘轩圻)

程日涛

▶ 设计院无线所

程日涛，男，汉族，中共党员，1976年8月出生，现任中国移动设计院专业总师，牵头完成了面向商用的5G关键技术等20余项国家和集团重大研发项目。先后获得全国优秀通信设计工作者、中国移动工匠、中国移动"党员先锋"等荣誉。

作为一名技术工作者，我有幸参与并见证了通信行业的发展飞跃，从业18年来，我坚守"精益求精"的执着，开拓创新的脚步从未停歇。迈上新征程，我将继续以工匠之心书写科技报国情怀，多啃几块"硬骨头"，让"最美"精神在企业高质量发展中绽放新光芒。

涛声依旧闯新路

十八年如一日，他把毕生的技艺融入从"双奥会"到亚运会的网络设计，他把"有限"的技术潜力转化为"无线"的专业能力，中国移动从4G到5G网络总体方案编制，他，大力出奇迹。

程日涛是一位长期奋战在网络一线的移动工匠，秉承献身国家通信事业，以实干报效祖国的初心使命，刻苦钻研技术，力求做到完美。他十八年如一日执着于规划建设更先进、更精准、更高效的移动通信网络，解决了网络建设中的一个个技术难题。

源于钻研升于极致

2008年北京奥运工程通信项目是程日涛参与的第一个大型项目,也是做到行业极致的标杆项目。当时,奥运场馆的媒体席和观众席用户密度极大,但因为场馆结构和景观的要求,能够安装通信设备的位置和空间均严格受限。为了实现最优化的网络方案,程日涛和项目组专家对新引入的赋形天线探照覆盖等方案进行深入对比,彼时的鸟巢主体育场还在施工,进出场协调难度极大,经过与场馆管理方多次沟通也只争取到了一次入场的机会,为了充分利用宝贵的测试窗口期,他细致地进行理论分析并确定最优技术方案,又通过模拟计算不断完善测试方案。在北京最寒冷的冬日,程日涛带领测试团队在鸟巢主体育场连续进行了10多个小时的测试,从清晨进场到日落西山,他们滴水未沾、粒米未进,以细致完备的测试分析结论验证了创新技术方案的可行性,对即将登上正

◎程日涛在施工中的鸟巢主体育场

式舞台的中国 3G 标准系统提出原创性的高容量密度覆盖规划方法，开创了大型场馆精准网络规划先河。他的技术探索还在继续，为了适配不同场馆的覆盖需求，他又拉起设备与天线厂家的攻坚团队，在沈阳奥体中心体育场连续奋战 15 天，进行设备干扰避规算法优化的艰苦实践，将技术方案和网络性能从优秀改进到极致，他和团队的优异表现获得了北京奥组委的高度评价。

回忆这段经历，程日涛感到特别幸运，单位上级的坚强领导、身先士卒，团队专家的倾囊相授、耐心指导，技术方案的不断突破、极致性能，让他坚定了投身技术研究、在行业内牵引发声的信心。他总结编制了《数字蜂窝移动通信网 TD-SCDMA 工程设计规范》《数字蜂窝移动通信网 TD-LTE 无线网工程设计暂行规定》《数字蜂窝移动通信网 5G 无线网工程技术规范》等国家和行业标准，推动行业技术创新与产品演进，助力我国通信产业实现从 3G 突破、4G 并跑到 5G 引领的科创成就。

筑于坚守成于创新

程日涛是一位科技创新道路上永不止步的开拓者，从夏季奥运会冒雪"死磕"3G 高密度组网，到冬季奥运会坐看 5G 闪耀，他先后承担中国移动 4G、NB-IoT、5G 网络总体方案编制，开展面向商用的 5G 关键技术等 20 余项国家和集团重大研发项目，以持续的守正创新促进产业发展，助力 5G 网络服务社会。

4G 时代，为了准确定义新的扩容体系，他细致研读上千页的国际标准，深入分析信道分配算法，提出了"用户数 + 信道利用率 + 流量"的三维扩容体系，但因与原有体系出入较大，受到行业专家质疑。坚持还是放弃？在压力面前，他一方面坚持技术观点，不断细化阐述保障业务感知的技术方法；另一方面编写程序，对现网数十万小区进行大数据分析，连续一周在深夜蹲守机房进行模拟业务加载测试，以无可辩驳的测试数据验证理论计算的合理性，相关成果获得国家优秀咨询成果奖。进入 5G 时代，他带领团队继续勇攀高峰。他牵头创立 700M/2.6G/4.9G 多网共享、多频协同的柔性规划技术体系，通过"柔性业务规划、柔性指标规划、柔性架构规划、柔性资源规划"全面支撑集团实现 5G 最优站址结构，相关成果获得国家级规划咨询成果奖和集团重大创新特别贡献奖。创新 5G 利用率体系，成果写入 3GPP R17 标准，为精准配置容量资源奠定了产业标准。研发数智化无线网精准价值规划平台，提升面向需求和效益导向的精准资源配置能力，实现 5G 规划数智化，相关成果入围集团公司百大科技成果并发布技术白皮书，成为行业标准。10 余项发明专利授权，20 余项国家、行业优秀咨询奖和集团科技进步奖，30 余篇专业技术论文，通过不断自我加压，创新突破，他体会到了不断突破自我、为技术发展持续奋斗的人生意义。

聚于方向成于引领

作为网格长，他牵头进行网格能力建设、业务创新和梯队培养，带领团队完成集团公司 5G 网络数百万基站规划，创新网络规划技术体系与数智化平台实现价值升级，从无到有建设 ICT 融合技术团队推进规划组网与建设领域 AI 和数字孪生技术研发应用。作为导师，他参与人才培养"骐骥计划"，带教多名"雄鹰计划"学员，助力条线高级别专家成长，带教新员工实现领进门、筑基础、强能力的成长路径，培养多位优秀青年技术人才，锻造无线专业技术梯队。作为技术专家，他支撑网络发展策略研究和重大技术方案决策，助力集团公司"两个新型"建设。他承担国家重点研发"四大专项"研究工作，攻克技术难点。他在中国通信学会、中国信息港论坛等组织进行专题技术报告与交流，扩大行业影响力。从"小程"到"老程"，从"技术"到"管理"，程日涛由带队伍、把方向、解难题、出产品的排头兵，成长为学科带头人和青年员工的领路人。他是重大项目团队的"定海针",他超前规划专业技术发展方向,承担国家级、集团级重大研发项目,牵头进行研发载体建设与产业合作,推进专业数智化转型发展。

潜心研究,为国家信息通信事业发光发热是他的初心使命;创新突破,助力企业成为科技创新的国家队排头兵主力军是他的责任担当;言传身教,让匠心精神代代传承是他的朴素理想。新征程上,程日涛以"择一事终一生"的执着专注和"干一行专一行"的精益求精,为打造一流的信息服务科技创新企业奋力奔跑、逐梦远航。

(文/李诗佳)

文 静

▶ 政企事业部工业能源行业拓展部

文静，女，汉族，中共党员，1974年3月出生，现任政企事业部工业能源行业拓展部总经理。被国务院授予"政府特殊津贴专家"，先后获得中国移动优秀共产党员、云计算学部优秀专家等称号。

加入中国移动二十余载，我始终秉承"敬业、专业、创业、乐业"精神，从一名基层员工成为一名优秀党支部书记、中层管理者和业务技术专家，扎根算网、云计算、工业互联网等领域，为中国移动的科技创新、政企发展、集团级重大工程贡献绵薄力量，是我一生的荣幸。

初心铸匠心

勇担"云改"落地重任，带领移动云进入了第一阵营；引进互联网内容，助力家宽、IDC业务；打造数智云网基础设施，构建信创云技术体系。她是懂云的政企、她是懂政企的强力IT。

为破解科技难题添动力

在国家重大专项承担方面，打造领先的数智云网基础设施，在技术上实现国内领先；构建自主可控的信创云技术体系，解决信创云国产化替代中的"卡脖子"难题。在算力网络规划方面，响应国家战略开展"东数西算"试点，全面推进云网"一站式"服务落地，助力算力网络从"资源式"服务向"任务式"服务转变；设计首个算力网络顶层架构和关键技术策略，推动算网试验网业务试点。在自有云技术方面，开发云原生技术架构，构建移动云数据库生态；规划建设、商用发布中国移动自主产权的第一朵"移动云"，成为中国移动 IT 领域自主研发进入生产运营的里程碑。在基础设施建设方面，打造中国移动首个 IDC 等级标准和统一运营体系，参与协同百度亦庄数据中心规划建设，首创运营商与互联网行业 IDC 合建新标杆。在技术积累传承方面，作为主要参与者先后获得省部级科技进步奖 2 次、集团级创新奖项 10 余次、国家专利 5 个，连续 5 年获得全国通信行业 QC 小组优秀奖等；独立撰写了《新业务模式下运营商网络架构》《云计算环境下分布式存储》《5G 赋能智慧媒体》等 13 篇论文并在国内期刊发表。

敢于战斗创新高

云计算是一个重资产的行业，想取得利润绝非易事，发展战略的选择、时机的把握、能力的培养对企业的核心竞争力至关重要。文静发挥技术和管理特长，主动请缨推动"云改"落地。面对众多重量级竞争对手，遭遇阶段性困境并没有压倒文静，她不断总结、吸取业内经验教训，打造了以自主规划自主研发为基础、融合创新为中坚、生态合作为补充的移动云独特的发展模式，成功带领"自主、安全、稳定"的移动云进入了第一阵营。一是技术实现自主可控，构建了全栈产品体系，已实现核心技术的自主掌控、原创领先和规模化商用，具备良好的技术基础，已上线 236 款产品，云主机、存储、网络等"20+"款产品已进入行业 TOP3；二是资源遍布全国，布局完成"N+31+X"分布式云海量算力，全网建成 36 个节点，覆盖 27 个省区市与"东数西算"八大核心枢纽；三是进入第一阵营，立足服务内部系统、积极开拓行业客户，实现收入跨越式增长，3年收入增长20倍、份额提升22.9PP，3年综合排名前5，2022年公有云跃居第6、私有云升至第3、政务云升至第3、边缘云升至第1，市场地位达到新高度，圆满实现了"3年进入第一阵营"的任务；四是市场广泛认可，得到集团有关部门、中国通信企业协会云数据专业委员会等专业组织和行业客户的高度认可。

勤于实干创历史

为解决家宽发展难、IDC价值低的问题，自2016年起文静牵头这项工作，4年间多次面临难题，但她坚守原则、从不退缩，以"公司利益最大化"为核心，以钉钉子精神敲下一家家客户、破解一个个难题，最终取得了内容引入历史性突破：一是增收贡献巨大，贡献全国IDC收入近七成，成为政企增收核心动能之一；二是引入内容巨大，业务流量从10T攀升至120T，拉动公司流量份额从运营商倒数第一翻转至首位；三是管理成效突出，通过内容引入拉动IDC成为集约程度最高、业务流程和支撑手段最透明、为一线贡献增收最显著的政企产品。

◎文静陪同行业客户参观创新大楼一层展厅并讲解算网、IDC及移动云部分

精于钻研上台阶

文静把 IT 规范化、电子化管理的理念引入政企、引入业务规范化运营。通过建章立制、规范业务流程、建立信息化平台，培养锻炼专业技能过硬、执行能力超强的和谐向上团队，推动公司经营管理走向精益化。牵头规划开发上线政企客户专有 BOSS、电渠、经分、客户经理工作台等 IT 业务支撑系统，有力支撑政企业务拓展。她具有过硬的思想政治素质，作为一名有 26 年党龄的党员，曾兼任集团直属团委书记，并担任多个党支部的支部书记，她始终坚定理想信念，鲜明政治立场，始终坚持"一岗双责"，具有实事求是和脚踏实地的工作作风。她多次被评为优秀党员、优秀党务工作者、优秀专家，所在支部曾获得先进党组织暨六好党支部、五四红旗团支部称号和十佳书记项目、党业融合质量提升奖等荣誉。

甘于奉献勇担当

政企领域是一个市场化、专业化程度极高的行业，文静长期在 IT 领域工作，加入政企后迅速转型，融入行业圈、学习云知识、钻研云业务，不断挑战自我。她连续担任 3 届中国移动技术咨询委员会 IT 专家组专家委员和中国移动科协云计算学部专家，并获得优秀专家称号。她不断向公司生产经营专业人士、圈内云公司及研究院专家学习，勤学的秉性加上严谨的作风，让她很快从一名 IT 专家转型为政企领域专业人才。她在岗位上任劳任怨、默默奉献，在央企国企上云、各地抗疫的关键时期发挥了重要作用，获得业内认可。同时，她还组织开展了智慧扶贫行动，赋能扶贫干部、帮助贫困村信息化扶贫项目上云、参与建设信息化管理平台等，为打赢脱贫攻坚战贡献出了自己的一份力量，推进云全面赋能千行百业，用数字技术为中国扶贫构建了云上长城。聚焦工业能源行业拓展中"跨域 5G 专网""工业视觉质检""5G 全连接工厂""国拨项目"等重点难点，组织实地调研，扑下身子、沉到一线，掌握实际情况，梳理问题清单，推进问题解决，加强理论学习向实践运用转化，大力推进中国移动工业互联网领域能力建设和市场拓展。

一天也不耽误，一天也不懈怠。她干一行，日复一日，成为最懂政企、最懂云、最懂行业的专家；她爱一行，年复一年，在实干中筑起移动梦；她钻一行，风雨无阻，让胸前的党徽熠熠生辉。面对风云变幻的政企市场，无论何时，她都坚定信心，义无反顾地冲锋在前，以身作则，靠前指挥，以改革的精神、创新的办法努力争取做到最好。在急难险重任务面前，她更是临危不乱，敢于负责、敢于碰硬，把中国移动梦作为信仰坚守，在"初心"与"匠心"的淬炼中实现了自我价值。

（文/张雅君、李倩）

丁　源

▶ 物联网公司智能模组产品部

丁源，男，汉族，中共党员，1977年9月出生，现任中国移动物联网公司智能模组产品部总经理，自研模组品牌市场份额跻身全球前四，先后获得国家振兴杯金奖、中国通信学会科学技术奖一等奖、中国移动"劳动模范"等荣誉。

获此殊荣倍感荣幸，我会始终牢记红色通信初心使命，不断奋力拼搏，将这份荣誉化为动力，把梦想变成现实，坚定不移做大模组规模，为"创世界一流物联网科技创新公司"贡献力量。

万物智联皆有源

他把钉钉子精神作为创新的源泉，用数百万次的反复擦写作为创新的动力，自主打造通信模组品牌OneMO、完善"蜂窝＋非蜂窝"全连接产品体系。他撬动了模组更新，坚定了一颗"移动芯"。

在万物智联的时代，有这样一位奋楫者，他面对物联网万亿级市场蓝海，勇担物联网核心入口能力建设使命，以打造模组行业"专精特新"小巨人为目标，发展自主通信模组品牌OneMO，构建起"蜂窝＋非蜂窝"全连接产品体系，每年为中国移动带来超千万连接量，助力中国芯片国产化进程，加速生产方式、生活方式、社会治理数智化转型。他就是物联网公司智能模组产品部总经理丁源。

干一行钻一行

从团队组建初期到现在，丁源始终保持着"偏毫厘不敢安"的一丝不苟和"千万锤成一器"的执着追求，努力以匠心铸就品质，以服务凝聚口碑。团队组建初期，面对研发能力薄弱、设施设备短缺、市场渠道不畅、产业链上下游支持不足等多重困难，他以理想信念为支撑，加班到深夜梳理解决办法，召集研发团队夜以继日磨炼测试能力及攻克研究难点，深入一线调研产品研发体系、产品体系、质量体系等，带领团队驻扎实验室升级产品参数指标，给模组技术细节"挑刺"，蹚过标签烧焦、焊盘漏锡、模组不平、IMEI重号等大大小小的"坑"，形成吃苦耐劳、艰苦奋斗的部门文化。他不断追求卓越，依据3GPP标准制定OneMO模组自己的企业标准，关键指标较3GPP提升20%以上。完善的"蜂窝＋非蜂窝"全连接产品体系，能够满足各类物联网细分场景需求，产品能力进入行业前列。"知者善谋，不如当时。"丁源敏锐地嗅到网络升级带来行业洗牌的市场机遇，大力研发和推广NB模组、Cat.1模组、

◎丁源在实验室检查仪器

5G RedCap 模组，推动 OneMO 成为行业首家将 NB 模组价格压降至 20 元内的企业，带动 NB 产业快速规模应用；率先在业内发布 Cat.1 BIS 模组，填补国内中速率物联网空白；发布行业首款规模商用 5G RedCap 模组，成本相较于 5G NR 模组下降超半，大幅降低 5G 应用门槛，助力 5G 应用"轻装上阵"。

青年常为新

丁源牢固树立"创新是引领发展的第一动力"理念，始终坚持科技自立自强，坚决打赢关键核心技术攻关战，以精益求精的匠心投入，实现模组关键核心技术自主可控，研发能力达业界头部水平，构建起车载模组研发体系和国产"芯片+模组"应用体系。他带领团队学习业界先进研发流程，结合现状建立完善的分级研发流程和 IPD 研发管理流程，加强产品全生命周期管理，规范节点标准，先后攻克国产化、小尺寸、超低功耗、标准化、网络切片、安全通信等一系列关键技术难点，围绕 5G 通信模组自发热调节方法、智能模组寿命预测、分布式电源上电时序控制等多项技术应用创新，建立起蜂窝全系模组自主开发能力和定制化服务能力，实现选型、设计、代码等研发关键环节自主掌控，入选国资委《中央企业科技创新成果推荐目录（2022 年版）》，获得国家振兴杯金奖、中国通信学会科学技术奖一等奖等超百项荣誉。他积极响应集团 ToV 战略，坚持"抓创新就是抓发展，谋创新就是谋未来"，面对车规级模组的高标准、高要求，他迎难而上，全面布局车载模组，围绕研发、测试、质量、生产等开展全方位能力建设，建立起车载模组研发体系，获得初步认证的 LTE 版本车规模组已完成硬件研发，正在开展调测工作。为推广全国产化模组，丁源带领团队跑遍国内芯片原厂，建立国产化适配实验室验证国产元器件的性能和稳定性，推动射频、放大器、滤波器等国产元器件在蜂窝模组上规模应用；构建国产"芯片+模组"

应用体系，为我国自主芯片生态系统提供市场应用与试错机会，已规模应用于能源、矿山、工厂、医疗、视频等多个场景中。

择一事终一生

模组革新工作永远在路上，丁源始终牢记红色通信初心使命，带领团队艰苦奋斗、大胆创新，除了需要具备较强的技术研发能力，还需要对客户所在业务领域、发展趋势、决策流程等信息精准深入掌握。为此，丁源提出，"要事必躬亲，凡事抓根本"，"一切业务发展的关键在于真正满足客户需求"。面对发展初期知名度不够、客户认可度低、市场资源不足等困境，他带领团队通过企业黄页电话营销、展会活动地毯式拓展、联合各省区市移动公司实地拜访，用勤奋感动客户、用服务谋求认可、用真诚拿下订单。在 NB-IoT 商用初期阶段，他率领团队在疑虑、观望的市场环境中迎难而上，对国内主流表厂进行有针对性的拜访和攻坚。他带领的团队不畏艰难，针对每一家表厂实际情况进行深入研究，制定详细的产品导入方案，实现国内主流表厂产品导入。他的奋斗

◎丁源（中）与研发同事就模组技术难点沟通解决方案

给行业发展增添了极大的信心和决心，也推动了表厂及其他企业对 NB-IoT 技术的信任与应用，助力整个行业的快速发展。在同事眼里，他常年深入一线，习惯了坐最早的航班出发，坐最晚的航班回家，平均每年出差 100 余天，飞行超 10 万公里，用坚实的脚印填满模组发展的每一段路程。他常说："哪有什么办不到的，只有你不想去办、没有去办的，要的就是使命必达！"

惟奋斗者进，惟实干者强。丁源是技术研发一线的"耕耘者"，也是万物智联时代的"筑桥匠"。在推进模组革新的道路上，他踔厉奋发勇担当，笃行实干谱新篇，以只争朝夕的精神、改革创新的气魄、奋发有为的状态，为中国移动点燃模组革新之火，为万物智联发展输送活水！

（文 / 周亚军、谭颀）

钱 岭

▶ 云能力中心创新中心

钱岭，男，汉族，中共党员，1972年12月出生，中国移动首席专家，云能力中心首席科学家，享受"国务院政府特殊津贴"，教授级高级工程师，现任中国移动云能力中心创新中心总经理。由其主持及参与创造的成果先后获得中国通信学会科学技术奖、中国电子学会科技进步奖等。

10年创新不止，10年初心不变。潜心深耕移动云的每一次技术突破和产品创新，带领"大云团队"奋斗十余载，见证了移动云萌芽起步、从0到1、站上舞台、向头部云商迈进，获此殊荣，于我而言是激励，更是鞭策，我将永葆激情，为迈向"一流云商"接续奋斗。

守得"云"开见月明

最难的不是从"0"到"1"，而是从"0"到"0.1"的混沌。他牵头承接国资委科技专项，重塑算力内核体系，实现"三年三架构"。创新一小步，付出一大步，他用"最强大脑"拨开了数据迷雾。

从通信软件的基础科学研究起步，到云计算关键技术的深度研究，从传统通信行业裂变，到"云数"浪潮的洗礼，钱岭10年创业之路与通信科研一刻也没有分开过，他坚守研发底色，勇当科创排头兵，助力中国移动实现规模和品牌持续变大变强。

破局，他以红色通信精神拨开迷雾

9年前，在"中国需要构建具有自主知识产权的'云'"的呼声中，钱岭怀揣着对云计算和大数据的好奇和热爱，参与筹建并成为首批加入公司的云计算"创业者"。在他的带领下，公司迅速建立了一支高速运转、专业精湛的专家队伍，潜心开启云产品的技术攻关、产品成果转化。云改前，实现了自研云计算产品、大数据产品、网络域管理系统从"0"到"1"的突破；云改后，构建研发大装置，实现了移动云"三年三架构"进入第一阵营，算网大脑和算网业务从"0"到"0.5"的战略转型，中国移动量子计算云平台从"0"到"0.1"的技术突破，牵引中国移动云计算、大数据、算力网络和量子计算等前沿技术正式站上行业舞台。他说，"创造最难的不是从'0'到'1'，而是从'0'到'0.1'

◎钱岭在中国移动全球合作伙伴大会上作专题演讲

的混沌初开，需要有坚定的信念、坚韧的毅力和面向未来的超强想象力"。承载集团公司"云改"战略，肩负移动云"3年进入国内云服务商第一阵营"的建云使命，钱岭带着破局赶超的激情涌入"云数"浪潮，拨开云计算的层层迷雾。他带领技术团队落实"云网一体"差异化竞争优势的创新理念，锚定了中国移动在云领域跻身第一梯队的关键突破口。技术方面，重塑算力内核体系和算力网络演进架构，变道超车突破SDN和数据库等"卡脖子"难题，提前布局量子计算新赛道；软件工程方面，提出"敏捷和瀑布融合"等模型，规划移动云大工程装置软件生产线，通过CMMI顶级、DevOps高级评定，树立了公司在研发管理领域的技术领先形象……大胆布局、严密求证，钱岭和他的技术尖兵精耕细作，推动移动云技术领先大步向前。

竞争，他以工匠精神实现争先进位

"第一阵营"的拼搏奋战之路，来自滴水成渊的笃定和步履成梯的坚守，每一次节点完成、产品上线、技术堵点、故障突袭，都有钱岭站在背后、把稳指挥棒的身影，他始终担任着技术研发团队的主心骨和压舱石。历经2年时间，移动云整体架构的顶层设计工作陆续实现从"0.1"到"0.5"的转变，不断追求突破的钱岭，持续在提升产品效能、加快研发效率上啃下"硬骨头"。作为天池网络总架构师，他勇挑重担、奋起赶超，牵头3个部门6个班组成立"天池网络"联合突击队，力排众议集中攻坚自主研发，专项推进NFV平台在天池网络流程贯通，实现了多样算力形态、统一VPC网络及物理网络解耦等差异化优势。当前，移动云自研SDN在济南资源池上线，迈出规模化商用关键一步，也标志着技术架构达到了行业领先，逐步占领技术制高点。一个又一个创新从"0.1"到"0.5"，为移动云发展、中国移动新基建规划打下了坚实的基础。攻难关是技术研发的常态，破瓶颈也是攀登技术高峰的必经之路。

又是芳华正浓时
第四届"最美移动人"事迹巡礼

"不在上游、就是下游；不争第一、就是落后"，这是钱岭的座右铭；他一直相信，"企业真正的竞争力是一份不服输的精神"。"让'大云'产品取得突破，在部分核心领域做到世界领先"，这是钱岭笃定的目标。他带领团队深耕技术、打磨产品，打造"云网一体"服务能力和多业态5G行业应用平台，完成云计算领域和大数据平台实现大规模资源池商用两大突破。他和他的团队在集团公司内部首次实现去IOE等标杆性应用，并且超越业界头部供应商，成为中国移动内部最大的云数产品供应商，获得国家海洋局、中国地震局和京东方等多个外部项目，使中国移动成为业界知名的云数产品研发和应用单位，中国移动在高科技领域的品牌形象持续提升。

领跑，他以科学家精神坚守初心使命

"云计算未来是所有政府和企业的IT基础能力，是所有DICT技术

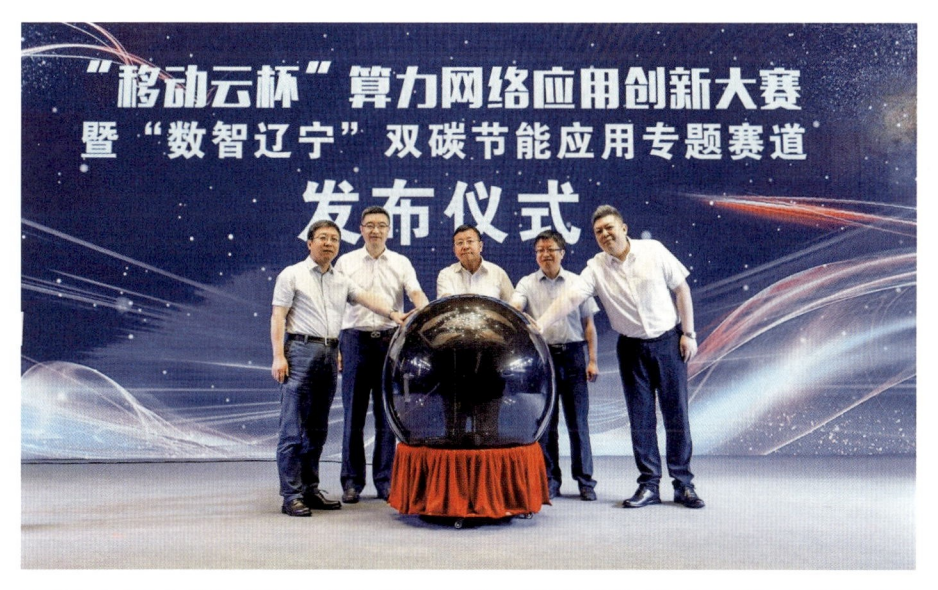

◎钱岭（右二）参加"移动云杯"算力网络应用创新大赛暨"数智辽宁"双碳节能应用专题赛道发布仪式

的汇聚点，在数字经济中举足轻重。国资云更应该肩负起安全云、智慧云的首要职责。"作为一名拥有坚定政治立场和理想信念的共产党员，钱岭始终怀抱"为国建云"的初心和使命，助力发挥"国家队"力量在云产业建设中的主导作用。"领军央企"是技术创新的领跑者，更是央企使命的拥护者和实践者，钱岭身体力行，坚定"要把关键核心技术掌握在自己手中"的信念，用行动感染一群群科技工作者投身云事业中。当前，世界各国量子计算处于齐头并进的状态，国外逐步展开对国内量子计算软件技术、核心器件及高端学者的封锁，中国移动作为国内领军央企，毅然发挥"国家队"力量在云产业建设中的主导作用。以钱岭为主要成员的科研团队决心聚焦当下，面向未来开展量子计算的布局。如今，"五岳"量子团队已成功研发量子计算云平台，验证了多项算法，在论文、专利、软著方面取得了斐然的成绩。"只有不断创新自强，坚持敢为人先的志向，才能持续在数智科研领域实现更多的突破！"他潜心研究、步步耕耘，以国家战略需求为导向，集聚力量进行原创性、引领性科技攻关，带领团队实现移动云在产品商用、原创技术、行业资质、市场份额等关键指标从"0"到"1"的突破，为移动云数智赋能政务、金融、工业、教育、医疗、交通等千行百业奠定坚实基础，让研发和生产无缝衔接。

初心易得，始终难守。10年前，钱岭怀揣"为国建云"初心，在创新的道路上追光启程；10年后，他坚守"为国强云"的梦想，在攀登云顶的道路上再次掌灯出征。

（文/贺炳桂、曾唯唯）

程宝平

▶ 智慧家庭运营中心融合通信系统部

程宝平，男，汉族，中共党员，1980年5月出生，现任中国移动智慧家庭运营中心融合通信系统部党总支书记、总经理。主持研发移动看家、和家智话、和家亲等产品，承担7项国家科技专项。先后获得浙江省"万人计划"人才、中国移动"优秀共产党员"等荣誉。

从事信息通信事业二十载，充分感受着中国移动的创新之美、担当之美、实干之美……作为家庭市场的耕耘者，心怀"国之大者"，以AI驱动创新，激发万亿级视频物联市场，满足人民对美好生活的向往。我将以此为新的起点，继续追随美、成为美、传播美！

让数智生活进入千家万户

他把亿万个"小家"当作网络强国的"大事"，瞄准社会最小单元，打造移动看家、和家智话等经典产品。他的绵绵之力，成为中国移动行业领先的强大动力。

程宝平，秉承"将信息通信服务带到千家万户"的初心，在万物互联的时代浪潮中，坚持科技创新，主动融入国家发展大局，从一名通信工程师逐步成长为中国移动智慧家庭物联领域的领军人物，为乡村振兴插上了腾飞的翅膀。

创新领跑智能物联时代

多年从事多媒体通信领域的相关工作，程宝平一直有一个质朴而浪漫的梦想——万物皆可通信。有一天，人们沟通的载体不再局限于手机，冰箱、洗衣机……身边的万事万物都可以成为人机交互的终端，让沟通唾手可得。2014 年，他作为创始团队成员之一，调入中国移动杭州研发中心，正式开启了他的梦想之旅。他大胆地将万物通信的想法付诸行动，在业界首次提出"5G+AIoT+Comm"的融合发展理念，并带领团队攻关面向智能物联网的多媒体通信技术 AIoTel，欲以"软件定义"实现对万亿级 IoT 蓝海的通信赋能。智能物联终端的成本从百元到万元不等，硬件元器件性能迥异，还存在大量配置低、算力差、内存有限的低功耗设备。要想在成本和性能千差万别的终端上获得一致的通信体验，绝非易事。面对这些挑战，程宝平和团队明白，只有蓄积"千磨万击还坚劲"的韧性，才能以行动力坚定自信心，才能用确定性战胜不确定。

此后短短 2 年时间，他们陆续攻关软硬件自适应引擎、面向用户感知的增强型视频编码等技术，在业界率先解决了泛终端接入、低功耗通信等关键问题。为了把这套互联网分布式业务系统嵌入传统通信网络，程宝平和团队一起跑遍全国 31 个省区市 300 多个地市，完成几百个业务接入点的适配工作，"并线工作""身兼数职""通宵达旦"已然是团队的常态。在那一个个枯燥而烦琐的日日夜夜，支撑和鼓舞程宝平的，还是那个通信赋能万物梦想的荧荧之光。他始终坚信，巨变正在前方。

匠心打造智能安防精品

2019 年，杭州研发中心正式转型为智慧家庭运营中心，CHBN 融合发展的大幕就此拉开。这是一个将关键技术转化为商用成果的绝佳机

又是芳华正浓时
第四届"最美移动人"事迹巡礼

会，但如何打造出"产品易用、功能好用、老百姓爱用"的家庭产品，注定又是一条少有人走过的路。

程宝平的产品观简单直接："做产品要有家国情怀，既要胸怀'国之大者'，又要洞察民之关切，人民邮电为人民嘛！"在家庭安防的起步阶段，他就将业务摆在国家乡村振兴的战略大局中去谋划推进。当行业普遍还聚焦城市用户时，程宝平巧借中国移动的资源禀赋优势，让家庭安防如毛细血管一般渗透到边远农村的末梢。他结合农村实际需求打造了看家、看院、看园、看圈等八大场景，把数字化服务融入乡村生活场景。而平安乡村"政府出一点，移动出一点，村民出一点"的发展模式，也让老百姓真正获得了实惠，成为CHBN融合发展的典范。与此同时，程宝平深知，要想做大做强，就需要发挥产业的力量，借船出海、借梯登高。"商业的本质是交易，交易的本质是共赢。"在短短半年时间内，通过生态开放的策略，家庭安防吸引行业主流的100多款安防终端，为农村用户源源不断地输送云广播摄像头、4G摄像头、庭院灯摄像头等创新产品。历经5年的发展，家庭安防以"品牌开放、品类丰富、场景延展、功能创新"等

◎以"党建和创"牵引产业生态繁荣发展

升维竞争策略，为全国36万个行政村的1亿名村民提供数智化的守护服务，成长为付费用户行业第一。以农村用户自分享模式建成了全球最大的消费级安防云存储集群，云存储量超980PB。与"天网工程""雪亮工程"融合，贡献视频流超190万路，协助警方破获案件百余起，成为"天网工程""雪亮工程"最大的社会面资源提供方。2022年，首个物联网多媒体通信国际标准、首个家庭安防国际标准正式发布，《视频物联网关键技术与应用》一书正式出版，相关成果获得北京市科学技术进步奖一等奖。家庭安防项目入选工业和信息化部物联网示范工程。从万物通信到万物视联，一路滚石上山，爬坡过坎，梦想终于照进现实。

倾情投入数字乡村建设

"让科技成果成为国之利器、民之所需，改变生活、造福人民，是我们科技工作者不竭的动力和追求。"2021年，中国移动启动"数智乡

◎程宝平在实验室调试智能摄像头视频参数

村振兴计划"。程宝平主动融入乡村振兴战略部署，将"平安乡村"升级为"数字乡村"，延伸"善治、惠民、兴农"3条业务主线，从湖北恩施的司法综治到浙江杭州杨家牌楼的智慧大屏，从海南省白沙县的橡胶园看护到内蒙古鄂尔多斯的大草原广播，从福建省顺昌县的红色旅游到广西壮族自治区柳州市的风景慢直播，程宝平的团队以丰富的信息服务不断延伸着数字乡村的场景与内涵。而随着家庭用户视频需求的日益增长，机会与挑战并存，预计到2030年，全球带摄像头设备的接入量将超过130亿台。海量的视频生产和应用激发海量的视频接入、传输与场景化需求，程宝平自我突破的脚步也从未停歇。在数字乡村的规模发展过程中，为了解决视频带宽占用满、农村弱网环境带宽严重不足等问题，程宝平带领研发团队向人脑超高视频压缩机理学习，通过结构化表征大幅去除图像冗余，创新提出语义通信，从而突破传统理论框架的瓶颈，保证了在极低码率下视频的清晰和流畅，也为助推高清视频通信、AR/VR、全息通信、数字人等数字应用走进现实提供了有力的技术保障。他紧跟前沿科技，以云网算力融合的视频物联为底座，将视觉大模型AGIoT与场景化AI能力注入视觉领域，创新时光轨迹、视频巡检、阳光厨房等丰富的AI增值应用，打造家庭服务机器人，广泛应用于看家护院、照看老人儿童、照看宠物、烟火报警等泛安全场景，为构建"一点接入，万物视联"的新型视频物联生态奠定了坚实的基础。

科研攻坚路漫漫，志在巅峰不辞遥。程宝平步履不停，坚持做难而正确的事情，持续推动数字技术"飞入寻常百姓家"。

（文/阮璐莎、施乐媛）

王文敏

▶ 在线营销服务中心服营系统开发中心

王文敏，男，汉族，中共党员，1980年9月出生，现任中国移动在线营销服务中心系统架构师。在SCI期刊和EI会议期刊上共发表9篇论文，获得中国移动"移动工匠""优秀共产党员"和"十百千"省级技术专家等荣誉。

在组织培养和大家支持下，很高兴能获得"最美移动人"称号，这个荣誉让我倍感殊荣，既印证了我们工作的成绩，更是一种激励。新称号会是我今后工作的鞭策，"路漫漫其修远兮，吾将上下而求索"，我将紧跟时代，永不停步，不断深耕技术创新，助力公司转型发展。

矢志报国"海归"情

自主研发5G视频服务系统，破解呼叫系统技术"卡脖子"难题，接续推进5G视频客服技术攻关，他把"没有先例"变成"先例"，他把创新成长写进了"海归"日记。

他曾参与中国第一代万门数字程控机国产化研究，怀揣拳拳报国之志放弃国外高薪邀请投身国家通信事业，破冰"卡脖子"，补强"最短板"，攻坚转型难题，研发的5G视频服务系统填补了我国在该领域的空白。

弃高薪立志科技报国

顶着参与中国第一代万门数字程控机研发"光环"的王文敏，在被选派到美国新泽西贝尔实验室期间，与团队共同研发了全球首套大型分布式软交换系统，在全球多个国家成功应用。而此时，比这个更让他兴奋的是《国家信息化发展战略纲要》的颁布和中国 5G 技术研发试验的启动，建设网络强国的总体目标，国内信息化发展释放出的巨大潜能，让这个海外游子蠢蠢欲动，他意识到："该回家了！"2016 年，在海外漂泊了 10 年的游子放弃国外的高薪聘请，背起行囊，带着学到的通信技术，毅然决然踏上回国之路。回国后，王文敏选择了中国移动，投身自主通信技术研究，开启科技报国的新征程。以他的从业经验和技术实力，回国就业既可以选择高收入的设备厂商，也可以选择国家重点实验室，但是他毅然放弃其他企业的高薪邀请，转而选择了一个成立才一年多的创业企业。2016 年，在 36 岁这个人生节点，王文敏选择加入在线营销服务中心（即当时的"中移在线服务有限公司"，以下简称"在线中心"）。

为"信息孤岛"架起"霓云"

在王文敏看来，在线中心服务中国移动亿级的用户，具有广阔的发展前景、强大的发展活力。同时，作为一个初创公司，它相对清爽又没有"负担"，可以从无到有地来重新架构产品。不过，他很快就发现事情并没有想象的那么简单，呼叫系统技术老化、升级需要很长的周期和庞大的运维费用正成为横亘在这个初创公司发展面前的难题。"老的呼叫系统经常出问题，设备厂商的支撑又非常有限，更要命的是由于设备局限性，各省 10086 处于"业务孤岛"和"信息孤岛"，很难进行语音业务以外的业务拓展和融合。"相比设备的落后，王文敏更关注购买

◎王文敏在进行机房巡检和设备调试

的设备缺乏自主知识产权，掌握不了核心技术就容易被"卡脖子"。是重新购买昂贵的设备来替代，还是继续沿用老的设备承担昂贵的维护费用？以王文敏为代表的在线中心第一代技术人另辟蹊径，选择了"自主创新"这条路。

"在国外，新产品的评估、立项要经历很长的时间，等到执行往往都是数年以后的事情。"但产品升级、更新换代已迫在眉睫，"还好这里没有烦琐的制度制约，只要有想法，自己可以先动手做"，这种敢想、敢干的创业氛围，给了王文敏极大的鼓舞。王文敏仅带着几名党员技术骨干，以新疆分中心为试点一头扎进了呼叫系统自主研发之路。经过2个月的艰苦攻关，自主研发的融合通信平台（以下简称"UCP"）1.0版本具备上线的条件。在这2个月里，王文敏带着党员骨干敲代码、做测试，来回奔波在河南和新疆两地，有时一连几个通宵攻坚技术难点。"刚上线的那段时间，晚上一般睡半小时就起来看一下手机，生怕系统后台出什么问题"，就是凭借这股子不怕苦、不畏难，敢想更敢干的拼搏精神，经过 3 个大版本、30 多个小版本的迭代完善，王文敏和他的团队通过自主研发，以媒体下沉、边缘计算、控制集中为导向建设的 UCP，将全国各省区市的"业务孤岛"连接为一朵"霓云"，也为在线中心节约了高额的采购费用和运维成本。"UCP 是目前全球最大的单体呼叫平台，产品的可靠性和可用性常年在 99.99% 以上。"解决系统老化问题的同时，新一代 UCP 平台还融合了互联网在线客服、互联网音视频客服以及微信、微博、直播等第三方平台，做到了全媒体、全渠道，为适应新一代通信技术开展客户服务打下了坚实基础。新一代 UCP 也获得中国移动科技进步奖、业务服务创新奖、行业管理创新奖等多个大奖。王文敏说："技术的目的是服务于用户，让用户少跑几步路、少说几句话、少花费一些时间，用技术手段帮助用户解决问题，并给用户最好的体验。"

让客户"听"到温柔"看"到美丽

对于创新者来说，创新是无止境的。当通信技术即将演进到 5G 时代，响应集团数智化转型和高质量发展要求，王文敏带着团队又一头扎进了服务转型技术探索的前沿，如何将服务从被"听见"变为被"看见"，最大限度地提升客户的服务感知，成为他们攻坚的新课题，只是这次他们面临的困难更大，因为"国内外没有可参考的先例"。疫情来袭，为了抢抓时机，王文敏和党员突击队队员主动申请留守园区驻场办公、集中攻坚，夜以继日研究、调整技术代码。"相比身边的亲戚朋友关注防疫物资供应，我们更关心代码和技术的可行性，这也是我们防疫的秘诀。"面对技术上没有先例可循和疫情防护的双重压力，王文敏和突击队成员苦战 4 个多月，设计出整套高可用、高并发的系统，并编写了 5G 视频客服第一版通信层代码，制定了集团 5G 视频客服标准规范，形成了多项视频编解码压缩传输算法的专利,并在全球顶级 SCI 期刊和 EI 会议期刊发表多篇 5G 视频客服相关的论文。自主研发的 5G 视频客服系统,打造了"看、听、说、触"能力一体的多媒体智能门户,并集成触屏交互和远程辅助功能,在基础业务查办、远程操作指引、实物展示产品等应用场景能够让服务交互更加智能、便捷,能为用户提供全媒体、数智化、便捷性、亲切感的远程智慧服务,目前已经在全国多个省区市完成部署应用,每月服务用户数亿次,成为全球首套商用的基于通信网的视频客服系统,实现了在客服领域的创新和引领。

创新无止境,沟通零距离。在日新月异的科技时代,王文敏始终探索在服务转型技术前沿,他科技报国的路越走越远,越走越坚定。

(文/务玉姣、岳盛)

李 男

▶ 研究院无线与终端技术研究所

李男，男，汉族，中共党员，1981年10月出生，教授级高级工程师，中国移动研究院无线与终端技术研究所副所长。累计获得国内外专利400余项，获得省部级及以上科技进步奖一等奖6项、二等奖3项，荣获中国移动集团公司重大科技创新奖，获评全国五一劳动奖章。

3年前我和团队积极响应国家号召，勇担5G芯片"卡脖子"技术攻关重任，从熟悉的网络和设备领域向陌生的芯片领域下潜，开拓新攻关模式、攻克技术产业难题，成功研制"破风®8676"5G射频收发芯片。"最美移动人"荣誉是对我们这支甘于寂寞、砥砺前行的科创"破风手"最好的肯定。

"破风手"的中国"芯"

在4G/5G通信网络关键技术研究，3GPP国际标准化、网络干扰共存和开放无线云网络研发过程中，他确实遇到很多困难，但这位公司自主培养的专家守住初心，耐得寂寞，在377项专利证书上印上自己的名字。

李男作为中国移动自主培养的无线通信领域知名专家，十几年如一日，心怀"国之大者"，带领团队从熟悉的网络领域不断向下扎根，跨界融通创新，在5G网络芯片自主可控攻关和"灵云"5G云基站研发等重大科技创新领域取得重要突破，为保障我国5G产业链安全作出重要贡献。

甘寂寞铸芯强国

15年前，李男大学毕业后加入中国移动研究院时，恰逢3GPP国际标准化组织正在制定TD-LTE帧结构融合标准，他在团队负责人黄宇红和刘光毅的带领下，作为核心技术人员之一进行帧结构设计和创新方案布局。经过不断争取，中国移动提出的帧结构融合标准得到国际运营商和设备商的广泛支持，被3GPP国际标准采纳，为LTE FDD和TDD共平台设计，在TD-LTE发展初期共享FDD规模效应，降低设备成本提供了核心技术和标准依据，也为TD-LTE国内商用取得巨大成功及全球化发展打下了坚实基础，其间申请的专利成功写入3GPP国际标准，成为TD-LTE基础专利，并荣获中国专利奖优秀奖。之后作为中国移动首批3GPP参会代表，完成TD-LTE家庭基站射频标准、载波聚合、中继Relay、Smallcell、干扰消除eICIC等标准项目，为保持我国主导的TD-LTE持续技术竞争力作出重要贡献。

经过4G TD-LTE国际标准化多年的锤炼，李男成长为中国移动无线接入网3GPP国际标准化团队带头人，带领团队从5G需求出发，提出CU/DU分离无线接入网创新架构，为5G按需灵活部署提供重要抓手，并主导大规模天线、TDD灵活帧结构、上下行解耦、TDD上行增强等关键技术攻关和国际标准制定工作，助力TDD成为5G国际主流技术，保证自主创新技术持续演进，构建持续产业优势，其间担任3GPP/ITU标准报告人5次，撰写3GPP标准文稿300多篇。李男重视团队技术能力培养，与众多专家携手培养团队成员专利挖掘、撰写、推标、答辩综合能力，以及标准化参会经验技巧。经过10余年打拼和积累，团队在3GPP国际通信标准化组织中的影响力得到显著提升，5G标准立项数位居全球首位，提交标准文稿数在全球运营商排名第一，成功跻身国际一流标准团队，为我国实现5G标准引领作出突出贡献。

又是芳华正浓时
第四届"最美移动人"事迹巡礼

◎李男（左二）和团队在一起开展科研攻关

积跬步破风前行

李男作为频谱领域研发负责人，牵头开展4G网络干扰共存攻关工作，基于大量现网复杂干扰定位及工程解决经验，撰写《TD-LTE系统间干扰排查与规避指导手册》，规模应用于全国TD-LTE网络建设。支撑集团公司成功完成F频段TD-SCDMA向TD-LTE升级技术攻关，以及F频段TD-LTE与友商邻频FDD系统干扰共存协调工作，为公司TD-LTE网络快速构建覆盖先发优势奠定技术基础。在5G伊始，带领团队牵头完成5G与邻频北斗系统共存技术攻关及标准制定工作，助力集团公司成功解决2.6GHz频段5G频谱应用难题，在2.6GHz频段上开辟了100MHz优质5G频谱资源，为5G高质量网络建设提供技术和资源保障。

李男作为"无线云网络技术攻关及应用"重大攻关项目负责人，带领团队在O-RAN联盟主导基于无线智能控制器（RIC）的智能无线网架

◎李男（中）在分享科研工作经验

构、通用 API 标准等 12 项国际标准制定，实现 O-RAN 联盟高价值标准化专利零的突破。团队提出的基于无线智能控制器（RIC）的网业协同智能化方案成功应用在安徽马鞍山华孚工厂、江苏物勘院等领域。团队自主研发无线云化能力组件并成功与商用 5G 小站集成，达到业界先进的商用化水平，授权国内多家设备厂商，提升我国产业薄弱无线云化能力。为满足 DIOCT 技术融合发展和业务边缘处理需求，在连接基础上打造无线接入网第二价值曲线，李男和团队在业界率先提出基于 O-RAN 基础架构的无线接入网算力化演进架构设计方案，并在国内外核心期刊上发表 SCI 论文 5 篇，为价值驱动无线接入网不断演进发展作出积极贡献。

跨界创新寻突破

李男作为"5G 网络自主可控芯片关键技术攻关"重大项目负责人，带领团队系统分析 5G 网络无线、终端、传输、承载、核心网、仪器仪表等领域风险点并开展芯片自主可控攻关。提出基于企业联合实验室的"1+N+1"创新攻关模式，通过网络运营商和芯片设计公司跨层联合，充分发挥运营商应用牵引优势，带动中间整机设备厂商协同攻关，联合研发 5G 射频收发芯片，将传统芯片研制和整机集成的串行研发模式升级为近并行模式，大幅降低芯片规格制定、设计、流片、测试优化、集成应用的迭代次数，节省至少 30% 的研发时间和资源投入。经过近 3 年的潜心研发，团队在巨大研发压力下，不分昼夜攻克系列技术难题，联合研制的"破风®8676"可重构 5G 射频收发芯片一次流片成功，核心功能和性能指标达到商用需求，已在京信等头部小基站厂家设备中成功集成，将于年内实现商用，弥补国内相关产业空白，成为中国移动践行高水平科技自立自强的重要研发成果。李男作为无线产品研发集团项目制联合体负责人，带领研究院、设计院、紫金院联合团队开展"灵云"5G 云基站研发。针对飞腾 ARM CPU 的性能特点，提出多核调度算法、DPDK 数据传输优化方案等创新方案，解决数字中频国产芯片性能缺陷和芯片间互联技术问题，成功研制基于国产 ARM CPU FT2000+ 的 5G 扩展型皮站 BBU 样机和基于国产数字中频芯片的 RRU 样机，小区峰值速率等性能指标达到企业标准要求。在产品研发体制建设方面，依托集团项目制联合体，依据各方积累和领域特长进行研发方向的统筹规划，通过对三方研发人员进行精准画像，实现面向具体攻关任务的跨单位研发团队组建，实现了研发资源最基础层面的整合，大幅提升研发效率，并构建了完整的研产交维体系。团队联合研发的 X86 架构 5G 扩皮小站中标中国移动集采，并在 11 个省区市陆续落地，在自研网络设备领域取得重要阶段性成果。

功以才成，业由才广。经历过无数次突破的李男，守住初心，耐住寂寞，正以勇攀高峰、敢为人先的创新精神，不断向前沿技术破风前行，为移动通信实现自主可控奉献着青春力量。

（文 / 熊宇、张敏）

尚 晶
▶ 信息技术中心大数据科技创新实验室

尚晶，女，汉族，中共党员，1978年1月出生，现任中国移动信息技术中心首席大数据架构师。曾主持中国移动梧桐大数据平台建设，个人发表专利10余项，带领团队参与制定大数据标准10余项，获得中国电子学会科学技术奖科技进步奖一等奖、数博会领先科技成果奖等行业荣誉20余项。

"最美移动人"是沉甸甸的荣誉，也是对我的鞭策，更是启航新征程的号角。作为一名大数据科技工作者，我将坚持"人民邮电为人民"的初心，筑牢技术底座、推动成果转化，带领"梧桐特区"科技创新团队聚能蓄势、奋楫扬帆，为数字中国建设贡献力量，为数智为民实践注入能量。

"梧桐"花开香满枝

网络强国给予机遇，她报之于"梧桐"大数据的芬芳；中国移动给予她平台，她馈之于"中央厨房"百花盛开。凤栖梧桐树，非桐不定栖。

18年前，尚晶怀着追逐前沿信息技术的梦想，开启了"追梦数字中国"的旅程。有着博士学位的她，扎根基层一线积累沉淀，一路从研究员、研发工程师、项目经理，成长为大数据领域重大战略研发项目负责人。她主持中国移动梧桐大数据平台建设，打造出多项大数据与交通、教育、文旅、人口等行业产业深度融合的能力产品,为推动全社会数智化转型、高质量发展贡献 IT 力量。

着眼科技高标,创新智慧生活

随着国家大数据发展各项政策的落地实施,大数据进入高速发展阶段。中国移动在依法合规汇聚、融合全域数据的过程中,积累了越来越庞大的数据,这是数字经济时代的"新石油",但同时也面临着数据种类多而价值密度低等情况。如果每项业务都需要单独部署大数据平台,却缺乏统一的部署和管理,有效发挥数据资源价值将成为一项无法完成的任务。如何通过一个平台底座,实现云计算和大数据应用的灵活调配、资源共享,是技术突破的难点和尚无经验可借鉴的"无人区"。数据要素支持的数智生产力正在经历规模化、泛在服务的快速发展期,数据管理环境的复杂化制约着要素价值的发挥。面对错综复杂的生态形势,尚晶提出"保值为基,增值为核,流通为赢"的数据治理发展愿景,从战略之道、制度之法、管理之术、治理之器 4 个层面推进数据治理工作,让数据资产"进得来、管得住、看得见、用得好"。"每个环节都不能有任何松懈,对极其细微的质量问题都要毫不妥协",这是尚晶始终奉行的工作原则。她坚持推动"内治外促双循环",通过基于数据治理能力图谱与多维度资产评价体系的"以治促用",促进数据资产可用好用;将开放数据资产应用于多样业务场景需求的"以用促治",把价值成效变成驱动数据治理的动力,从而有序编织大数据"治理网"。数据作为数字经济时代的关键生产要素,在大数据技术迭代、数据融合、行业拓展等多方面不断升级,数据要素的生产规模化、价值效能提升等需求激增。同时多方参与、环节增加所带来的长流程,以及行业应用对数据服务时效性要求的不断提高,给数据治理工作带来了挑战。"问渠那得清如许?为有源头活水来",在尚晶看来,"数据治理"是细致到极致的工作,数据质量就是靠着一点一滴治理出来的。确保每一份数据"高质量",这是渗透于每一名"大数据"人血液中的工作准则。

栽下梧桐树,引来金凤凰

2017年,她提出云边协同的演进方向,并搭建原型系统验证,推进从中心化架构向分布式架构扩展、将算力能力从中心向边缘延伸,搭建起数字经济与5G时代下云计算行业进一步融合发展的桥梁。尚晶下定决心,带领团队迎难而上,以4年里几乎每天都要坚持工作10多个小时的拼劲韧劲,在由会议室改造成的"指挥部"里,通过高效有序的项目管理,经过对生产系统基础建设方案的反复论证,最终制订出缜密的平台建设计划,解决了一个又一个难题。"就叫'梧桐'吧,栽下梧桐树,引得凤凰来。"2021年11月,在中国移动全球合作伙伴大会上,梧桐大数据正式启动"梧桐引凤"计划,"梧桐"成为中国移动统一的大数据品牌。

◎尚晶在"梧桐杯"大赛上致辞

2009 年，尚晶结合中国移动实际情况，创新提出 Hadoop+MPP 混搭的集中化大数据平台架构，构建起具有中国移动特色的服务模式，"可以说，这一整套全新的范式，对于传统大数据平台的颠覆是革命性的，让数据、软件等不同的定制化服务输出变得更快捷、更简单"。2022 年，尚晶主动申请承担国家级重大科技攻关项目，面对跨域分布式协同计算、分布式缓存、存算分离等难点痛点问题，她瞄准自主可控目标，带领团队开展技术攻关研发，实现百余款大数据组件的国产化适配和全国产化大数据基础设施现网部署，同时在隐私计算、湖仓融合、图计算等多领域展开研发，助推中国移动大数据技术保持行业领先，"梧桐"大数据品牌初具行业口碑。

活水源流处，数字赋能新

尚晶带领团队不断深挖数据要素价值，实施了一系列以精益管理为导向的改善措施，积极参加行业标准化工作，推动数据从资源向资产、资本转换。她参与 CCSA 行业标准制定，参与制定并已发布《数据资产管理实践白皮书（5.0 版）》《大数据白皮书（2022 年）》，参与制定行业标准《数据安全治理能力通用评估方法》《数据库运维管理能力成熟度模型标准》《数据库管理平台标准》等，为行业可持续发展和大数据价值发挥奠定了扎实基础。尚晶带领团队洞察市场、优化谛听模型，主动发现潜在投诉客户，客户满意度 1 年内提高了 7%；她牵头组织省市联合数据建模，并进行地市之间的业务推广，有效支撑一线，营销成功率达到 17.75%；她坚持推动新技术的应用推广，利用人工智能、图计算、数字孪生等新技术在智能工程质检、智能外呼服务、视频 AI 分析、产品和业务推荐等方面的广泛应用，助力整体工作效率提升 14.7%。山东公司团队同事回忆道："每次加班结束回家，都能看到她办公室的窗户还透着光，我知道，这是尚工还在忙碌着。"对于尚晶来说，如何在有限的一年工作交流时间里有效推动更多问题解决，是她争分夺秒、夜以继日工作的不

◎尚晶在首届"梧桐杯"大赛上担任评委

竭动力。从"小家"到"大家",近年来,尚晶带领团队不断拓展大数据"生态圈",在社会治理、应急救援、疫情防控、电信诈骗治理等方面取得多项成绩。在地震、洪涝等自然灾害救援中,利用信令数据分析圈定受灾人群,助力政府合理调度救援物资与救援人员;在新冠疫情防控期间,打造"通信行程码",提供查询调用超570亿次,为疫情防控提供大数据支撑,助力安全可控的复工复产复学;在打击网络电信诈骗犯罪中,打造梧桐大数据网络欺诈态势感知平台,构建50余个分析模型,5分钟内快速敏捷准确识别疑似涉诈人员,第一时间对诈骗行为封堵拦截,助力公安机关筑牢人民群众财产安全保护屏障。

在追梦数字中国的砥砺之旅,尚晶和她的团队秉持红色通信初心,为数字经济发展不断输出科技工作者的智慧力量。

(文/孙鑫、陈明芳)

福建公司宁德时代 5G 项目突击队

宁德时代 5G 项目突击队成立于 2021 年 4 月，由中国移动福建公司宁德分公司的 37 位业务骨干组成，他们平均年龄只有 29 岁，是一支勇于开拓创新的青年队伍。团队项目获得 2022 年世界 5G 大会"5G 十大应用案例"、工信部工业互联网试点示范项目等荣誉。

感谢集团公司授予我们团队这个荣誉，这是对团队努力奋斗的充分认可。"好产品是竞争力的关键、好服务是客户认可的保障。"我们团队将继续秉承"与优秀伙伴合作，在项目打磨中成长"的愿景，为中国移动创建世界一流信息服务科技创新公司贡献团队力量。

让"宁德时代"紧跟时代步伐

他们用 88 天建成跨越 6 省 9 市的全国最大 5G 专网，他们与世界一流制造企业携手打造智慧工厂，他们用十大经典案例，向世界展现一流信息服务科技创新公司形象，他们用勇于进取创造了一个属于自己的"宁德时代"。

"项目成功，我觉得首要的一点，是选对了合作伙伴，大家建立了牢固的信任关系。"在谈到中国移动与宁德时代共同推进的 5G 专网等系列战略合作项目时，宁德新能源科技有限公司总裁助理陈凌这样说道。短短一句话里，有着对信息文明时代中国移动"连接+算力+能力"服务质量的高度肯定，也有对宁德时代 5G 项目突击队在项目过程中努力的由衷认可。

在精雕细磨中成长

这是宁德时代 5G 项目突击队一致的心得体会。宁德时代是全球领先的新能源创新科技公司，动力电池使用量连续 5 年排名全球第一。但在 2021 年之前，中国移动一直未能与其深度合作，其他友商才是宁德时代最大的合作伙伴。宁德时代是独树一帜的世界一流企业，如果无法得到世界一流企业的认可，那中国移动建设"世界一流信息服务科技创新公司"的新定位将大打折扣。

2020 年 10 月，中国移动、宁德时代正式拉开"5G+智能制造"联合研究工作的序幕，宁德时代 5G 全国项目攻坚应运而生。在宁德，最贴近"客户心脏"的一支项目突击队同步成长起来。这是一支 37 人组成的复合型作战团队，能打仗、敢打胜仗，铸成团队的"硬核"力量。项目签订后，突击队多次深入宁德时代的一线生产厂区，顶着烈日酷暑，深入核心厂区现场测试摸排，终于发现宁德时代在企业信息化发展过程中存在厂区新增快但传统布线效率低、电芯数据采集量大、网络连接七国八制等问题，之后第一时间带队反复探讨交流，开展 5G 测试 12 次，充分验证 5G 的稳定性等指标，制定出基于 5G SA 技术建设跨省多厂区 5G+UPF 专网方案。突击队诚挚的态度及专业的技能，终于打动了客户，客户抱着试试看的心态向突击队提出针对涂布产线 AI 质检的应用需求，突击队再次驻扎厂线调研，仅用 2 天时间就完成 5G 建设方案。突击队凭借其高效响应能力赢得了客户的信任，成功拿下"湖西工厂 5G 涂布中控项目"。突击队立刻着手对该厂区进行遍历测试、对弱覆盖区域进行优化，10天上线项目，实现与宁德时代技术合作的"破冰"。

好产品是我们取胜的底气

对于宁德时代5G项目突击队而言，把产品卖出应有价值，是他们最大的挑战，也是最大的底气。而产品的价值底线，来自精益求精的打磨与钻研。2021年，突击队队长谢锋林主动请缨带队制定出跨省多厂区5G+UPF专网方案，产品及能力优势得到了客户认可，并抛出实现世界一流"极限制造"工厂的难题，这对团队来说挑战巨大。毕竟，宁德时代厂区跨6省达40多个，全国3000多张网络严重限制自动化配合效率，且网络维护成本和故障率极高。如何破解难题？谢锋林带队夜以继日开展对5G智慧工厂的全面研究，输出近200页的可行性研究报告，并打通5G国拨经费的申请通道，解决了项目启动成本这一关键问题。项目一期顺利完成，为宁德时代构建起的工业互联网架构横跨福建、江苏、广东等6省9市、8大基地43个厂区，总覆盖面积超500万平方米，成为全国面积最大的企业5G专网。在5G加持下，宁德时代1年内上线22个5G+应用场景，总连接数超10万个。

交付比交情更重要

工期紧、工程量大、施工场景复杂、安全要求高、需要高跨省协同，怎么办？那就打破固有理念，创新方法！面对无尘车间施工的严格要求，建设项目管理经理杨美芳用PVC套管、矿泉水瓶制作出简易防尘工具，通过钻好的孔，用吊线将天线吊上吊顶，由此解决了天线需登高安装问题。团队创新理念、优化流程、革新工具，开足马力大干快上，不到1个月实现国内企业级5G专网的首次跨省打通，2个月顺利完成宁德时代5G专网运营平台全面上线，这也是中国移动5G专网平台的首次跨区域使用，实现了企业5G专网的全面监管共维。突击队用88天时间

◎2022 年 1 月，队员夏昕、杨美芳与宁德时代相关人员协商项目方案

完成全国最大 5G 专网建设，4 个月完成无纸化项目宁德总部业务上线，半年完成无纸化项目全国业务上线，交付上线时间整整提前了 2 个月，这支年轻的队伍用"移动速度"诠释着"移动效率"。

创新是永恒的主题

随着网络承载的业务应用不断增多，移动 5G 网络更深入宁德时代的核心生产环节，5G 网络底座的地位逐步凸显，一旦网络出现业务中断将造成客户数以亿计的经济损失。这个时候开始对于中国移动的网络运维和服务的考验也逐步凸显，能否成为世界一流工厂"极限制造"的可靠底座将是对于中国移动创建"世界一流信息服务科技创新公司"的最后一道考题。箭在弦上，不得不发，突击队主动接过运维体系改革任务，再次扎进宁德时代，为宁德时代提供服务的中国移动的运维体系一向是以个人市场为中心进行建设和操练，而宁德时代客户的售后运维则是以政企市场为中心，这就要求突击队从关注更多的群体性故障向关注个体故障转变，运维必须从"0"开始进行体系建设，从注重计划的 ToC 的运维体系向注重市场的 ToB 运维体系转变。制定 5 分钟的故障响应机制和备件前移 2 小时业务恢复机制，故障信息主动关怀、定期流程传阅演练、开发 IT 拨测工具等，突击队真正把自己融入了客户，从客户角度打造"宁德时代全国售后服务中心"，以"1 个全国中心 +6 个省属地专属运维"的全网一体运维模式，实现了"一点响应、全网协同"，为宁德时代提供高质量售后专属运维保障服务。2022 年交付至今没有出现重大故障，用行动真正落实了中国移动"世界一流信息服务科技创新公司"的新定位。项目斩获 2022 年世界 5G 大会"5G 十大应用案例"、工信部工业互联网试点示范项目、工信部 5G 应用大赛智慧能源专题赛一等奖。

（文 / 谢锋林、林曈曈）

忠诚事业 勇于担当

如果信念有颜色,那么一定是忠诚的红。

如果担当有温度,那么一定是奋斗的热!

他们沉入机房网格,方寸之间显匠人功力。

他们走遍城市乡村,细微之处见为民真章!

他们冲锋大战大考,艰险之地聚移动力量。

他们融合内外要素,精品之作展央企形象!

领题破题的队伍里,他们守正创新,把"小我"融入"大我"!

攻坚克难的道路上,他们以梦为马,用"信任"铸就"责任"!

张兴亮

▶ 吉林公司网络部

> 张兴亮，男，汉族，中共党员，1987年9月出生，现任中国移动吉林公司网络部传输班组长。发表高水平SCI论文7篇、申请多项专利。先后获得"振兴杯"国家银奖、QC国家银奖、"光华杯"全国一等奖、吉林省青年五四奖章等荣誉。

脚踏实地怀抱梦想，敢想敢为善作善成。过往荣誉有我辛苦努力的付出，但归根结底是党组织的关心支持和公司的悉心培养。青春逢盛世，奋斗正当时，在今后的工作中，我将用实际行动捍卫移动事业的荣光，为党和国家网信事业发展作出新的更大贡献。

白山松水 "移"网情深

在机房的时间比在家多，"小移智行"就诞生于他的"科研所"。深耕AI技术、潜心数据探索，逢盛世、梦广阔，他对通信事业的一腔执着，让新时代网络强国的前景愈加广阔。

作为一名新时代的青年党员，张兴亮始终牢记入党时的铮铮誓言，把"对党忠诚，积极工作"的誓言体现到坚定理想信念，实现远大梦想的追求中，用青春点亮5G光彩，让信息更好服务民生，以一名移动青年的使命担当，为新时代网络强国、数字中国建设贡献力量。

笃行致远破难题

作为一名传输网络运维人员，维护技能就是披荆斩棘的利剑。为了提升技术水平，他钻研传输技术10余年，凭着不服输的劲头，只争朝夕，精耕细作，成为传输领域的行家里手。7年间，他连续4届荣获吉林移动传输技能大比武一等奖，并荣获集团传输技能大比武个人三等奖、团体优秀奖。他扎实苦干，在保障网络运行中时刻践行"老黄牛"精神，传输的各个重要机房站址，都有他不知疲惫的身影，重点传输设备的运行情况，他也都如数家珍。编制全省传输规划时，他精雕细琢、层层把关，用他的专业技术，对全省传输方案进行逐个推演，将未来可能产生的维护问题压降到极致；冻雨灾害来临时，他现场调度、一丝不苟，为了降低大面积停电对全省通信造成的不良影响，他连续奋战72小时，尽全力保障全省移动用户的感知；在提升运维效能、解决发展瓶颈

◎张兴亮（左二）与"振兴杯"获奖团队成员现场攻克技术难题

中，他居危思变、大胆实践，以智慧运维先进方案破解难题，实现年自动开通传输电路 3965 条，自动巡检 12189 次，节约人力 246 人/天。

坚守初心攀高峰

张兴亮始终牢记作为一名共产党员的初心使命，以不断满足人民群众对数字美好生活的向往作为奋斗目标。他把视野拓展到信息服务全域，不断探索钻研，紧跟国家发展数字经济的战略部署，瞄准重点产业，深入挖掘 5G 加速新基建、赋能千行百业的作用和优势。他牵头研发"基于 5G 区块链智能巡检项目"，带领团队多次到国家电网、中国铁塔进行实地调研，及时掌握第一手资料。为了将 5G 技术更好地应用于无人机智能巡检，他把吉林移动高新园区的足球场当作"飞机场"，将会议室当作"科研所"。靠着一股拼劲，他不断突破技术盲区，不断优化实现方案，"基于 5G 区块链智能巡检项目"在吉林省成功落地。项目代表吉林移动参加第二届中国工业互联网大赛评选，张兴亮带领团队击败众多阵容豪华的竞争对手，向全国各行业展现了中国移动的创新风采，在 1457 个团队中脱颖而出荣获北部赛区三等奖，个人荣获"长春市向上向善好青年"称号。加快实现高水平科技自立自强进程中，张兴亮深知责任重大、使命光荣。在当前移动网络数智化转型的关键阶段，面对未知的 AI 人工智能和大数据领域，他边学边干边总结，不断将创新技术与经济社会发展相融合，让科技成果有效转化为生产力。牵头研发的"小移智行"项目，存在点多、线长、面广等诸多攻关难题，且没有成功经验可以借鉴，张兴亮硬是凭着一股不服输的斗争精神，带领团队反复试验、昼夜攻坚，最终，原本需要 38 个月完成的项目，仅 20 个月就成功落地。该项目依托中国移动优质 5G 网络，将车辆、行人和交通控制系统进行"连接"，利用基于多源数据融合的大数据分析方法作为"算力"，形成高效的智慧交通管控"能力"，搭建了一套新型交通信息

◎张兴亮作为主讲人代表公司参加中国工业互联网大赛

服务体系，实现城市人群生活方式和社会治理方式的转型升级。发表相关论文8篇、申请国家发明专利3项，被吉林省科技厅纳入2021年重点支持项目清单。作为信息能量融合创新一次新的尝试，推进了中国移动由传统通信领域向IT数字化领域进行技术转变，体现了公司青年员工自信自强、守正创新的精神风貌。在2022年共青团中央举办的"振兴杯"全国青年职业技能竞赛上，该项目荣获国家银奖，这是全集团在国家一类赛事上首次获得的重大奖项。

舍身忘我敢担当

党员就是要"平常时候看得出来、关键时刻站得出来、危难关头豁得出来"。每当遇到通信保障、疫情防控、抢险救灾等急难险重任务，张兴亮总是坚守在第一线、冲在最前面。2022年3月，长春市新冠疫情突发，关键时刻，他主动请缨奔赴一线进行7×24小时全封闭值守。离

又是芳华正浓时
第四届"最美移动人"事迹巡礼

开家时,儿子懂事地说:"爸爸又要去做超人了,我会好好听话,等待爸爸回来。"他泪眼挥别5岁的儿子和满怀担忧的妻子,毅然决然地踏上抗疫"战场"。在单位封闭47天,他承担了全省传输干线网络的巡视、故障处理、政府防疫支撑工作,有力地保证了机关、医院、方舱等通信需求。夜深人静时,他还抱着电脑蹲在机房,一个又一个通宵,一遍又一遍核查数据。紧急任务结束,眼中布满血丝的他,只能在工位上小憩一会儿,甚至来不及脱下防护服。解封前的每次通话,儿子都会问:"爸爸,你还要多久才能回家?"这样的情景,在张兴亮的生活中,已经不知上演多少次。他用行动践行了党员的使命,用意志诠释了国企员工的担当。青春逢盛世,奋斗正当时。张兴亮利用"小移智行"项目的技术积累,持续在相关领域进行深入研究,功夫不负有心人,2023年5月,张兴亮牵头撰写的论文被中国科学院二区SCI期刊录用;在吉林省第十七届团代会上,张兴亮被授予吉林省青年五四奖章。

面向新时代新征程,张兴亮用坚守如一的初心、百折不挠的恒心、勇往直前的决心,展现了当代青年笃行致远的精神品质,用实际行动捍卫移动事业的荣光,为党和国家网信事业发展作出新的更大贡献。

(文/董健)

车小瑜

▶ 浙江公司绍兴分公司

车小瑜，女，汉族，中共党员，1985年5月出生，现任中国移动浙江公司绍兴越城分公司政企客户部经理。先后获得中国移动优秀网格长，浙江公司杰出员工、优秀共产党员、优秀网格长等荣誉。

在职18年，我见证了移动通信事业发展取得的举世瞩目成就。作为基层网格长，获评集团"最美移动人"使我备受鼓舞。我将不忘初心，用正能量影响身边人，以更好的服务与成绩来回报客户和公司，在基层网格跑出更美的"枫"景！

车行"枫桥"鱼水情

这里是"枫桥经验"的发源地，她是责任不缺位、服务不缺席、矛盾不上交的"三不"网格长，她是"枫"景线上的"马车"，"桥"下畅游的"小鱼"。

奋战在基层18年，车小瑜始终奔跑在网格的"枫"景线中，她始终吸取着能量、充满着能量，车辙经过的是她担当实干的印迹，留下的是她奋勇争先的最美风景。

又是芳华正浓时
第四届"最美移动人"事迹巡礼

数智赋能"枫"景美

履行社会责任是国有企业的使命和担当。车小瑜不忘初心、牢记使命，积极发挥绍兴移动推动数字经济发展的主力军作用，带领团队"一马当先"，冲锋在前。"无废城市"建设是深入贯彻习近平生态文明思想的具体行动，也是促进社会经济高质量绿色发展的重要抓手。绍兴是全国"无废城市"建设最早的试点城市之一，网格所辖区域内集团重要客户德创环保，承担了全市小微企业危险废物资源管理重任。车小瑜敏锐地意识到，支撑好企业这项工作，既是责任，也是商机。车小瑜牵头组建"一马当先"党员突击队，多次走访企业，搭建起"党建和创"桥梁，持续深化客情，加班加点会商研讨、研判分析，形成最佳合作方案。最终，她带领团队成功落地德创环保5G小微危险废物集中收集信息化系统平台项目，项目利用移动5G技术，对绍兴数百家小微企业产生的危险废物进行全流程管理，实现了危险废物应收尽收，是当时地区较有影响力的"无废子细胞"建设成果。项目带来了巨大社会效益，受到生态环境部、政府部门高度肯定，被人民日报、环球网等中央媒体报道。浙江承担着高质量发展建设共同富裕示范区的重大使命。越城区安桥头村拥有"鲁迅外婆家"这张金名片，近年来大力推进数字乡村建设。车小瑜获悉村里的数字化需求后，第一时间走访、对接，在山野村屯间奔忙，用脚步丈量村情村貌。她同项目团队熬夜做方案、拿对策。通过多轮的商讨谈判，成功拿下项目，成为绍兴分公司首个乡村振兴项目。党的二十大期间，作为绍兴移动"越青年"宣讲团的一员，她主动与村委联系，通过移动为安桥头村打造的"乡村一张图"，为大家生动讲解数字乡村的具体实践，网格员工助推乡村振兴的热情进一步被点燃。之后，她还带领团队参与了安桥头村"未来乡村"与"创意文化礼堂"的建设。很长一段时间，车小瑜与团队成员几乎每周都花2天时间留在村里。村民们开玩笑说,"这几个人身上透着一股我们安桥头的乡土气息"。大家的"辛苦指数"换来了村庄的"幸福指数",绍兴移动在安桥头村打造的"一统三化九场景",不仅提升了乡村治理整体水平,还为游客与村民提供了更加便捷的服务,极大地提升了乡村旅游体验,助推乡村驶入共同富裕的快车道。2022年,村集体经营性收入同比增长61.3%,获评中国移动浙江公司数智乡村优秀示范村镇。

为民办事"枫"叶红

作为移动的一员,车小瑜把"服务不缺席"落实在一场场便民服务中、一次次群众急难愁盼时,马不停蹄、真心实意为客户提供优质服务。张家沥村独居老人多,经常有老人反映"上不了网,孙子看不了动画片,都住不上几天"。得知这些后,车小瑜带着网格成员接连几天进村入户,与老人们攀谈。之后,她一方面对接属地政府,走访村委;另一方面积极协调,"村委出一点,移动补一点",聚焦"一老一小"优化组合设计惠民方案。最终,网格所辖两个街道的各个村相继开通移动便民惠老服务。车小瑜经常利用休息时间到村里看看服务情况,不少老人会主动向她反映问题,去得多了,帮助解决的事情多了,老人都信任她,觉得"这个小姑娘不一样,办实事"。每当有老人握着她的手,感谢移动公司上门解决宽带安装或使用问题时,车小瑜心中都会升起小小的成就感。作为一名先锋党员,车小瑜一直在用自己的行动作表率。2021年台风"烟花"登陆浙江,绍兴防汛防台风形势严峻,当地政府需要立即转移安置群众。她积极对接当地政府,并与网络部沟通,紧急安排应急通信保障车,做好现场信号保障,让避难人员能及时与家人联系。同时,还帮助政府转移800余人至避灾点,在现场联合开展"爱心服务",为避难点外来务工人员送食物、送日常生活物资,协同派出所在现场开展互动式反诈培训,受到服务群众一致好评。属地开展公益活

又是芳华正浓时
第四届"最美移动人"事迹巡礼

◎车小瑜（右一）积极参加网格志愿服务

动，也少不了车小瑜的积极参与。她弘扬志愿服务精神，推动志愿服务工作常态化。截至 2023 年 10 月，她的网格已累计开展"越志愿·爱传递"公益集市等志愿活动 536 次、服务客户上万人。

和谐共赢"枫"景艳

车小瑜把自己视为"化解属地矛盾、维护社会稳定"的第一道防线，自觉充当起移动调解员，推动问题在源头发现、在苗头解决，以"马上就办"的执着，推动化解矛盾难题。浙江农业商贸职业学院搬迁至马山后，校区内存在无移动校园店、移动信号弱等问题，网格经常能收到师生们的投诉。车小瑜看在眼里、急在心里，持续同越城分公司高校中心走访校方领导，反复沟通。她带领团队坚持每年用心做好新老师生服务，积极协调增强网络信号。功夫不负有心人，公司逐步与学校建立起了公平、开放、平等的合作关系，在校内开设了移动校园店，客户

◎车小瑜（右）与网格成员开展亲情网格谈心谈话

满意度实现跃升。作为一名党建指导员，车小瑜扎实开展思政工作，利用党员亲情网格谈话帮助员工化解工作与生活的矛盾。网格内有位客户经理直系亲属意外去世，家里两个小孩需要照顾，在工作上明显力不从心，有离职意向。她第一时间到员工家中慰问，并适当调整其一部分工作让团队成员协助处理，帮助该员工挺过最艰难的时期，该员工与家属倍感组织温暖，坚定了要继续好好工作的决心，成为网格中独当一面的优秀客户经理。2022年以来，车小瑜与成员们开展党员亲情网格谈话上百次，实现了"化解矛盾在先，响应需求在前，提炼创意不断，凝聚队伍不停"，网格业绩列地区同类网格首位。在她的带领下，团队逐渐锻造为一支能干事、能成事的过硬铁军。

居一线担责任、优服务解百难，让小网格发挥了大作用，车小瑜带领团队绘就了网格发展新"枫"景，为"枫桥式"网格建设注入了新动能。

（文／李丹青、陆璐媛）

余 伟
▶ 江西公司信息技术部

余伟，男，汉族，中共党员，1986年12月出生，现任中国移动江西公司信息技术部家庭服务应用队长。他在产品研发、数智战"疫"中勇担重任，表现突出，获得江西省五一劳动奖章、中央企业青年岗位能手、中国移动工匠等荣誉。

能够将自己与"最美移动人"这样一份沉甸甸的荣誉紧密联系在一起，曾经是我遥不可及的梦想。报答春光知有处，感恩奋进正当时，我将用心、用情、用力，全力擦亮"最美移动人"的金字招牌！

"后浪"逐岸千堆雪

从当初的白衣少年到如今的事业中坚，从开发大赛的"黑马"到创新领域的"伯乐"，他始终饱含着移动人的忠诚尽责。星光下，耀芳华，科技薪火试新茶。

凡属过往，皆为序章。作为一名IT研发专家兼团队长，江西公司的余伟用自己"十年磨一剑"的青春航程和荣誉勋章，精彩演绎了新时代网信事业"后浪"敢闯新路、勇立潮头的青春之歌。

被门卫投诉的年轻人

时钟拨回到 10 年前,一个青涩的大男孩手持研究生毕业派遣报到证,轻叩江西公司的传达室大门,从此踏上"移"路追光的青春新赛道。余伟勤于钻研业务技术,善于分析和把握客户需求,不怕吃苦,精益求精,很快就崭露头角,展示出过人的学习和实践能力。入职第二年就受命担任项目经理,带领 7 人团队自主研发了流量虚拟化产品,产品从最初几百名用户规模迅猛拓展到 2000 多万名,同时打造了多款千万级的互联网流量级产品。看似寻常最奇崛,成如容易却艰辛。令人惊叹的交付成果背后,是余伟和他的团队付出了远超常人的努力,经历了艰苦卓绝的奋斗。新产品研发期间,遇到了许多棘手的技术难题,用户规模迅猛增长带来了异常繁重的系统压力,功能需求的快速迭代则往往伴随着令人望而生畏的技术挑战。面对重重阻碍,余伟坚定地迎难而上,利用点滴休息时间来研究和吃透互联网前沿新技术,攻克接踵而至的一个个难题,加班加点、枕戈待旦是工作常态,当时条件所限,余伟还在租赁的大楼里办公,大楼物业多次抱怨他总是半夜下班影响门卫休息。历经不断的研究和实践,他成功将新技术应用到生产工作,屡次完成系统重大重构。在当年的系统重构中,全年超过 1/3 的日子都在持续赶工,20 多个夜晚在公司打地铺通宵作战,坚韧不拔的勇气毅力和时刻精进的技术能力让余伟逢山开路、遇水架桥,不断刷新一个又一个研发纪录。在高强度投入研发的同时,余伟在此期间几乎所有重要节假日都带队值守系统运维,确保了千万级用户安全、舒心的使用体验。

被称为"少帅"的年轻人

创新是余伟一路学习成长的解锁密码,可谓他的"灵魂画师"。入职仅两年,他就带领团队成功自研了中国移动首款流量虚拟化产品——

又是芳华正浓时
第四届"最美移动人"事迹巡礼

流量红包业务,将传统的流量包进行虚拟化交易,并改装为红包进行社交化快速传播,一举成为当年的爆款产品,被评为"中国移动优秀营销案例一等奖"。公司改革创新大潮奔涌,余伟积极响应"双创"号召,带领团队通过线上众筹、入孵复审的层层选拔,从全集团 600 多个创新项目中脱颖而出,成为中国移动首批双创入孵团队,成功入驻"中国移动和创客空间"进行产品孵化。余伟后来对同事坦言,带领这么多兄弟参加双创,他真的感觉压力很大,因为一旦产品孵化失败,追随他的团队成员的收入将会受到很大影响,对于刚参加工作不久、面临房贷成家挑战的年轻人,需要承受的这份风险是真实而残酷的。团队的信任和托付给了余伟无尽的勇气,越是艰险越向前,产品孵化期间,余伟统筹团队运作,激活群体智慧,深入市场进行需求调研,不断优化调整商业模式,设计产品新功能,历经一年时间的产品打磨,成功孵化出"流量游戏宝"产品,完成多轮汇报路演,获得公司各级领导和专家的充分认

◎2022 年 5 月,劳模工作室筹备科创比赛

可，最终成功落地应用到江西公司，产品累计开通2250家企业。

春华秋实，天道酬勤。入职第三年，余伟受命出征，带队4名年轻同事逐鹿首届"中国移动自主开发大赛"，从600多支队伍中历经海选、复赛第一轮路演、复赛第二轮路演、黑客马拉松比赛、总决赛脱颖而出，历时半年时间一举斩获大赛银奖和"黑客马拉松"单项奖。2021年，余伟作为项目主创人，在公司纪检监察领域自主研发了"数智化政治监督与评估系统"，有力支撑集团公司党组对30家直管单位开展巡视巡察，对外拓展15家企事业单位客户，荣获年度"中国移动管理创新成果奖"十佳奖。2022年，余伟带领团队数智化赋能O域，在家庭业务领域创新研发"四流一库"支撑系统，助力江西公司家庭宽带总体感知与上网质量满意度跃居全集团第一，蝉联"中国移动管理创新成果奖"十佳奖。赣鄱少年，一战成名，余伟也被同事亲切地称为"少帅"。其实了解余伟的同事都清楚，哪有什么天赋异禀的命运垂青，唯有日复一日地付出和努力，才能换来赛场上披荆斩棘的水到渠成。

抗疫战中逆行的年轻人

召之即来，战则必胜，面对疫情的跌宕起伏，余伟和他的团队扛起如山的青春责任，全方位展示了中国移动有温度的数智力量。2020年年初新冠疫情突如其来，形势异常严峻，余伟带领江西移动自研团队临危受命，挑起了在最短时间内研发南昌市健康码的千钧重任。疫情最危急时刻，余伟每天却频频出入火车站、高速、机场等交通卡口人群聚集地，白天现场调研防疫需求，晚上挑灯夜战投入产品研发，7天就完成入昌人员健康登记系统开发，助力政府解除大量返昌人员在交通卡口拥堵的燃眉之急。之后，他带领团队一鼓作气，连续48小时不眠不休，高效完成昌通码平台V1.0发布，抢抓疫情防控第一时间窗口，并升级打造健康码能力开放平台，将疫情防控快速赋能给数字城市应用，被江西省委、省政府授予"江西省抗击新冠肺炎疫情先进集体"荣誉称号。与病毒较量，科学精准才有战略主动，面对2021年春节前研发出南昌市大规模核酸检测系统的紧急需求，余伟二话不说，带领团队连续奋斗20天完成系统开发上线，并组织开展实战演练，地方卫健委的同志当面对他竖起了大拇指。针对如何整合形成全市统一的核酸检测能力，余伟创新性地提出了"3个统一，N家检测能力"的解决方案，优化了配套技术支撑手段，得到了市领导的大力支持，南昌大规模核酸检测系统正式成为全市统一的平战结合系统，显著提升了全市核酸检测效率。在2022年3月南昌突发疫情的重大考验中，余伟率队再次逆行出征，持续鏖战40多天，快速升级"昌通码平台"和"核酸检测系统"，助力南昌取得全域动态清零的重要防疫成果。余伟说："当下病毒弱了，我们强了，全国疫情防控进入新阶段。坚持就是胜利，坚持定能胜利。"

十载芳华，新火新茶。青春破浪前行的序幕固然精彩，但更加波澜壮阔的高潮还在后头，余伟在新征途中，正勇攀科技高峰，向着勠力高质量发展的新目标砥砺前行。

（文 / 涂勇）

张秀成

▶ 河南公司网络管理中心

张秀成，男，汉族，中共党员，正高级工程师，1976年5月出生，现任中国移动河南公司网络管理中心核心网班长。主持研发项目20项，获得授权专利18项。先后获得中央企业劳动模范、中国移动优秀共产党员、河南省技术能手等荣誉。

> 公司已融入全球创新网络，正在打造全球科技创新和开放合作的策源地、先行地、新高地，做好大区云化网络运维，夯实数智化转型的底座，打造一流网络品质。我坚信，心在哪里，时间在哪里，行动在哪里，收获就在哪里！

细工巧思一匠成

25年党龄，拥有150项革新成果、18项专利授权，是名副其实的技术大拿；他用连续8年缺席春节家宴成全了万家吃上团圆饭；善解网络疑难、重保位置前移。他技高为师，德高为范。

创新来源于实践，张秀成永远走在探索未知世界的前沿，不断创造出云化转型领域的一个又一个科研奇迹，他先后获得中央企业劳动模范、中国移动优秀共产党员、河南省技术能手等荣誉称号。

又是芳华正浓时
第四届"最美移动人"事迹巡礼

敢攀"最高峰"的创新尖兵

作为一名 25 年党龄的老党员,张秀成把初心落在行动上,把使命担在肩膀上,恪尽职守、竭诚奉献、辛勤工作,出色地完成了党组织交予的各项任务。疫情防控期间,张秀成逆行而上,以身作则,主动请缨坚守一线。2022 年国庆后,郑州严峻的疫情防控形势给全城按下了"暂停键"。他作为党员突击队员,在枢纽楼不具备住宿条件、餐饮运送不及时、人员不足、业务保障压力大的情况下,连续封控近 20 天,全力以赴做好网络监控、数据统计和各项运维工作,有力保障了党的二十大重保叠加疫情期间的网络运行安全。疾风知劲草,烈火见真金,紧要关头,张秀成充分彰显了新时代共产党员的本色,他把对党的忠诚注入事业中,秉承"人民邮电为人民"的初心使命,积极发挥网络强国、数字中国、智慧社会 3 个主力军作用,推进高水平的科技自立自强,着力推进关键技术攻关、破解"卡脖子"问题。先后提交创新、QC、技术革

◎作为导师,张秀成(右一)和青年员工一起分享交流创新体会

• 99 •

新成果 150 余项，专利授权 18 项，获得工信部全国"兴智杯"AI 大赛一等奖、全国通信行业质量管理一等奖、集团公司科技进步奖等重要奖项。2023 年，为满足移动用户工作、生活、娱乐全方位需要，实现 5G 网络场景化和差异化的资源调度，张秀成牵头开展了核心网数字孪生平台构建工作。他身先士卒，冲锋在前，带领团队成员做方案、测数据、搭模型，反复验证方案的有效性和可靠性，常常一干就忘了时间。记不得多少次他在凌晨揉了揉通红的眼睛、合上电脑，拖着疲惫的身躯回到家中，第二天又准时赶到单位，跟同事们一起精神抖擞地讨论方案、部署工作。他常常说："人有信念，就不会觉得累。"正是把"打造卓越网络，满足人民群众对美好数字生活的向往"作为自己的追求，使他在移动这个广阔平台不断攀登高峰、成就梦想。

敢啃"硬骨头"的技术大拿

刚入职的新员工李婷面对"大区云化设备容灾倒换时的信令风暴冲击"的问题想不到解决思路，急得愁眉不展，同事知道后立马支招说"找专家张秀成呀"。张秀成就是同事们眼中这样一位善于解决网络疑难杂症又平易近人的技术大拿。2020 年，面对网络技术迭代更新的压力，张秀成牵头混合组网和大区组网下容灾能力增强研究，率先在华中大区开展了网络云八级容灾体系的现网实践，为全国积累了网络云分级容灾经验，并获得当年集团公司科技成果应用奖。2021 年年底，为在疫情防控期间尽快推出"居家流量包"业务，公司组织多部门进行评估，有专家提出需网络改造投资 4.1 亿元，改造时间长达 2 年。在人人都认为这是项"不可能完成的任务"时，张秀成带领技术骨干主动承接该难题。他连续 1 周泡在公司，对现网组网架构、业务承载关系进行了梳理，开展配对测试近万次，流程适配近千次，提出了 9 个全网首创方案，最终零投入、2 个月内实现了产品发布，满足了疫情期间业务拓展需要，发展居家流量包用户近300万名。针对5G垂直行业场景识别困难，端到端SLA保障能力欠缺、故障定位慢的问题，张秀成带领团队自主研发了伏羲AI系统，将AI技术与生产流程紧密融合，并结合7种算法模型进行需求创新，解决了复杂场景运行过程中单终端、端到端、SLA运维保障中的难题，实现了专网运维的可视、可管、可控，实现企业和客户的双赢。该项目获得"兴智杯"全国人工智能创新应用大赛总决赛一等奖。

敢挑"重担子"的通信先锋

为了及时完成课题研究、网络升级调整，即使错过了孩子毕业典礼这样的重要时刻，张秀成也无怨无悔，始终恪尽职守、兢兢业业。"我是通信企业的一个兵，哪里需要哪里搬"，节假日排班他总是先考虑其他同事的需求，连续8年坚守在春节重保现场；在众多危急险要关头，他始终冲锋在前，彰显了共产党员的责任担当。2021年7月，河南郑州、焦作等地遭遇历史罕见的持续性强降水天气，引发城市内涝，造成市电中断，核心通信枢纽楼电力机房进水，油机故障，设备随时存在掉电、业务受损重大风险。面对异常严峻的防汛救灾保通形势，张秀成迎难而上、沉着应对，迅速组织开展应急保障工作。截至7月21日19时，完成系统备份，全量摸排评估网络容灾能力；21时，确定业务红黄蓝三级保障应急疏通预案，协同集团完成跨省信令转接预案；23时，在4路开关电源关闭的紧急情况下，带领应急小组成员2小时内分批次下电36台核心网设备，通过主动流控、多点降荷、业务导流等多项措施，无感知迁移1373万用户业务，电力负荷下降60%，最大限度地争取电力抢修时间。在和时间的赛跑中，成功实现了"大楼不掉电，关键设备不下电，业务不受损"。之后在防汛保通信一线上他又连续奋战5昼夜，累了在办公桌边打几分钟盹儿，困了靠咖啡提神醒脑，累计完成1496万名

◎张秀成在疫情防控期间坚守网络保障一线

2G/4G 用户、30 万名 5G 用户的业务回迁，协助抢通 896 个 2G 基站，紧急处理老旧设备上电后的软硬件类故障 194 起，以最快速度消除"信息孤岛"，筑起了通信保障看不见的"大坝"。为满足人民群众封控期间远程视讯会议、学生居家网课的业务使用质量，他联合团队成员紧急制定云视讯、钉钉等重点业务保障方案，并快速部署实施了支撑学习类网站流量使用优惠方案。通过 20 多个小时的连续工作，他和团队成员开发了数据格式化、自动化导入工具，实现了不同类型设备脚本的自动化生成，仅用 2 个晚上就完成了原来 10 天才能完成的数据修改工作，大幅提升了疫情期间的数智化支撑效果。

征程万里风正劲，重任千钧再出发。在创世界一流企业新征程上，张秀成继续埋头苦干、勇毅前行，带领团队不断创造出一个又一个光辉业绩。

（文/张丽君）

罗丽芳

▶ 广东公司政企客户中心

罗丽芳，女，汉族，中共党员，1980年7月出生，现任中国移动广东公司政企客户中心农商文旅BU集团客户经理主管。21年来坚守岗位，近3年签约38个项目，助力数智赋能乡村振兴战略。获得广东省农业农村厅互联网平台营销贡献奖、广东省农业农村厅"助农大使"等称号。

每一个项目的成功签约，每一份荣誉的取得，都离不开领导和同事的帮助，我将不负时光、不惧挑战，持续为公司高质量发展全力以赴，像一颗种子传播"敢想敢干"的精神，像一束蒲公英把真诚服务送给所有客户。

肩扛责任自芬芳

走万里路，进千家门，解百家难，21年坚守岗位始终如一，赋能智慧农林、提炼"问查算比"，哪怕有一丝希望都会全力争取，营销状元让乡村振兴充满了活力。

21年坚守岗位始终如一，罗丽芳凭借一股不服输的韧性，不断逆风飞扬，踏平坎坷成大道，迎来芳华绽放满途，她奋力冲锋在数智赋能乡村振兴第一线，打造全国首个乡村振兴综合管理信息服务平台，融合大数据、AI、物联网等数智化能力，助力政府部门科学有序推进乡村振兴目标的实现,为助力公司高质量发展和乡村振兴建设作出了突出贡献。

行者恒自芬芳

作为一名共产党员,"敢扛事、能干事、不怕事"是罗丽芳的真实写照,别人躲着走的事,罗丽芳勇挑重担。她二十一年如一日地沉淀在政企一线客户经理岗位,曾有不少人劝她说,你年纪大了,客户经理那么辛苦,为什么不转到后台部门调整一下。她每次都笑着回答:"我不觉得自己老了,我更愿意奋战在公司的最前线,能为客户提供优质服务,帮助客户解决问题,就是我最开心的事情。"政企领域最难最关键的就是客情破冰,她秉持"两脚沾泥、两手沾灰"的态度,走万里路,进千家门,解百家难,用时间和真诚给出了破题答案。她把客户的办公地点当作自己的办公地点,找准客户需求点,为了争取跟客户汇报的机会,她常常在客户的会议室外一等就是好几个小时。她专业细致的服务和为客户解决问题的真诚,让客户纷纷为她点赞。她经常白天拜访客户,晚上总结盘点,提炼出"问查算比"破冰工作法,稳扎稳打推进信息化业务拓展。在工作中,她常常在办公室里最晚下班,却又最早到客户处报到。面对客户的一次次拒绝,她毫不气馁;面对一次次破冰挫折,她从不言弃,从挫败中总结经验后马上又再次细致地寻找破冰关键点。山高自有人行路,水深也有摆渡人,正是罗丽芳身上的这股坚韧,最终成功打破了客户的冰封之门。凭借她的勤奋、坚持和专业,她所负责联系的行业客户从一开始的半信半疑到绝对信任,为农业信息化运营打下了坚实基础,实现了与客户的深度合作。

有志者事竟成

广东向来以敢为天下先、敢闯敢拼、低调务实闻名全国,蹚出了改革开放的广东路径。只要客户有需求,她就义无反顾、尽心尽力帮助客

又是芳华正浓时
第四届"最美移动人"事迹巡礼

◎罗丽芳（左三）和团队成员

户排忧解难。从2021年开始，广东公司创新开展了"和格人政企中心"，实现了支部建在BU上，对客户经理的支撑更加高效，一线呼唤炮火的能力更强。在一次春节回乡探亲的高铁上，罗丽芳接到一个紧急任务，要为客户协调一个3万人参加的视频会议，罗丽芳立马投入工作，在短短10分钟内便为客户解了燃眉之急。面对激烈竞争，她从不放弃，哪怕只有一丝丝希望也要全力争取。2021年，某项目开展公开招标，这是一个千载难逢的机会。在项目准备过程中，她组织近百次线上线下交流会，以客户需求寻求更优质的项目方案。"那段时间，她办公室的灯绝对是最后一个关的，"同部门的同事这样回忆，"每天我们进来加班时，她办公室的灯早已映照着长廊，而我们离开时，灯光仍在我们身后。"望着凌晨5点窗外美丽的珠江新城，罗丽芳和团队成员一起，将一个个方案提出、撰写，一张张图纸设计、修改，一份份文件打印、定稿，最终形成专业优质的方案。作为公司代表参加项目竞标应答时，她尽显专业水平，最终获得了客户的认可。正是凭借这种求真务实、脚踏实地的工作态度、誓破楼兰的决心，罗丽芳3年牵头推动成功签约20多个千万级项目，成为行业内当之无愧的金牌标杆。

苦心人天不负

踏石留印，抓铁有痕。罗丽芳生长于江西的农村，对农村和土地有着深厚的感情。当她学习习近平总书记在中央农村工作会议上提出的建设农业强国、加快推进农业农村现代化、全面推进乡村振兴等一系列重大理论时，她内心产生了强烈的触动。在智慧农林这个赛道，她要发挥自身价值，为智慧农业林业发展作出一份贡献。士不可以不弘毅，任重而道远。以往农业农村赛道在大家眼中是一块"瘦田"，但罗丽芳不推脱、不气馁，迎难而上，以高度的责任感与热情，持续耕耘，不断突破，成功将广东省农业农村厅拓展成为一家年合作金额超千万元的标杆集团。她还积极推动公司与广东省农业农村厅签订《5G+数字农业战略合作协议》、与广东省相关部门签订了《乡村振兴全面合作协议》，成功中标全国首例省级乡村振兴综合服务信息化平台，该平台采用"5G网络+云平台+N业务应用"技术框架，融合大数据、AI、物联网等数智化能力，构建以"综合服务+数据运营"为核心的建设模式，实现"5G+数智化能力"赋能数字政府、数字乡村，助力乡村建设、乡村发展、乡村治理、乡村服务等多方面工作的实施。在广东省林业监测管理平台项目中，罗丽芳与团队一起打造了广东省一网统管物联底座典型应用场景，获得工信部"绽放杯"广东省区域二等奖，为农林客户安上"千里眼、顺风耳"。在广东省农业农村厅"12221"农产品市场体系建设数字营销活动中，罗丽芳牵头推进"菠萝节""蜜柚节""粤品进赣赣品入粤"等项目，通过5G消息等新业务优势，精准触达，以信息化服务连接农产品产销渠道，促进农民增收。其中，"菠萝节"在线直播

又是芳华正浓时
第四届"最美移动人"事迹巡礼

◎罗丽芳（右一）与团队成员合照

活动吸引粉丝300万人次，"蜜柚节"活动助力蜜柚种植户销售收入提升89%，"粤品进赣 赣品入粤"活动，实现两省特色农产品在线销售超600万元。罗丽芳通过不懈地努力，用专业的服务为农民拓宽致富之路，为广东建设农业强省添砖加瓦，也在互联网销售新赛道、数字赋能乡村振兴领域绽放光彩。

文可提笔制方案，武必领军传捷报。罗丽芳正是秉承这样的理念和坚韧的意志，让她像一名战士，在建设农业强国和乡村振兴的路上逐浪前行，屡创佳绩。

（文/程飞）

王 敏
▶ 陕西公司重客二中心

王敏，女，汉族，1984年12月出生，现任中国移动陕西公司重客二中心行业经理，曾获得工信部第五届"绽放杯"5G应用大赛智慧交通专题赛二等奖，陕西公司巾帼标兵、劳动模范等荣誉称号。

很荣幸被评为集团"最美移动人"，这对我来说，是一份激励，是一份荣誉，更是一份认可。成绩只能代表过去，我会将荣誉作为新的起点，继续干好本职工作，为公司高质量发展贡献自己的一份力量。

"雪亮女神"炼成记

16年辛勤耕耘、坚持不懈，铸就政企"西咸一姐"。拿下全国"雪亮工程"第一大单，3年签约千万级大单6个、百万级大单14个。她是"雪亮女神"、集团单王。

"西咸一姐"，这是同事们对王敏的亲切称呼！服务全国最大"雪亮工程"，飞起首个商用5G网联无人机，3年服务千万级以上项目6个、百万级以上项目14个，她的付出、执着和成绩，担得起这个称号！

"大单"不简单

陕西省西咸新区是经国务院批准设立的首个以创新城市发展方式为主题的国家级新区，作为服务西咸新区政企客户的行业经理，王敏有自己的"独门秘籍"，在她随身携带的包里，永远都有一个本子和一支笔，上面密密麻麻地记录着各种信息。几年下来，这样的笔记积攒了好几本，分门别类地记录着业务知识、客户需求、办理进度等。正是这样的习惯和积累，让她一步步成为领导和同事眼中值得信赖的业务能手，每次开展新业务，王敏的电话就成了同事的业务咨询热线。"想客户之所想、急客户之所急。"在西咸新区"雪亮工程"信息化建设项目中，从顶层设计到最终中标，历经3年。她组织不同规模方案沟通和协调会等100余次、需求调研60余次、修改方案30余稿……从硬件、软件到多数据、多平台、多端口、多应用建设，项目内涵之多、难度之大可谓是全省首

◎王敏工作照

例。她和团队一起扛过了项目主体不断变化、设计方案多次变更、项目标段反复增加、采购需求不断变更的艰难起步阶段，在该项目的每个标段，一个个看似寻常的匹配，凝结着她和团队的智慧和心力，多少次彻夜不眠，多少次失败的磨砺，最终所有的付出都有了独特的意义。在王敏和同事们的共同努力下，这个全国最大"雪亮工程"成功交付落地，她的泪水已经肆意地流淌在自己满是笑意的脸上。项目还被评为移动全国 TOP50 云大单标杆第一名，同时被集团公司作为优秀案例在年度总结会上进行展示，为她"西咸一姐"的称号画上了无比重要的一笔。

"样板"凭实力

几十米高的楼宇间，湛蓝的天空下，一架无人消防机沿着自动规划的航线精准航行，向模拟火灾的高层房间喷射灭火剂。当 5G 无人机飞在天空那一刻，王敏和她的同事及客户们都兴奋地大喊起来。想象最终变成现实，"这就是成功的喜悦！这就是我们移动人的骄傲啊！"王敏感叹道。无人机的飞跃只是一瞬，背后却是一次又一次地测试、优化、调试。"拿出逢山开路、遇水架桥的闯劲，就一定能战胜项目攻坚中的千难万险。"王敏说道。面对严苛的工作任务，加班加点是常有的事。在西咸新区消防支队的会议室里，她和成研院以及 DICT 的同事们一起不断自我否定又不断坚定信心，最终攻克一个个课题难关，5G 网络优化和无人机调试，仅用了一周时间。王敏负责主导的西咸 5G 网联无人机消防救援平台，构建了基于 5G 网联无人机的消防救援管理实战应用场景，建成城市级的兼具应急调度与指挥管理的无人机运营管理体系，打造了"5G+无人机消防救援管理"新样板。当火情发生时，无人机可从出警平台一键起飞，自主飞行接近发生火情的建筑物。通过 5G 网络远程精准操控，侦察高楼层火情，实时传回图像，为指挥中心准确判断现场情况提供决策依据。5G 网联无人机不仅能用于侦察，还能根据火情，在高

又是芳华正浓时
第四届"最美移动人"事迹巡礼

楼层精准完成破窗投送防毒面具、防火服、消防水带等消防用具,有效执行扑灭明火等多重任务,给消防救援工作提供了极大帮助。该无人机项目落地,提升了城市消防治理水平和消防应急救援能力。通过融合消防接、处警平台,全面推行重点单位标准化管理,不断提升社会单位消防管理能力和水平,全面构建各类灾害事故应急处置机制,以信息化引领消防体系架构升级,满足"全灾种、大应急"的综合应急救援要求。该项目也获得国家消防救援总局的高度赞扬,并在第五届"绽放杯"中获得全国二等奖,同时被多家媒体竞相报道。

◎王敏(右一)工作照

变身温暖"小太阳"

"征途漫漫,惟有奋斗""奋斗是青春最亮丽的底色""幸福是奋斗出来的,奋斗本身就是一种幸福"……在王敏的身上,奋斗的精神体现在方方面面，贯穿在她工作、生活的每一处细节里。在工作中，她时刻保持坚强乐观的心态，用"小太阳"的光芒感染周围的每一个人。在遇到困难时，她始终保持勇攀高峰、不惧困难的决心和勇气。在客情服务时，她用心服务、用情做事，不仅把客户单位总部客情做实，更是把所有分支做透做实。每一步，王敏都走在细处实处。疫情期间，王敏也始终冲在一线，彰显着巾帼不让须眉的铁军风采。在后台，她做好移动通信保障；在技术上，协助推出5G智能门磁、5G机器人等服务，筑起防疫护城河。其中智能门磁业务量大，客户需求迫切，面对蜂拥而至的需求，王敏快速协调资源，紧急对接同事，全身心投入紧张的支撑工作中，每天拿着手机，守在电脑前，微信页面置顶的全是疫情防控的保障支撑群，群里有任何消息，她都会及时回复和解答。通过技术化手段实现精准管理，大幅降本增效，在疫情期间发挥巨大作用。在一线，她又积极主动做志愿服务，协助社区开展核酸检测、人员流调、信息统计、物资配送等防控工作，展现了移动人良好的精神风貌，炽热的心温暖冬天。在16年的时间里，虽然手机换了，但每一个手机里都记录着她深夜12点后离开工作大楼的照片；本子换了一个又一个，每一个本子上都记录了她签约过的所有合同信息，奋斗的点点滴滴成为她人生重要的记忆，刻画出独属于她的人生印记。

　　奋斗的青春永远无悔，奋斗的光芒一直闪耀。一路走来，虽是千难万险，亦能平地起高楼，天堑作通途。十六载风雨同舟，十六年不断追梦，拿单王者，铿锵玫瑰，王敏将继续在信息服务的蓝海里"陕亮"绽放！

（文／常卫强）

纳吉布

▶ 辛姆巴科公司网络管理中心

纳吉布·乌拉·汗，男，巴基斯坦人，1979年11月出生，现任中国移动辛姆巴科公司网络管理中心综合支撑室高级经理。他以自己的实际行动践行着"一带一路"倡议，谱写着中巴友谊新篇章。先后荣获2016年度公司优秀员工奖、2022年度公司杰出员工奖，所在团队荣获2018年度最佳团队奖。

获得"最美移动人"殊荣，我非常激动，这是我职业生涯中难忘的时刻，这个奖项不仅代表我的个人成绩，也是团队合作和追求卓越的结果，更是中国移动对辛姆巴科公司的认可和支持。这不仅激励了我，更激发了辛姆巴科3000多名巴基斯坦籍员工干事创业的热情，谱写了中巴友谊新篇章。

疾驰在丝路上的移动"巴铁"

路虽远、心却近、桥永在，大家都感谢这种不见外，他见证了辛姆巴科从无到优的辉煌成果，助力巴基斯坦建成中国移动优质通信网络。他是"一带一路"上的移动样板，他是中巴跨文化融合的楷模。

10多年前，在异国他乡的求学岁月里，纳吉布意识到巴基斯坦通信网络与发达国家之间的巨大差距，下定决心在学成之后报效祖国。回国后，他加入了新成立的中国移动辛姆巴科公司，并以此为新的起点，带领团队，用通信网络构建中巴命运共同体，为中国移动高质量共建"一带一路"增光添彩！

因通信结缘

纳吉布·乌拉·汗，中国移动辛姆巴科公司网络管理中心高级经理。15年来，他投身通信网络建设事业，见证了巴基斯坦移动网络从2G到3G再到4G的跨越；他以实际行动践行"一带一路"倡议，成为中巴通信丝绸之路的"建"证者。20年前，为缩短巴基斯坦通信网络与发达国家之间的巨大差距，纳吉布·乌拉·汗怀揣远大抱负，先后走进卡拉奇工程技术大学、美国纽约理工学院学习计算机工程专业。深造期间，他多次参与无线网络研究，不断提升自身专业素质，很快成为巴基斯坦经验丰富的核心网络工程师。2006年，纳吉布加入中国移动辛姆巴科公司。"让巴基斯坦人民畅享通信网络服务"是纳吉布一直以来的梦想。初到辛姆巴科公司，他利用自己的专业知识，解决了建网初期信令分析、呼叫时延、网络掉话、负荷拥塞等网络质量难题，保证了最佳的客户体验，支撑了公司初创期的业务发展。成为区域网络运维团队负责人后，纳吉布带领团队将光纤铺设到了巴基斯坦南部最偏远的地区，拓展了网络覆盖范围，让民众能够畅享中国移动通信网络服务，也为当地经济发展打下了坚实基础。2019年，纳吉布被任命为辛姆巴科公司网络管理中心高级经理，"保障4700万客户在节日期间的通信畅通，远比我一个人的团聚来得更有意义"。从那时候起，纳吉布就再也没有跟家人一起过过一次传统节日。

以科技圆梦

为推进3G到4G的更迭，纳吉布确保传输网络在为3G网络部署建设做好准备的同时，为4G网络部署做好长远规划。在他的带领下，南

又是芳华正浓时
第四届"最美移动人"事迹巡礼

◎纳吉布（中）和团队成员在一起

部地区传输团队确保了充足的传输带宽资源并获得了最佳的客户体验，这些努力付出极大地帮助了公司 4G 业务发展。面对世界百年未有之大变局，纳吉布组织实施了 3 次网络质量大会战，用最大化资源利用，多措降低运维成本，确保了辛姆巴科公司网络质量在行业中的领先地位。2020 年至 2022 年，辛姆巴科公司 3 年蝉联巴基斯坦网络质量第一名，在 9 次网络质量评估中 7 次获得综合排名第一。"在全球领先的通信企业里工作，就是我科技赋能的最好方式！"纳吉布说。

续写文化情缘

"中巴友谊比山高、比海深、比蜜甜，我对中国文化有着天然的亲近感，我要做中巴友谊的形象大使。"这是纳吉布常挂在嘴边的一句话，而讲好中国故事是纳吉布一直坚持在做的事。"中国的发展变化太快啦，通信网络的高速发展给人民群众生活带来了难以想象的巨大变化。"纳吉布每次到中国学习深造都会有不同的感受和触动。回到巴基斯坦，他都会把自己在中国的所见所闻分享给亲朋好友，工作之余，纳吉布经常光顾单位里的"中国书架"，《习近平谈治国理政》是他最喜欢研读的书籍。"我对其中关于中国式现代化的内容感触很深，真心希望巴基斯坦能够借鉴中国经验，早日走上繁荣富强之路。"纳吉布说。

纳吉布只是中国移动外籍优秀员工的缩影，他们不仅是中外合作的实践者，更是中国文化的传播者，正是因为有了他们，中国移动参与共建"一带一路"的底气更足、成色更亮。

（文/肖东）

凌 晨

▶ 终端公司浙江分公司

凌晨，男，汉族，中共党员，1982年12月出生，现任中国移动终端公司浙江分公司市场销售部经理。先后获得终端公司"优秀党员"、集团"奋斗先锋"等荣誉。

"终端连接生活，服务成就价值"，让人民群众通过终端产品连接智能世界，乐享数字生活是我为之不懈奋斗的事业，也是我矢志不渝的追求。"最美移动人"荣誉称号，对于我来说既是荣誉，也是职责，更是鞭策，同时它不仅属于我，也属于培养我成长的集体。

凌晨微光梦远行

他强化"锋耘"品牌，着力推进泛全联盟建设，弘扬"四千四万"精神，加快线上转型发展。凌晨的第一缕光，也是最温暖的闪耀。

他立足浙江沃土，怀着"终端连接智能生活"的美好愿景，以"咬定青山不放松"的韧劲、"不破楼兰终不还"的拼劲，锚定"泛终端全渠道销售联盟"建设发展主线，在终端大市场辛勤耕耘，用青春无悔书写奋斗历程，用初心不改诠释担当奉献，用热爱与执着讲述了一个又一个终端故事。

做知责于心的奋进者

2021年，因公司业务架构调整，凌晨开始担任市场销售部经理兼零售业务部经理，同时负责 ToB 和 ToC 业务。他刚刚接手零售业务时，由于公司业务架构调整新增了一个部门，公司从市场销售部及零售业务部抽调了大量骨干员工组建新的部门，新员工招聘又一时无法满足需求，两个部门都出现了人手不足的情况。同时由于市场下行的影响，手机等智能终端产品消费需求不断下滑，一种不安、焦虑的氛围开始在部门内蔓延。在这个时候，他用实际行动在两个部门员工心中立下了一根"定海神针"，他认真听取各领域的工作汇报，把两个部门面临的困难、需要解决的难题全部记录下来，深入11个地市营销中心及厅店进行调研摸排，了解基层一线的实际情况，拜访沟通头部合作渠道，了解市场最新动态变化，很快就把各方面的情况摸排清楚了。也就是在那段时间，他养成了"早 晚二"的工作习惯，"早 "就是早上提前 小时到岗，"晚二"就是晚上延迟两小时下班。早到一小时思考全天工作，晚走两小时复盘行业情况，空闲的时间学习零售业务知识，不断提升工作水平，一天挤出3小时不断积累，KT2000渠道管理体系、OAO陆海空体系、智能汽车销售新模式、惠购异业权益模式等，一个个宝贵的思路不断涌现，带领团队克服重重困难，实现经营业绩逆势上扬，年收入同比提升超过20%，利润贡献值全国第一。

做担责于身的开拓者

志不求易者成，事不避难者进，唯有不懈奋斗，方能收获累累硕果。在推动公司高质量转型发展过程中，他始终冲锋在一线，用实际行动彰显移动人的奋斗姿态。2020年年初开始的新冠疫情，对公司线下销售业务造成了很大的冲击，公司传统实体零售门店销量急剧下滑，社会渠道大量关店，分销业务也大幅萎缩。面对突如其来的疫情，如何降低疫情对销售的影响，确保公司销售平稳有序，凌晨敏锐地意识到杭州作为电商之城有着先天的优势，把公司线下零售业务向线上转型势在必行，但是零售业务转型线上在体系内又无案例可参考，"干不干、怎么干、干什么"一系列问题摆在了面前。"九层之台，起于累土；千里之行，始于足下"，他带领团队从基本的电商业务知识学习开始，一边努力学习一边积极行动，与浙江移动沟通商洽，做规划、跑流程、定需求，最终拿出了一整套完成的全方位项目承接方案，经过2个月的努力，顺利完成了浙江移动天猫店的承接工作，成功迈出了终端公司零售领域线上转型发展的第一步。线上销量助力当年零售销量实现翻倍增长，超额完成既定目标。类似的事情发生过很多次，在2022年6月，市场销售部接到向浙江移动提供2万台警务通的政企单，项目重、时间紧，他带领团队骨干成立专班服务小组，协同省公司、浙移集成、中移建设、生态厂家华为和鼎桥等，建立每日终端保障通报制、周会进展讨论制，坚持目标导向，党员示范带头，倒排时间表、挂图作战，确保终端交付各项工作有序推进，通过不懈努力，最终在10天内顺利完成了交付任务，高效高质量地保障了政企大市场的终端供应。

做履责于行的实干者

凌晨不仅是业务骨干，也是一名基层党支部书记。他始终牢记"人民邮电为人民"的宗旨，积极发挥终端行业特点，围绕终端公司"终端伴你行"志愿服务品牌建设，通过党建和创与中兴通讯共同打造了一支党员志愿服务队伍，与杭州市雨花敬老院开展结对服务工作，雨花敬老院有180余名老人，他会带着志愿服务队成员来到老人身边，陪伴老人，听他们的故事，中午在堂食助餐或者帮忙送餐到家，同时志愿者队伍积极发挥自身优势，为"银龄"老人讲解手机使用技能、宣传反诈防骗知识，帮他

◎凌晨（右）参加"618"线上直播

们解决在使用手机过程中遇到的问题。党的二十大召开之后，他始终把学习贯彻落实党的二十大精神作为提升综合素质水平的重要任务，自觉用党的二十大精神武装头脑，指导实践。他带领支部与中移智家运营中心、中移铁通、中移在线3家党组织组成党的二十大精神宣讲团，开展党的二十大精神社区宣讲活动，并走进宣家坞花卉园区，与合作社负责人深入交流，借助专业公司的各自能力优势，现场达成智慧园林解决方案，通过"智慧终端＋数智管理"模式，切实帮助种植户解决园区温度、湿度、安全等难题，以实际行动展现了企业责任担当与移动人的良好精神风貌。

　　面向未来的凌晨，以只问耕耘无问西东的初心，强固"向下扎根"的定力，从一点一滴小事做起，继续干出无愧于时代、无愧于组织、无愧于自己的优异成绩，为中国移动终端公司高质量发展，为中国移动建设世界一流信息服务科技创新公司作出新的贡献。

（文/缪永平、赵野）

咪咕公司全媒体中心

全媒体中心是咪咕公司最年轻的团队，从北京冬奥会到卡塔尔世界杯，全媒体中心展现出年青一代积极进取、不屈不挠的战斗精神。先后获得中国移动新闻宣传工作先进单位、工信部新闻中心先进记者站等荣誉称号。

"最美移动人"的荣誉应该属于所有一起并肩作战的所有团队和战友，打造最强音浪，讲好中国故事，咪咕公司全媒体中心将不忘初心、砥砺前行，努力为中国移动转型发展和品牌影响力提升作出新的贡献。

用最强音浪讲述最美中国故事

在建党百年、奥运会、世界杯等重大活动直播中，平均29岁的他们，用511个热搜、340亿次播放量、711亿全网热度，交出了一份完美的青春答卷。从出彩到出绩，他们以现象级的传播，打造出最强红色音浪。

近年来，基于中国移动元宇宙整体布局，咪咕公司依托中国移动5G技术和4K、8K、VR等超高清能力，先后打造了5G冰雪元宇宙、5G世界杯元宇宙、鼓浪屿元宇宙第一岛等丰富的元宇宙案例实践。咪咕公司全媒体中心始终秉承"新媒体国家队"的责任使命，发挥"内容+科技+融合创新"优势，以敢于担当、勇于创新的奋进精神，通过内容创新、传播创新、模式创新，助力中国移动品牌价值新突破。

在北京冬奥会见证中国力量

2022年北京冬奥会是我国在重要历史节点举办的重大标志性活动，也是历史上收视率最高的一届冬奥会。咪咕公司在北京冬奥会倒计时100天时，成立了"多工种、多层次、一体化"的全媒体中心专项作战团队。赛事期间，咪咕公司全媒体中心三班轮值，7×24小时无休，第一时间将冬奥会相关资讯传递给千家万户。共收获340亿次内容播放量、511个策划热搜、711亿全网热度，其中包括6700万次的海外曝光量。有力面向海内外传播了北京冬奥会的精彩内容，弘扬中国精神，传递中国力量！喜人数据的背后，是咪咕公司全媒体中心联合其他团队的共同努力。

如何让这次冬奥会成为展现大国风姿、满足人民需要的最佳冰雪平台？咪咕公司全媒体中心技术传播分队昼夜奋战，与技术团队同吃同住，推出8K超高清、HDR Vivid、多路解说多屏同看、XR演播室、AI战术分析、MSC数智人等"十大黑科技"，其中AI暖心字幕功能一经上线，就获得聋人协会点赞、谷爱凌打call，多篇报道阅读量10万+。发挥科技向善的力量，为屏幕前的每个人都提供了暖心陪伴。

◎咪咕公司依托嘉宾天团推动北京冬奥现象级传播

如何在赛事之余，为更多泛体育用户带来冰雪体验？全媒体中心于倒计时30天、20天、10天等关键节点，推出包括纪录片、综艺、剧集、访谈、即时连线、助威曲等主题自制节目，总时长超1000小时。其中由王濛和黄健翔搭档组成的"濛翔组合"在直播首秀当晚就引发了破圈层、现象级的传播效果。王濛相关热搜108个，曝光量122.6亿次，在青少年人群中引发"冰雪热""速滑热"，有效助力冰雪文化传播推广。

如何更好地传播中国声音，牢牢把握北京冬奥会舆论主导权？咪咕公司全媒体中心发挥创意优势，与国家体育总局冬运中心联合出品《冰雪同行向未来》宣传片，与人民日报合作发布超燃水墨大片《热"雪"沸腾！超燃，水墨动画，为冬奥健儿加油》，与新华社共同打造《来自数字星球的报道》中英文系列视频，与国资小新联合制作《我们都是运动员》MV，并在"企航冬奥"特别平台长期置顶，总曝光量达10亿+，形成健康可持续的冬奥"正弦波"。

在卡塔尔世界杯奏响移动强音

冬奥会落幕，世界杯启动，咪咕公司全媒体中心践行青春誓言，圆满完成世界杯传播目标。实现全网曝光量1614.78亿次，全端热搜2240个，央媒报道2042篇；清博大数据发布《2022卡塔尔世界杯品牌传播力指数》，世界杯期间，中国移动品牌传播力指数为977.42，在100家企业中位列第二。

基于央媒合作，弘扬体育正能量。咪咕公司全媒体中心沟通人民日报就《詹前顾后》《鏖战世界波》等多档自制节目展开深度合作。其中世界杯揭幕战咪咕特别节目《你好，世界杯》获得人民日报重点推荐；世界杯期间联合人民日报，联名呈现《为什么看世界杯》《青春不过一届届世界杯》两条精彩短片，咪咕与人民日报官方账号同步首发，传递热血体育精神。

深化科技传播，发挥科技创新价值。咪咕联合科技日报，聚焦世界杯黑科技"数智手语主播"，推出趣味科普视频《让声音被"看见"，AI如何帮助听障人士观赏世界杯》。科技日报官方微博、微信、客户端、视频号，以及旗下科普时报、科普日报、中国科普网等平台矩阵共同发布，中国移动官方微博、视频号同步跟进，行业盛赞成效显著。

基于内容创意，传递人间温情。咪咕公司全媒体中心携手知名导演陆川推出世界杯主题短片电影《远征》。通过一对父子奔赴心之所向的故事，传递热爱、希望与坚持，带领众人感受梦想的无限力量。影片获得CCTV6重点报道，人民日报、新华社等广泛转载与好评，话题"陆川世界杯短片电影上线"登上多个微博热搜。

在鼓浪屿打造元宇宙第一岛

除了在体育领域落地生根，元宇宙还渗透到文旅、文博等大众生活的各个方面。作为文旅部T.621产业联盟的牵头单位，中国移动和厦门市人民政府于2022年达成战略合作，积极推进厦门元宇宙建设，打造国内文旅元宇宙标杆示范项目——"鼓浪屿元宇宙"。

2023年3月，全国两会期间，咪咕公司全媒体中心联合新华社客户端助推"鼓浪屿元宇宙"走进全国两会报道，以首个全国人大代表比特数智人、首个元宇宙人民大会堂、首个"浸"入两会元宇宙文旅IP、首个两会比特数智人视频彩铃、首次元宇宙两会AR展示等五大行业首创，集中展示了数智应用在文旅发展、文化传承等领域的应用价值，用元宇宙创意形式，传递中国声音。

咪咕公司全媒体中心积极打造的中国移动元宇宙品牌受到上级单位、行业、用户广泛认可，被工信部新闻中心认定为咪咕公司国企改革的重要亮点，获得国资委等党政平台点赞认定。同时，通过多个重大专项的传播运营，咪咕成功建立起积极健康、高质量发展的品牌形象，进一步助力中国移动卓著品牌建设。据统计，冬奥会闭幕后，72%的受访人群对中国移动品牌好感度进一步增强，77%的受访者愿意向亲朋好友推荐中国移动，超半数受访者增加了对中国移动产品的使用。

红色音浪，永远在路上。就在刚刚结束的杭州第19届亚运会上，基于咪咕公司打造的全球首个面向元宇宙构建的5G+8K智慧转播体系，咪咕公司全媒体中心通过"超级解说天团""前沿科技解读""央媒联合发布"等多种形式的内容策划，为广大用户带来全场景沉浸式观赛体验。据统计，亚运会期间，中国移动共收获589亿次全网曝光量、2954个全端热搜、2569篇重点央媒报道，成为广大网友首选的亚运观赛平台之一。

（文/陈琳）

集成公司数字政府腊子口攻坚团队

数字政府腊子口攻坚团队是一支由党员干部带头、凝聚 10 余名技术骨干和专家合力的团队。数字政府项目入选中国互联网大会实践案例，团队获得 2022 中国国际数字经济博览会"创新成果奖"一等奖、中国 2022 数字政府论坛"2022 数字政府卓越贡献奖"等荣誉。

有幸获得第四届"最美移动人"称号，这是集体的荣耀，也是对我们的莫大鼓励和肯定。我们必将不忘初心、牢记使命，继续发扬"腊子口"精神，深耕"指尖上的政府"，让党旗在项目一线高高飘扬。

为数字政府输出"移动模式"

聚焦满足人民群众美好生活的向往，他们把 ToG 当作新征程上的"腊子口"，当头雁吹响冲锋号，攻难关打造样板房，创造了数字政府建设的新模样。

集成公司紧紧围绕党中央提出的数字中国、智慧社会建设目标，致力于数字政府项目建设，充分发挥"让党旗飘扬在项目上"党建品牌引领作用，组建数字政府腊子口攻坚团队，大力弘扬红军长征"腊子口"精神，全力以赴推动数字政府建设迈上新的台阶。

在大战大考中践行初心使命

党的二十大报告提出，要加快建设网络强国、数字中国。数字政府作为数字中国的重要组成部分，是建设网络强国、数字中国的基础性和先导性工程。建设数字政府项目是集团公司ToG赛道"1319工作体系"的重要组成部分，是实现"ToG市场领先的数治服务提供商"目标的有效路径，是推进集团公司"1225"战略落地的关键举措。集成公司作为数字政府项目建设的主力军，坚定信心、攻坚克难，渡过组织保障、生态聚合、疫情防控等难关，经过近千人协同作战，在2022年3月，甘肃省市州数字政府项目全部成功上线。然而，项目上线后如何快速拉通省市高效协同，实现甘肃数字政府项目平稳由建设向运营过渡，成为重中之重。集成公司组建数字政府腊子口攻坚团队，发扬红军在腊子口战役中敢于亮剑、无私奉献的铁血精神，誓要攻破新征程上的"腊子口"，到达"哈达铺"。面对任务繁杂、时间紧迫、人员缺乏等重重困难，攻坚团队迎难而上，坚持问题导向，以"一日一总结，一周一发版"的工作机制快速响应各类问题及需求。孙海涛作为甘肃省数字政府项目主要负责人之一，带领团队直面挑战、奋力攻坚，打造了一支超过200人的数字政府领域专家队伍。郭毅峰通过53个昼夜解决14个厅局系统对接难点问题，4天时间内完成5个领域32本规范，共计60余万字，牵头开展"腊子口"攻坚战，解决97%的重点、难点问题。在攻坚团队的不懈努力下，6个月完成2年的建设任务，顺利上线65个系统平台，日均访问量40万+。自系统上线以来，全省政务服务事项全程网办率从60%提升到98%以上，政务服务事项数95万+，一件事一次办事项数530+，数据汇聚量1348亿+，政务服务能力实现大幅提升，支撑国考评估中甘肃省排名大幅跃升至"高"组别。目前，甘肃成为全国数字政府建设中首家进行省级统筹和系统集成的省份，为数字政府建设作出有益的探

◎攻坚团队召开专项会议

索。攻坚团队深入学习贯彻习近平新时代中国特色社会主义思想主题教育"学思想、强党性、重实践、建新功"的总要求，坚持学习主题教育指定书目，全体党员立足岗位，开展调查研究，为群众办实事，建立工作台账，推动闭环管理。结合"领题破题　合力攻坚"主题实践活动，团队主动领题，在数字政府领域集中攻坚，充分发挥党员骨干、业务骨干示范引领作用，着力破解重点、难点问题，确保党中央决策部署在数字政府领域落地生根。

在抢抓机遇中推动标杆落地

甘肃省数字政府项目打造了样板，树立了标杆，吹响了中国移动全面进军数字政府行业的冲锋号角。辽宁、黑龙江、云南、江西、山东等多个省份抛来了"橄榄枝"，并在黑龙江省、沈阳市、保定市取得数字政府项目新的突破，进一步夯实了ToG赛道核心能力，实现了技术迭代和标杆效应。攻坚团队发扬连续作战精神，火速转战黑龙江战场。黑龙江数字政府项目大、任务重、时间紧、困难多，攻坚团队大力弘扬艰苦奋斗、顾全大局、舍生忘死、无私奉献、敢打必胜的"腊子口"精神和"塔山"精神，牺牲了中秋、国庆、元旦等所有节假日，历时5个多月，走遍了全省13个地市、调研了全省60多个厅局，最终形成31.2万字的调研报告和1500多万字的可研方案。投标期间，正值疫情高峰期，为保障项目进度，团队集体封闭办公，公司领导临时协调50多张行军床，大家轮流休息，一鼓作气，顺利中标黑龙江数字政府建设项目。项目启动后，攻坚团队连续奋战5个月实现黑龙江数字政府项目一体化政务服务平台、统一政务服务工作台等首批13个系统顺利上线试运行，以"数跑龙江"为统领，围绕打造办事"环节最简、材料最少、时限最短、费用最小、便利度最优、满意度最高"的营商环境，统筹推进技术融合、业务融合、数据融合，提升跨层级、跨地域、跨系统、跨部门、跨业务的协同管理和服务水平，推进全省政务服务标准化、规范化、便利化。

在干事创业中展现担当作为

2021年10月，驻扎项目一线的许大虎接到远方父亲去世的噩耗，他毅然选择成为项目建设的脊梁，全力保障了系统的顺利上线，在为父亲办完丧事后，便以铮铮铁骨回到项目一线的团队中。要顺和的妻子在项目攻坚阶段不幸发生车祸，他快速处理好家中突发情况，又义无反顾返回兰州，投身到项目建设中。面对兰州不断暴发的疫情和生活物资匮乏等艰苦条件，周强、李赟、周理等一批年轻基层负责人在全城静默期间坚守岗位3个多月，搭建起全省统一政务服务工作台，接入60余个系统，整理数十个业务场景，打造了"一件事一次办"的甘肃亮点。在疫情放开、感染人群累创新高时期，2022年12月，团队接到黑龙江省政府委托，紧急研发药保平台，项目组调集13人自有研发团队和10个合作伙伴团队，连续奋战一周，完成 7 次版本迭代，最终交付成果获得了认可，在这一时期，郭毅峰、周强等同志已经出现发热、咳嗽等症状，都还坚持通宵工作。正是有这样一批甘于奉献的移动人，攻坚团队才能在 2 个月的时间内解决上线后各类重点、难点问题 1000 多个，并顺利承接全国最大数字政府项目——黑龙江数字政府平台项目，奋力推动数字政府建设取得新突破。

每一个数据的变化，都是数字政府项目带来的实实在在的变化，这些变化关乎发展、关乎百姓、关乎未来。新征程上，数字政府腊子口攻坚团队将继续发挥核心优势，主动融入数字中国的建设大局，全方位支撑各级政府信息化建设。

（文 / 张千竹、张琰）

信安中心"云专家"网络安全卫士战队

信安中心"云专家"网络安全卫士战队成立于2022年3月,由15名党员和青年技术业务骨干组成,他们践行安全责任、保障安全合规,致力于安全网络、安全治理、安全业务、安全人才,先后获得"全国工人先锋号""全国扫黄打非先进集体"等荣誉称号。

"最美移动人"称号对"云专家"网络安全卫士战队来说,既是殊荣、褒奖,更是鞭策、期许。"云专家"网络安全卫士战队的15名战士将继续战斗在网络安全的主战场、最前线,勠力同心、奋楫笃行,建功立业、开创新局,筑牢网络安全"铜墙铁壁",勇担网络安全"铁军"职责使命。

筑牢网络安全铜墙铁壁

网络安全无小事,国家安全关全局。他们在执行一系列安全领域重大项目、重大任务中,冲在最前面、守在最艰险,他们守的是国家安全主阵地,竖起了网络安全的猎猎风旗。

"云专家"网络安全卫士战队坚持党建引领,是一支覆盖各领域安全专家、技术能手的网络安全"铁军"。在推动习近平总书记关于网络强国战略落地的过程中,战队成长为"尖刀队""特战队""精英队""示范队"。

网络安全"尖刀队"

贯彻习近平总书记"加强党对网信工作的集中统一领导"的重要指示精神，忠诚捍卫"两个确立"、坚决做到"两个维护"，始终坚持正确的政治方向，大力推动网络安全工作责任制落地做实。他们以"网络安全国家队"的标准要求和锤炼自身，在层出不穷的网络安全威胁面前，不断深化对习近平总书记"没有网络安全就没有国家安全"的认识与把握，全身心投入网络安全实战攻防，持续提升极端风险应对能力，践行为党工作、为国担当、为民服务的重要使命，为保障国家安全、维护社会稳定作出突出贡献。在公安部等上级单位组织开展的国家级网络安全攻防实战演习中，他们发扬"特别能吃苦、特别能战斗、特别能奉献"的精神，在历次演习中均取得佳绩，攻击与防守成绩始终保持央企、行业"双领先"。作为党和国家重大活动网络安全保障工作的先锋队，他们坚持"冲在最前沿、守在最险处"，充分发挥先锋模范作用。面对频繁的攻击行为，始终保持高度警觉，7×24小时在岗在位，迅速高效完成了一批批恶意域名网址研判处置。紧密围绕关键信息基础设施安全防护，创新构建"全天候、全领域、全流程"赛博安全应急响应机制，强化安全风险监测预警能力，牵头完成行业联防联控高级持续性威胁监测处置方案。在重大活动保障中高质量做好安全巡检、漏洞排查、集中值守、预警应急等工作，助力公司圆满完成党的二十大等多次重大活动保障任务，确保万无一失。

网络安全"特战队"

牢记习近平总书记"网信事业要发展，必须贯彻以人民为中心的发展思想"的重要指示精神，贯彻落实习近平总书记关于打击治理电信网络诈骗犯罪的重要批示精神，坚持"网络安全为人民、网络安全靠人民"。他们以人民群众的需求和期望为己任，始终秉承"以人民为中心"的理念，想民之所想、急民之所急，全力扫除电信网络诈骗等各类网络雾霾，使人民获得感、幸福感、安全感更加充实、更有保障、更可持续。扎实推动"断卡""打猫""安心"行动向纵深发展，在行业内率先开展不良信用用户惩戒，解决相关人员反复入网、反复涉诈顽疾，工作成效持续保持行业领先，收到各级公安机关表扬信、感谢信180余件。他们紧密围绕不良信息治理，探索创建优化"妈妈班"不良信息治理团队，即使在除夕夜万家团圆的日子，仍坚守岗位及时拦截不良信息，守护网络空间的洁净安全。在行业内首创不良信息集中治理新模式，实现了对垃圾短彩信、骚扰诈骗电话等各类不良信息的集中监测、研判与封堵，构建了全国"一盘棋"的工作格局。全面建成"监测—分析—共享—处置"的舆情监测工作体系，审核公司智慧党建平台文章及评论百万篇，实现对意识形态安全风险的"可知、可管、可控"。

网络安全"精英队"

落实习近平总书记"网络安全和信息化是一体之两翼，驱动之双轮"的重要指示精神，坚持"以安全保发展，以发展促安全"，紧密围绕公司创世界一流"力量大厦"战略要求，为"5G+算力网络+智慧中台"新型基础设施建好安全底座，面向CHBN全向发力、融合发展以及ToG等新兴赛道积极构建安全生态。护航ToG新赛道，助力建设高安全数字政府。他们驰而不息打造网络安全核心能力，发力推动安全管理动起来、安全能力强起来、安全业务富起来，在保障公司改革发展的同时，持续贡献网络安全价值。在甘肃数字政府项目安全底子薄、时间紧迫、任务繁重，且疫情防控形势依然严峻的不利情况下，他们克服疫情等困难，临危受命、千里驰援，成立临时党支部，持续奋战15个昼夜，

◎"云专家"网络安全卫士战队攻防成绩"双领先"

用5天半时间完成了以往需要超1个月的演习准备工作,在全国各地20余支数字政府安全战队中脱颖而出,高质量完成了既定任务,并取得优异成绩。护航智慧中台,全力赋能产业数智化蜕变。他们结合"服务、协同、合作、效率"的中台文化,以系统安全、能力安全、使用安全、数据安全四大安全目标,对全公司中台安全工作提出4条关键路径,推动全公司33家单位开展智慧中台安全评估工作,覆盖了"技术+业务+数据"三台及"对内+对外"服务场景,相关成果荣获公司业务服务创新金奖。

网络安全"示范队"

他们紧紧牵住自主创新"牛鼻子",面向信息网络、数据资源、信息技术、融合创新等经济社会发展新要素,加快提升安全技术、完善安全体系、强化安全支撑,为"做强做优做大数字经济""做强做优做大国有企业"贡献力量。大力推动安全能力转化为产品服务，紧扣能量信息融合创新趋势，在行业内首创"不可知、不可达、不被控"的网络安全"三重境界"理念，并研发"守望者·安全卫士"云网一体安全解决方案，为内外部单位千余个业务系统提供安全防护，取得显著成效。多措并举强队伍，人才建设展新貌。围绕网络安全实战人才队伍建设等课题，全面掌握全集团50余家省专单位网络安全人才建设整体情况，对广东公司、设计院等单位开展"解剖麻雀"式分析，细致了解安全条线人才队伍情况，注重对接CHBN大市场对安全人才的需求。推动安全与连接、算力、能力并列为公司"十四五"人才规划四大重点科技人才工程，发布"中国移动网络信息安全领域基础人才库"。在公安部、工信部、国资委等上级单位举办的各级各类安全竞赛中累计获得270个奖项，并组建"网安观察"编辑部，发布专业报告49篇。

面向未来，"云专家"网络安全卫士战队为中国移动创建世界一流信息服务科技创新公司筑牢网络安全"铜墙铁壁"，为建设网络强国、数字中国保驾护航。

（文/郑紫宣）

尽职尽责
平凡坚守

这是知责、尽责、担责的一群人，

党旗指向哪里，就把"战旗"插在哪里。

这是坚毅、坚定、坚守的一群人，

他们不畏高，在珠穆朗玛、东岳泰山，留下移动身影。

他们不惧远，在皖南山林、赤峰草原，讲述通信故事。

他们不辞苦，昼夜坚守网络保障，白山黑水闯出精彩。

他们不惜力，老马"轴"向为民匠心，新颖"播"报亚运声音。

他们是老丰碑前的新坐标，知难却不畏难！

他们是大时代中的小人物，平凡写就不凡！

马翠红

▶ 内蒙古公司赤峰分公司

马翠红，女，中共党员，1980年出生，内蒙古公司赤峰分公司阿鲁科尔沁旗网格长。多年来，她坚守初心、勇担使命，从营业员到网格长，始终耕耘在基层一线，先后获得集团公司优秀班组长等荣誉26项。

一路走来，风雨兼程，变化的是年龄，不变的是初心。20年来，我与公司共同成长，作为一线网格长，今后我将以更昂扬的斗志完成公司各项任务，愿公司越来越好，也希望大家都能在自己的岗位上发光发热，实现个人发展与公司发展的"双向奔赴"！

行走在科尔沁草原的智慧使者

脚下沾土，心中有谱，到群众中去风雨无阻，将其作为雷打不动的目标。20年的坚守，她用解决实际问题填补最小缺口，她用最小的平凡勾勒大草原最美风景。

二十年风雨兼程，耕耘一线践初心。她是网格化改革的亲历者和践行者，在数十年如一日的辛勤不辍中践行着属于共产党员的初心使命。马翠红，赤峰分公司阿鲁科尔沁旗网格长。多年来，她坚守初心、勇担使命，将对党的忠诚融入血脉，以踏实肯干的工作态度、雷厉风行的工作作风和不知疲惫的工作热情在客户群众中擦亮了移动服务的"金色名片"。先后获得集团优秀班组长、自治区优秀共产党员、青年岗位能手等 26 项个人荣誉。

网格里的"大家长"

2019 年，中国移动自上而下掀起了网格化改革的浪潮，马翠红在改革实施的第一时间就表示"我要试试！"为深入了解网格化改革的趋势和发展现状，着力锻炼和提升网格长岗位所需要的能力素质，她利用工作之余认真学习网格化改革的相关文件政策，深深感受到网格长在推动公司发展方面的重大意义，她通过竞争上岗成为阿鲁科尔沁旗网格长，在喜悦的同时，压力也随之而来，她暗暗下决心要做好网格成员的"主心骨"和团队指明方向的"引路人"，对自己高标准、严要求，不断努力提升业务水平，践行一名共产党员的初心使命。布仁塔拉嘎查村是少数民族聚集区，蒙古族农牧民占比超过 70%，因文化差异和语言障碍，使该村的业务发展成了网格攻坚面对的第一块"硬骨头"。马翠红第一天来到村里时，村民对网格人员都表现得十分抵触，不愿意交流，甚至有意识地疏远。马翠红当即改变策略，利用业余时间苦学蒙语，先与村民拉家常聊天，拉近与乡亲们的距离。到了第三天，村里就有客户主动咨询，询问移动宽带安装、业务资费、手机上网等，村民们打开了话匣子、增进了亲切感。最终，在她的不懈努力下，与村委会和村民们进行了良好的沟通，累计在该村发展移动宽带 10 余户，有效提升了市场占有率。在工作之余，马翠红还组织各种活动提升团队凝聚力，带领网格成员去查干温都感受苍然叠翠，到罕山去拥抱枫叶红、秋草黄、碧云天，除了在工作中给予耐心的指导，在生活中也给予温暖的关爱，在网格内部营造朝气蓬勃、踏实肯干、风清气正的团队文化。

又是芳华正浓时
第四届"最美移动人"事迹巡礼

◎马翠红（左一）在社区摸排宽带及资费信息

脚下沾土，心中有谱

"脚下沾土，心中有谱"，这是马翠红常挂在嘴上的一句话，也是她多年来工作的原则。作为网格长，必须要深入一线了解情况，走到群众中间去，才能将工作做到客户心坎里。她不仅带领网格成员走村串户收集客户信息，主动询问移动产品使用感知、拓展业务渠道，每天晚上还利用一小时进行营销政策学习，多年坚持、雷打不动。2022年7月，在走访过程中有7户用户反映家里的信号弱、宽带不好用，通过同行的装维人员排查发现，用户使用的是友商产品，且该区域有移动信号覆盖优势。于是，马翠红积极与其中两户村民进行沟通，主动向用户介绍业务资费以及产品，客户了解后当即表示"只要你们能帮我们解决宽带问题，那我们就使用你们的宽带"。在得到用户的肯定后，她立即向公司提出申请，第二天就到现场开始安装宽带，让客户看到了真正的"移动速度"，很多村民当场办理了家庭套餐和号卡，在树立移动公司良好形象和口碑的同时，有效地提升了市场覆盖率。2022年年初，在高负荷工作下，她的身体出现了问题，膝盖骨髓水肿让她疼痛难忍，大夫建议居家休息，可是面对网格攻坚和发展压力，她不忍心抛下团队成员休假在家。为了不耽误工作，她每天利用午休时间去治疗。2023年第一季度，网格"一网通"业务和家宽发展未能跟上时间进度，她忍着疼痛带领团队走访商铺、小区，完成了当月目标值。她的顽强和敢于拼搏的精神，赢得了领导同事对她的尊重和认可，在过去的几年中，大到预测指标填补缺口，小到每项业务操作的规范性，她始终精雕细琢，亲力亲为，带领网格取得一个又一个荣誉和佳绩。

小网格大情怀

在马翠红的带领下，阿鲁科尔沁旗网格始终践行"心级服务 为爱连接"的服务宗旨，走村入户开展反诈宣传、家宽义诊、助老助残等志愿服务活动。马翠红及网格成员化身宣讲员深入社区，现场分发诈骗案例宣传单，指导居民下载"国家反诈中心"App，提醒居民提高防范意识，谨防上当受骗；在网格所辖社区内设立"移动便民服务台"，免费向居民提供5G业务咨询、资费预约办理、宽带加速升级等各项便民服务，以实际行动践行"数智惠民"宗旨，做乡亲们的贴心人、暖心人。"到群众最需要的地方去，到抗击疫情的最前线去！"在赤峰阿鲁科尔沁旗地区疫情反复的严峻背景下，阿鲁科尔沁旗网格全员投身抗疫一线，每天凌晨5点准时到达包联小区，开始核酸检测工作。他们戴月出征，一起守社区、保供应、查底数，无畏逆行。就在全力攻坚疫情防控的关键阶段，包联的平安家园小区出现一例阳性，被划分为高风险区，网格成员们陆续接到亲人成为密接要被隔离的消息，在"前方后卫"均划入了高风险区的情况下，马翠红和网格成员彻夜难眠、心酸落泪，但是没

又是芳华正浓时
第四届"最美移动人"事迹巡礼

有一个人放弃。他们擦干泪水、调整心情，第二天又以最好的状态奋斗在抗疫一线。"关键时刻冲得上去，危难时刻豁得出来"是他们奋斗的方向，艰苦付出只为守护万家灯火，保障群众平安。随着政企业务入格，对网格发展提出了新的转型要求，她第一个站出来，坚定地表示不能等靠要，推动公司高质量转型必须从每位员工做起，要积极行动、勇于破零。2021年，马翠红走访招商引资局获取到一个商机，她通过熟人找到负责人的联系方式，以去矿上测试移动信号为由约见到了负责人，起初负责人有些不屑，说3家运营商他都要询价，谁家价格合理用谁家，她一听，有戏！在接下来的日子里，她隔三岔五就去矿上走访，每逢节假日她都会发条信息问候下。接近一年多的时间，突然有一天矿上打电话过来对她说："哪天你有时间过来签约吧。"就这样，为她的网格政企业务"破零"开了个好头。有了之前丰富的经验，她开始向"移动云"业务发力，2022年年初，在走访新民乡政府时发现他们正在使用"智能印章"，线上审批非常便捷，经过一番了解后，发现这项业务非常有潜力，于是她耐心与客户、合作方沟通，反复敲定功能配置、价格、安全系数、操作流程，终于在2022年3月成功与该政府签约，成为该业务在全区的首次突破。她紧盯商机、积极对接，带领网格拓展大大小小的政企项目60个，她本人亲自谈成项目46个，由她拓展的"云桌面""智能印章"等业务成为全市标杆。时至今日，在经历过网格改革、团队人员大洗牌后，她带领的网格各项业务早已形成一个良性循环，各项工作开展得如火如荼。

马翠红就是这样一个将信念刻入骨血、将责任视若生命的普通移动员工，她将在所热爱的岗位上书写更华丽的篇章，继续展现"最美移动人"的动人风采。

（文 / 孙佳音）

杨晶晶
▶ 辽宁公司盘锦分公司

杨晶晶，女，汉族，中共党员，1984年9月出生，现任中国移动辽宁公司盘锦分公司盘山太平网格长，先后获得中国移动优秀班组长、中国移动班组建设先进个人、中国移动辽宁公司优秀员工等荣誉。

坚守一线十余载，一切的努力都源于一颗感恩的心，感谢公司为我们提供了展现自我的舞台，让我可以毫无保留地不断奋力前行，在平凡的岗位上创造不平凡的业绩。因为热爱，所以坚守，在未来，我将用昂扬的激情、质朴的工作在新征程上续写新辉煌！

鹤乡尽书移动情

不知走了多少村镇，不知服务了多少乡亲，她把需求带走，把忠诚留下。群众遇险，她为伤者撑起一把爱心伞；员工有难，她为他们架起连心桥，"心"级服务"知心晶姐"心里最有数。

有一种坚守，叫担当；有一种情怀，叫奉献；有一种风景，叫"最美移动人"。她坚守一线14年，在平凡的岗位上，她始终保持积极向上的心态、锐意进取的姿态、奋发有为的状态，作示范、立标杆、带好头，用忠诚和敬业彰显了移动人的风采，她就是辽宁公司盘锦分公司盘山太平网格长杨晶晶。

凝聚人心的领头人

作为基层班组长，她深知肩上的重担，良好的经营业绩离不开团队的协同作战，很多事情她都身先士卒，潜移默化地感染着团队的每一位成员。"我们出去工作，代表的是公司的形象，大家一定要把服务做透，把专业做强，把客户需求放在第一位。"在每天的晨会上她都会叮嘱团队成员。她的团队一共有 10 个人，随着业务的增多，员工的工作量也逐渐增大，面对工作中出现的一些新情况、新问题，团队中出现了一些抱怨。在宽带发展初期，一些村民反映宽带安装和故障维修不及时，团队成员不会也不懂一些技术要求，存在畏难情绪。为此，她积极与员工沟通，了解大家的想法，提升员工的业务水平，她从保证装、维、扩、立时长，营销流程，入格管控等环节做了具体的规范动作和要求，形成网格经理、营业人员、装维人员、社会渠道为主的"四维"销售合力，把整个团队成员的心紧紧拴在一起，形成一个有良好执行力的团队，为客户提供最优质的服务。凭着过硬的专业基础、严谨扎实的工作作风，不断提升员工业务素质，网格的各项指标均在公司名列前茅。

做牧民的贴心人

功夫下在背后，积累重在平时。她坚持每天走访客户，在拜访中拓展商机，在服务中拓宽合作。在她走访的记录中，密密麻麻地记满每家客户的组网概况、提升诉求、服务需求、合作方向。功夫不负有心人，在家宽份额攻坚上，她根据地域和客户特点，制定出"宽带突破"营销策略，以服务为突破口，在高频次的走访中与各小区物业建立起良好的客情关系，率领团队利用休息时间开展小区专项营销，宽带营销月均发展量最高时达到 100 余条，实现家宽空白小区覆盖户数达到 500 余户，

◎杨晶晶在服务客户

网格家宽覆盖率达到89%，位居全县第一。在合作伙伴渠道商心中，她是"干事创业的领头羊"。在三全享发展初期，她坚信融合发展才是生存之道，坚决落实公司基于规模的价值运营到基于场景的融合运营的要求，从个人市场向家庭市场融合，真正实现CHBN全向融合，从开始的有畏难情绪无从开口到真正利用"问查算比"工具达到客户满意。她带领团队尝试了很多营销方法，总结过很多营销话术，她亲自到营业厅给客户算账，并录制多个营销成功案例视频分享给渠道，树立渠道信心，让渠道会卖全家享，再用各种群内晒单奖励红包等激励方式和公司政策，鼓励渠道营销全家享。通过不断努力，网格全家享渗透率达到6.1%，高于全市平均值。

公益事业的热心人

工作上她尽职尽责，生活上她热心公益事业，在旁人危难时更是挺身而出。几年前，在一次下乡途中她偶遇一起交通事故，伤者躺在马路中间无人问津，10月的天气已转凉还下着小雨，她快速下车来到伤者身边，为伤者打伞、披盖衣服，询问伤者受伤情况。得知已拨打"120"但尚未报警时，她立即用手机拍了现场照片报了警，同时联系到伤者的雇主。在等待救护车的过程中她耐心地安抚伤者，之后同医护人员一起将伤者送到了医院，并为伤者垫了住院费，伤者家属赶到医院后她才放心离开。危急时刻见义勇为，充分展现了一名基层员工的爱心与热心。她还曾连续数年在春节时到敬老院看望孤寡老人，自筹资金为养老院的老人们送去米面油等慰问礼品及新春祝福。她主动联合社区网格警务工作者组成防诈宣讲团，通过悬挂条幅、设置宣传展板、发放宣传资料、亲自现场讲解等多种方式，向社区群众普及电信网络安全知识，提高群众甄别和防范电信诈骗能力，促进网格建设与社区治理有机融合……像这样的好事还有许多，就连她自己都记不清了。

"只要有舞台，自己肯努力，就能给最平凡的工作添加并不平淡的色彩。"杨晶晶从业14年，始终坚持"客户为本"的服务理念，扎根服务一线，用暖心服务传递中国移动品牌形象，用真诚的服务为客户创造价值，用敬业奉献诠释移动人的责任与担当。

（文/孙丹丹）

赵 荧

▶ 黑龙江公司哈尔滨分公司

> 赵荧，女，汉族，中共党员，1988年6月出生，现任中国移动黑龙江公司哈尔滨分公司政企事业部副主任。荣获国家发明专利3项，2022年当选黑龙江省第十四届人大代表。

立德修身是美，担当奉献是美，爱岗敬业是美，履职尽责是美。"最美移动人"是对我最大的鼓励和鞭策。在接下来的工作中，我一定坚守初心使命，汲养云端，躬耕黑土，为建设创世界一流信息服务科技创新公司作出应有贡献。

聚"荧"成光暖冰城

荧光虽微，愿为其芒。10年，她扎根一线，投诉处理快速响应；10年，她把自己当作一只小小的萤火虫，尽职尽责，系统推进网络质量提升，她点亮微光，让冰城感受烛路暖阳。

在我国最北的省会哈尔滨，有一盏灯，余晖很晚隐入城市喧嚣；有一个人，默默奉献青春，理想的明灯照亮平凡人生……她就是赵荧，10年前硕士研究生毕业后进入中国移动，十年如一日扎根网络一线，潜心钻研，无线网络满意度由负转正，她用微光温暖冰城百姓。

又是芳华正浓时
第四届"最美移动人"事迹巡礼

以萤火虫精神保持暖心"温度"

刚参加工作的赵荧，任职于网络部。在网络部工作期间，她率领团队持续推进网络能力转型，着力解决群众投诉和期盼的难点问题。她主管无线网络质量提升期间，哈尔滨分公司的无线网络满意度由负转正，并连续33个月保持行业领先。简单的数字，是赵荧和同事们坚守为民服务初心的体现。"网络质量是客户最直接的感受，我的工作就是一定要让客户满意，为此我和我的团队将不停地建设和优化！"赵荧说。2020年3月的一件事让赵荧记忆尤深。某天深夜她得知巴彦县从外地回乡探亲的李老师滞留在农村老家，因网络信号不佳，无法为学生上网课，直接影响近百名孩子。次日凌晨4点，赵荧和同事从哈尔滨市区出发，历时2个多小时到达李老师所在的三马架村，决心在当天网课开始前解决信号问题。可是人算不如天算，刚完成测试并制定好方案，天降大雪，

◎赵荧在机房调试设备

准备好的人员及设备上不来了。为了能在第一时间开始施工，他们始终在原地坚守。由于疫情，赵荧他们无法到当地政府或老乡的房屋内取暖，又怕中途燃油耗尽，只能间歇性地使用车辆暖风，在"冰箱"一样的车内度过漫长的10个小时。大雪过后，赵荧及她的同事将设备顺利安装调试好，回到家中已过午夜，这时收到了李老师的信息："我今天给学生们答疑了，网络挺顺畅的，感谢你们，早点休息吧！""当时我就在想，移动人的温度，越是在这冰天雪地中越能让客户感受得到。"赵荧回忆说。

以萤火虫精神坚守求真"态度"

"世上无难事，只要肯登攀。"这是赵荧第一次牵头网络攻坚克难工作时的深刻感悟。网络部作为移动公司成本开支的重要单位，年度经费压降难度巨大。2020年，赵荧负责网络三费（电费、租费、铁塔服务费）管理工作，她从一点一滴做起，将1.4万余条账单逐一进行核对、1819个自有基站逐座组织勘察及面积重新测算、212座基站完成转供电改造等。组织团队召开10余次会议进行专项讨论与论证，制定了32项网络成本费用压降举措，在黑龙江省内首次使用时空断路器用于节省5G基站电费。2020—2022年，累计压降网络电费、租费、铁塔服务费成本6000余万元。同时，她带领团队共同编制《哈尔滨网络三费交叉互检体系》，完成了将降本增效业务从"建档立卡"到"建章立制"的成果转化，持续引导企业经营成本费用良性、有序压降。在处理繁重的账单稽核任务的同时，根据工作经验，组织团队研发了"铁塔服务费自动算费稽核"分析系统，有效解放了劳动力，将烦琐的铁塔服务费稽核工作线上化、自动化，提高稽核效率，降低账单差错率。"赵荧自2020年管理网络三费工作以来，攻坚克难的同时打造三费工作之间的高效联动，进一步完善优化了管理体系。同时她善于凝心聚力，体恤团队成员，关注团队成员身心健康,并且率先垂范,充分发挥了带头人作用。"网络部的付强如是说。

以萤火虫精神加大奋进"力度"

滴水不成海,独木难成林。在网络部工作期间,她常年坚守最基层最前线,为重大活动、重要事项提供通信保障。2020—2022年新冠疫情期间,她带领团队完成重大通信保障任务113次,所在团队荣获"全国工人先锋号""黑龙江省战备应急保障先进集体"等称号。2020年年初,为了解决重症病人远程会诊问题,哈医大一院群力院区紧急上线5G远程医疗项目。为解决项目中的5G信号问题,赵荧带领她的团队立即到达现场开展勘察,用时3天完成5G基站优化工作。实现5G传输速率800M/s,助力哈医大一院群力院区实现5G远程会诊能力,疫情期间实现会诊百余场次。正是这样的工作效率和力度,2021年,赵荧带队代表哈尔滨移动在工信部组织的全国重点场所移动网络质量测试中取得全面领先的佳绩,商场、公园等多个场景综合测评位居全国前5。"赵荧是2022年10月由网建线条调入政企线条的,作为80后优秀年轻干部的代表,她身上具备这样几个特质:坚韧不拔,越挫越勇的斗志;以身作则,身先士卒的精神;锐意创新,突破陈规的魄力。"哈尔滨移动副总经理张力哲说。调任政企事业部副主任后,她迅速适应新岗位要求,带领团队冲刺全年指标。面对困难,她勇于担当,坚持一边学业务一边找增收路径,组织发起政企增收百日攻坚战,在11个增收方向上全面发力。面对政企项目复杂、专业性强、项目流程长等复杂问题,她带领团队认真研究,梳理出一套简单高效的项目支撑流程,并通过"构建生态联盟,深化政企转型,打造DICT项目运营体系"落地执行,实现哈尔滨分公司全年政企签单提升106%,该体系荣获2022年黑龙江公司创新管理三等奖。通过建立"紧密型、区域型、能力型"合作伙伴分层管理体系，推动生态合作伙伴签单 47 个，2022 年 DICT 合同额超亿元，哈尔滨分公司因此荣获 2022 年黑龙江公司数字生态贡献一等奖。

以萤火虫精神激发创新"热度"

她坚持科研攻关，在创新管理上笃行不息，把专业优势发挥扩大。任职 10 年来，赵荧累计获得国家发明专利 3 项、发表通信期刊论文 2 篇，荣获黑龙江省总工会 2 项科技创新项目资助，荣获中国移动通信集团优秀党务工作者，黑龙江公司优秀党务工作者、巾帼明星、先进生产者等称号，2023 年荣获黑龙江公司第四届"最美移动人"称号。除了自身技术过硬之外，她运用自身的英语优势，将相关学习资料翻译成中文向其他同事讲解，提高大家的理论水平和专业技能水平，从而提升团队的整体素质。通过整理日常工作经验，汇总团队工作心得，赵荧先后提出 10 余个科技创新方向，从网络技术到网络管理工作，再到组内成员制度管理等，多项创新举措被公司采纳，并纳入日常网络维护和优化、员工日常管理工作中，节约了大量维护经费，并提高了员工技术水平。2021 年赵荧被集团公司认证评定为高级工程师，2022 年赵荧以专业技术人员身份当选黑龙江省第十四届人大代表。

萤火虽微，愿为其芒。10 年来，赵荧敢于担当作为，在重要关头冲锋在前。微光汇聚，便是星辰大海，在新的征途中，赵荧就像萤火虫一样，辛勤劳作，用其微光，为冰城的空中播撒温暖。

（文 / 刘韬）

程 颖

▶ 浙江公司杭州分公司

程颖，女，汉族，中共党员，1988年9月出生，现任中国移动浙江公司杭州分公司亚运会服务保障办公室服务主管，高质高效推进亚运会宣发工作。先后获得浙江公司优秀共产党员、杭州亚运会筹办工作突出贡献个人奖、杭州市"代码女神"等荣誉。

牵手亚运，给予移动人更大舞台；参与亚运，赋予通信人更大使命；传播亚运，让我们的亚运声音更加嘹亮。作为"亚运传播官"，何其有幸；成为集团"最美移动人"，倍感自豪；让我们发扬"最美"精神，一起携手亚运，向更高更快更强更美迈进。

"程"风在亚运 "颖"领新美学

文明良渚，杭州西湖，她是亚运东道主；移动之光，亚运文明，她是亚运传播官；"小移话筒"讲述一个好故事，"亚运精神"感动一座城。

2019年7月11日晚，中国移动正式签约成为杭州亚运会官方通信服务合作伙伴。作为主办城市所在的地市分公司，亚运服务保障工作成为公司的大事要事。同年10月，程颖被选派至浙江公司杭州分公司亚运会服务保障办公室，成为公司"四大亚运精品工程"——市场宣传精品工程的主力。

"小移话筒"让世界听见移动的亚运声音

作为大型赛事的官方通信服务合作伙伴，如何结合公司实际做传播？这是一项挑战。以前负责市场服务的她，在宣发领域几乎是一张白纸，但她没有退缩，横向学习各类大型赛事的优秀传播案例，纵向请教省市级媒体专家，同时深入亚组委融媒矩阵内部，成了周例会唯一的非委内编外人员，周周到场，被称为"钉子户"。为了生产优质的亚运宣发产品、采集身边的亚运声音，亚运的题材在哪里，她就出现在哪里。为了采访无线网运行维护员林芳如，她戴着头盔踏上了悬在45米高空、左右不足半米的"大莲花"（杭州奥体中心主体育场）马道；为了感受杭州师范大学场馆经理沈斌杰在场馆网络建设当中的艰辛，她在地下通道来回穿梭，不放过沈斌杰工作中的任何一丝细节；为了挖掘杭州电竞

◎程颖与亚运吉祥物合影

馆场馆经理黄传元的故事，她深入建筑工地的"钢筋森林"中，与一线工人面对面交流……3年来，她的足迹遍布40余个亚运场馆，几乎每天不是取材就是在取材的路上，其中"大莲花"更是被她"打卡"了上百次。她用镜头、文字见证了移动人在亚运之路上的每一次收获、每一次成长，这些人和事都被她编织成了一个个有温度、有态度的故事。《我们的亚运故事》荣获亚组委"我和亚运"征文活动优秀作品，同时被"学习强国"学习平台等央媒转载，阅读量数千万次，移动的亚运声音成功"破圈"。她再接再厉，带领团队自制Vlog。她拿起话筒，站到了台前，成为出镜的亚运"小移"。从此，"杭移亚运发布"视频号也成了她与大家"见面"的特别方式。《小移看亚运》《小移探馆》等系列广受好评，频频被亚组委官方录用，双语视频甚至被转发至推特等海外媒体平台，移动的亚运声音传到世界各地。

移动"导演"让世人看见中国智慧

身为亚运人，她深知，她的责任不应囿于"说好移动人的亚运故事"，更应承担起传播亚运精神、推动全民迎亚运的更大使命。3年来，她带领团队协同亚组委、央视以及超10家亚运合作伙伴，组织了杭州移动亚运倒计时一周年、元旦亚运迎新跑、亚运英语之星大赛等大型活动20余场。每一场活动，她都一样认真执行，再小的活动她都会提前制定任务清单，一项一项地列，一项一项地做。还记得一场在台风天的户外大型活动，她不光做策划，还要当导演，又得客串主持。身兼三职还不出错，就是因为准备足、清单细。一天忙下来，全身都汗透了，浑身颤抖，但她自己浑然不觉，还在对着任务清单复盘，生怕哪里出了纰漏。智能是杭州亚运会的最大亮点，她通过组织、融合各类亚运活动放大公司参与"智能亚运"的声浪、扩大公司助力"智能亚运"的全球影响力，走出了一条"移动+亚运+体育"的新路子。她不放过任何可以展

◎程颖（左）在冬奥冠军徐梦桃新书分享会现场

示和推广"智能亚运"的机会；人们能在杭州马拉松、湘湖马拉松、桐庐半程马拉松等重大赛事的展台上体验到中国移动亚运"智能观赛"的黑科技，也能在"韵味杭州"20余场系列赛事上了解到公司助力"智能办赛"的能力，还能在乌镇互联网大会、世界电竞峰会上感受"智能参赛"的魅力。看到了半夜12点的大莲花，见过了凌晨4点的西湖水……这样一场又一场的坚持，她带领团队提振了公司亚运服务保障攻坚的士气，在"亚运+1"的延期期间激励越来越多的市民参与，使移动亚运使命更加深入人心。

亚运使者让民众看见移动的热情

什么是移动人的亚运精神？亚运会又赋予了移动人什么能量？3年里，她一边踏实做，一边不断思考这个问题。拥有15年党龄的她始终牢记自己的初心和使命，促成与亚组委联合推出亚运党建品牌"Z+2022"，

又是芳华正浓时
第四届"最美移动人"事迹巡礼

并开启了以此品牌引领推动亚运会前期保障工作的序幕。她积极促成与亚组委、杭州邮政等29家亚运三圈单位签订"党建和创"协议，举办覆盖通信网络、信息项目、红色文体等56场相关党建活动；结合市公司团委副书记的身份，促成创立亚运小青蓝志愿服务团队，为国内外运动员和观众提供"十全十美"专业化服务；动员团员青年参与亚运主题文明实践，在亚运青年V站提供信息咨询、人员引导、语言服务、应急救助、文明宣传等志愿服务，积极展现"有理想、敢担当、能吃苦、肯奋斗"的移动青年形象。这几年公司大大小小的亚运活动，她既是亲历者，也是记录者。她立足亚运实践撰写而成的论文《五必达五引领五升级——党建品牌引领推动亚运会前期保障工作的探索与实践》获评集团公司优秀奖、浙江公司一等奖。她是百变主持人，是行走的亚运资料库，是亚运故事的讲述者，也是亚运精神的分享者。在与亚运共同走过的1300多天里，她始终将传播移动亚运精神的使命牢记在心，带领团队产出亚运专题视频100多支、亚运专刊100余篇，多次被国家级媒体转载，辐射面超千万人次；牵头组织亚运大型活动20余场，在杭城内外掀起亚运热潮；成功推动亚运党建品牌诞生，以此引领助力亚运会服务保障工作。

一支话筒，化身台前的亚运"小移"；一方键盘，练就幕后的亚运"喇叭"；一腔赤忱，唱响移动的亚运"旋律"。她让移动的亚运声音变得鲜活，让"移动＋亚运"IP成功"出圈"，掀起了属于移动的亚运传播新美学风潮。

（文 / 徐婷婷）

杨林志
▶ 安徽公司宣城分公司

杨林志，男，汉族，中共党员，1983年7月出生，现任中国移动安徽公司宣城分公司庙首网格长。先后获得中国移动劳动模范、中国移动优秀班组长、安徽移动优秀共产党员等荣誉。

功崇惟志，业广惟勤；只争朝夕，不负韶华。"最美移动人"的称号是荣誉，更是继续前行的动力，我会把这份荣誉作为新的起点，牢记"人民邮电为人民"的根本宗旨，初心不改向未来，服务群众敢担当，为不断满足人民群众对美好数字生活的向往而不懈奋斗。

为民铺就数智路

十六载坚守深山，一图感知智慧屏；无数次深夜奔赴，数智赋能进茶园。昌河车辙压出实践路，党员"红细胞"解开富民结。

2007年5月，本科毕业的杨林志来到旌德分公司，成为一名前台营业员，后成长为乡镇营销部负责人，再到现在的乡镇网格长，他用16年的平凡坚守，书写着一个通信人不平凡的青春故事。

扎根山区不言苦

杨林志出生在"皖南井冈山"——黄高峰山脚下，皖南事变后第一支新四军游击队就在这里组建。他从小就深受听党指挥、坚韧不拔的新四军精神影响，塑造了他信念如磐、意志如铁的品质。2010年，旌德分公司安排杨林志到庙首担任营业厅主任，这一去就是13年。庙首网格下辖3个乡镇，多处于偏远山区，高龄留守人员占比大，是典型的地广人稀的山区。5000多个日夜里，庙首网格270平方千米的田间与地头，杨林志不分昼夜地跑了很多遍，将辖区18个行政村、60个自然村的客户体量、客户分布、网络覆盖等情况满满当当地装进了自己的"网格家底"。2022年4月的一天傍晚，祥云村一户茶农行色匆匆地找到了杨林志，请求为他们开通5G网络。祥云村地处庙首镇大山深处，1500余名村民靠种植茶叶为生。因山高路险，住户分散，村内一直无5G信号，村民售卖茶叶只能运到县城，增加了茶农的成本，村民对信息化的需求迫切。杨林志了解情况后，对内他多次向公司领导反映情况，对外他积极联系村委，做好基础建设用地的前期准备工作。通过不懈努力，最终祥云村整体实现了5G网络覆盖，宽带资源也到达各家各户，祥云村的茶叶实现了线上销售，年销售额在200万元以上。在杨林志坚持不懈的努力下，庙首网格已经形成了标杆式的强大渠道执行力，不管多复杂的业务营销活动，庙首网格总是第一个实现突破，第一个规模起量，网格业务份额节节攀升。2017年庙首网格移动宽带用户数在全市实现率先超越，截至2022年年底，庙首网格移动宽带用户达6030户，庙首网格连续多年在公司各专项竞赛中位居前列，先后荣获"安徽公司优秀网格""安徽公司宽带领先攻坚先锋网格"等称号，在激烈的市场竞争中交出了优异答卷。

精益服务暖人心

面对发展指标和竞争压力，杨林志始终坚守"客户至上"的服务理念，"我们百分努力，只为您 10 分满意"对他来说不仅是个口号，更是实践。记得 2022 年夏季异常炎热，他们只能晚上下村行销，晚场活动结束后已经很晚了，刚到家门口的杨林志接到碧云村晓岭水电站的电话，没顾上进门喝一口水，就开着他那辆老旧的"昌河"车赶赴客户的家中，经线路排查是监控网络故障导致无法监控水位，他立即联系网络维护人员，重新配置路由器数据，恢复了网络。像这样的"深夜赶赴"究竟有多少次，他自己早已记不清了……一个个问题解决的背后，浸透了杨林志无数的汗水和努力。不知道从什么时候开始，"有问题，找老杨"，已经成为渠道的习惯，也成了老杨做人做事的一张名片。辖区内白地某渠道夫妻店分营，杨林志就协同网格人员带领女店主开启"白加黑"模式入户营销，经讨 3 个多月的努力，重新在庙首新开一家移动代理店。庙首某渠道的孩子被确诊为先天性自闭症，店主带小孩在合肥康复机构康复，心挂两头，杨林志了解情况后主动帮其代招营业员，安排网格经理驻店帮扶，协助渠道渡过难关。2022 年这两家渠道均发展成为当地业务拓展骨干力量和全市渠道转型标杆。

勇挑重担显担当

梦想从学习开始，事业从实践起步。杨林志取得的成绩不是一蹴而就的，需要的是勤奋、担当，更难能可贵的是坚持不懈地学习。作为一名共产党员，他经常"挤"出时间学习党的创新理论，学习习近平总书记重要指示批示精神，增强本领、开阔眼界。他说，"只有这样，认识问题才能站得高，分析问题才能看得深，开展工作才能把握机会"。杨林志坚持"说一万遍，不如带着做一遍"，新业务他先研究、新流程他先

又是芳华正浓时
第四届"最美移动人"事迹巡礼

◎芒种时节,杨林志(右一)带领团队走进田间地头开展便民下乡活动

穿越、分析、计划、布局、调整、总结是他办事的整套思路。16年来,他每天早上班、迟下班,午休时间复盘分析;每周7场不分周末的便民下乡活动;每月至少一次集团客户维系走访;每年年初带领团队规划网格全年工作,深入一线与小微代维、包保渠道、铁通装维等6支队伍通力合作,摸排商机。2023年春节,杨林志摸排到工业园区德普曼公司的招工需求,积极拜访集团关键人员了解情况后,正月初六带领网格经理和包保渠道开展5G进集团营销活动,两天办理号卡17张,赢得了复工复产的"开门红"胜利。在庙首镇土山家庭农场,这个季节通过电子大屏可以看到,大棚内几十亩蓝莓已硕果累累,由旌德移动打造的智慧农场项目,50多台"千里眼"正守护着果枝。"你看,这果园的虫害、光照、水分随时有平台管着,我再也不用风吹日晒地日日蹲守,这是过去想都不敢想的,真省心!"农场老板兴奋地说道。过去一忙就是一整天,现在果园里的"黑科技",让他从忙碌中"解放"了不少,真正实现了由传统农业"看天"向智慧农业"看屏"的转变。

凝心聚力求突破

"尽真诚，做服务，树口碑"是杨林志多年来一直奉行的客户服务理念，把客户的需求当作自己的目标，用真心、微笑、真诚一次又一次地帮客户解决问题，在服务中实现营销，在营销中提升服务。作为一名基层网格长，杨林志坚持学习新业务知识，紧随行业的脚步前进，寻求突破。暑期是青少年学生溺水事故易发期，在公司推出科技防溺水产品后，杨林志主动拜访政府部门，向他们演示移动5G+科技防溺水技术，通过多方合作为学生套牢安全"救生圈"。在获得当地政府同意后，杨林志带领网格经理、合作渠道上门服务，"巧借"学生放学时间在校集中为学生办理业务。截至2023年10月，已为当地180余名学生配备电子学生证，得到学生和家长的一致好评。随着政府"数字乡村"和"智慧社区"建设项目计划落地，杨林志把握与白地政府"党建和创"契机，把党员"红细胞"作用融入网格发展，摸清乡村工作痛点，找准乡村振

◎杨林志主动上门为孩子们办理电子学生证

兴需求，做实做好"数智乡村"拓展工作，打开了业务发展的新局面。成功为旌德县白地镇6个行政村搭建5G+数字乡村云平台，办理视频监控180余户，有效地解决农村安防问题，实现乡村治理、乡村服务、数据管理"一图感知"。工作中追求完美的杨林志，生活中却经历着磨难。他时有感触："这些年，我工作上的努力和公司给予的荣誉，离不开家人的理解和支持，更离不开党组织多年的关怀和教育。"他的女儿先天失聪，需长期康复治疗，父母年长体弱多病，妻子全职照顾家庭，全家的重担压在他一个人的肩头，他婉拒了同事、渠道的好心资助，没有向公司提出任何要求。他说："这是我个人的事情，我能解决。"当有人问他苦不苦、累不累时，他总是乐呵呵地说："再苦没有种田苦，再累没有农民累。"他用乐观向上的态度、艰苦奋斗的品格诠释了一名共产党员和劳动模范的使命与担当。

　　青春由磨砺而出彩，人生因奉献而升华。杨林志将继续带领着他的团队脚踏实地、勇往直前，在公司网格化运营的进程中奋楫扬帆、争当先锋，以青春之笔书写担当，以奋斗之态勇毅前行，为公司高质量可持续发展积极贡献力量。

（文 / 徐海燕、余小芬）

陈燕飞

▶ 山东公司泰安分公司

陈燕飞，女，汉族，中共党员，1984年10月出生，现任中国移动山东公司泰安泰山分公司财源网格长，扎根基层19载，获得"中央企业国资委优秀班组长""山东省青年文明号突出贡献个人""中国移动优秀共产党员"等荣誉。

工作以来，我以历届"最美移动人"为标杆，立足岗位实际，坚持把"小事"做实，把"实事"办好。在今后的工作中，这份荣誉既是鞭策又是动力，我将高标准、严要求，把"最美"精神落实到每一份具体工作，用实际行动为公司的高质量可持续发展贡献自己的力量。

雁南飞处绽芳华

从白山黑水到齐鲁大地，她靠着一股"较真"的干劲，从营业员到网格长，她靠着一股"倔强"的闯劲，为残疾客户跑断腿、为"银发"服务磨破嘴。晨兴走村户，戴月案前归。

19年来，陈燕飞扎根网格，从东北老家到齐鲁大地，小小的网格是成长的舞台，她把职业生涯写在网格内，最美青春定格她的人生注脚。

又是芳华正浓时
第四届"最美移动人"事迹巡礼

跨越山海扎根一线

财源社区宽带义诊现场，人头攒动。小区的大爷大妈都围在摊位前，认真听着陈燕飞讲述如何防范电信诈骗、如何通过手机听书看戏，时不时还会追问几个问题。80后网格长陈燕飞始终微笑着耐心解释，就像立在三尺讲台的老师。19年来，陈燕飞扎根网格，从东北老家到齐鲁大地，小小的网格是成长的舞台，也是她奔赴的终点。"作为一名党员网格长，立足当下、做好自身，这是我能想到最好的工作方法。"简单的话语、干净的微笑再搭配上熟练的业务，她就是大爷大妈们口中的陈老师，山东公司泰山分公司财源网格长兼党建指导员——陈燕飞。2004年，20岁的陈燕飞怀揣着对"移动蓝"的向往，凭借年少无畏的一腔热血到山东闯荡，有些许豪情，亦有咬牙坚持的倔强。"干一行爱一行，干就干出个样子。"陈燕飞的家在黑龙江，是个地地道道的东北女孩，

◎陈燕飞（左）在"一对一"进行帮扶指导

骨子里自带一股不服输的劲头。她透过营业员岗位职责，看到的是营业员在服务用户中的纽带作用。"单靠边干边学肯定不能满足用户需求"，白天她将有限的时间投入到工作中，遇到不熟悉的业务，第一时间向同事请教。下班后她会抱着厚厚的业务办理指南和笔记本返回宿舍，摘要、记录、演示，每每合上双眼已是半夜，脑海中浮现的全是在营业厅为用户娴熟办理业务的场景。在干中学、在学中干，一个月下来，业务书籍装满了一个大箱子，笔记本用了十几个，从前台业务办理到后台客户投诉处理，她逐渐成为大家公认的"行家里手"，在忙碌又充实的工作中，坚定了她跨越山海扎根网格的信念。人生没有白走的路，每一步都算数。精湛的业务、热情的服务，让这位东北姑娘的"知名度"快速上升，很多用户到厅办理业务时都会亲切地找这位"东北姑娘"。如果说厅内的热情服务是本职，那么对客户来说上门服务就是锦上添花。有些客户不方便上门、有些客户因特殊原因无法上门，陈燕飞总会在了解用户需求后利用午休时间或者下班后来到客户家中。用心，有时候就藏在一次次敲门声里，"晨兴走村户，戴月案前归"成了陈燕飞的日常作息。"客户的感受是最真的，我相信只要用真心、动真情，就会获得客户认可。"作为党员网格长兼党建指导员，担子"一肩挑"让陈燕飞深感职责在肩，她牢记理论武装的重要性，为使党的二十大精神在网格落地做实，她坚持思想为先、担当为重、实干为要，在强化自学吃透核心要义的同时，结合工作实际创新组织"网格大讲堂"，打造"板凳学堂""早班学习会""午间一刻钟"等网格学习新阵地，并多次在市公司分享学习成效与收获，财源网格经营业绩始终保持全市前列。

心级服务满意一百

网格这片沃土，是移动人最广阔的奋斗天地。2019年，泰安分公司启动网格化运营改革，陈燕飞的职业生涯进入一个全新的"轨道"，人员人格、政企人格、成本人格，网格就是一个独立的作战单元，网格长就成为这个"阵地"的指挥官，仅做好营业厅内的工作已远远不够，她坚信，迈出营业厅会有更广阔的天地。为了快速掌握商企情况，每天晨会后她就带着笔记本、拎上水壶开始了一天的走街串巷，商圈内有多少渠道、有几家商超、有多少小微企业，走访结束时她都"门儿清"。为了同网格内小微企业达成合作，她坚持纸笔算账、持续"刷脸"，真正做到集团客户"推门进"。2022 年 4 月，严峻的疫情形势催生了小微企业的信息化需求，她带领团队线下走访摸需求、线上对接优服务，用 34 天签下了 21 份业务合作协议。只有贴近客户，才能更好地服务客户。她坚持推行"亲情化服务"，打造老年人专享通道与残疾人优先通道，从客户进门到满意离开，从需求沟通到业务推荐，用真心服务赢得了客户的认可。考虑到老年人出门不便，她就定期带领智慧家庭工程师进社区，有宽带需求的就立即安装，有使用问题的就立即排障，在送服务上门的过程中，她发现很多老年人只会用手机打电话、发视频，本来动动手指就能办的事却要跑断腿，她就定期面向社区大爷大妈们开设"老年手机大讲堂"，手把手教他们在 App 上充话费、查账单、办业务，教会他们扫码点餐、线上挂号、移动支付等新应用，逐步缩小老年人与现代生活的"数字鸿沟"，很多老年人纷纷感慨："手机不大，本事不小，关键是陈老师教得好。"在数智化时代，合作伙伴的作用同样不容小觑。为提高合作伙伴的服务水平，她坚持安排固定的时间走访，为合作伙伴讲服务、讲政策，使他们的业务承载能力实现了稳步提升，到手的酬金相较以往也有了质的飞跃，坚定了跟着移动干的决心。网格化管理能否见效，关键在于网格长的领头羊作用发挥得如何。通过强化内外协同，财源网格的经营业绩不但持续保持全市前列，客户满意度也连续多月保持满分。"在这个岗位上就得做到腿勤嘴勤，党员更应带头冲锋在前"，这是陈燕飞总结出来的工作法宝。

锤炼本领同心突破

2022年是泰安市委、市政府实施新型工业化强市战略的开局之年，这也为网格内信息化业务拓展提供了有利契机。通过"场景化拓展＋案例复制"的业务拓展模式，网格内小微企业承载的移动业务越来越多，陈燕飞开始将目光投向大型集团。北航5G无人驾驶科研项目是市政府招商引资的重点项目，获得商机后陈燕飞第一时间走访项目负责人，但项目负责人明确告知，使用移动业务的可能性几乎为零。有条件要上，没有条件创造条件也要上！她始终保持高度关注，详细记录项目需求，连夜梳理网络应用壁垒，在公司多部门和团队的技术支撑下，第一时间拿出了全方位项目解决方案，这既是"敲门砖"，也是她带队"出征"的宣言书。经过前后7次努力，方案终于递交到客户手上，最终成功拿下了这个项目。在项目跟进过程中，她每天都向客户详细反馈方案完善

◎陈燕飞（右）登门入户服务老年群众

情况，每逢节假日会第一时间送上节日问候。签约时，北航项目负责人说："你这姑娘一天一汇报、两天一问候，任谁都抵挡不住你这股韧劲。""不解决桥或船的问题，过河就是一句空话"，为推动达成"集团有人管，商机有人挖，合作伙伴互通有无，生态圈共生共赢"的高质量发展局面，她带领财源网格打造了"1+X+N"的协同作战模式，即由1名微企客户经理带领X个直销人员以及N家外部协同单位，最大限度地调动整合优势资源，推进政企业务在网格全面深入拓展。作战体系建成了，接下来就是先行先试找方法，陈燕飞重点思考如何让团队成员在长流程业务拓展中明确方向，在持续"刷脸"过程中，她总结出目标清单化、动作固定化、复盘常态化的"三化"工作法，并用通俗易懂的语言录制成短视频在网格内分享。在该工作法的指引下，已签约6家重点攻坚集团。在她的带领下，财源网格先后获评"全国工人先锋号""全国青年文明号""国家级中央学习型红旗班组"，陈燕飞个人也被授予"中央企业国资委优秀班组长""山东省青年文明号突出贡献个人""中国移动优秀共产党员"等荣誉称号。

择一事终一生，不为繁华易匠心。坚守一线19年，陈燕飞一分一秒提能力，一点一滴融情怀，一步一印创佳绩，她将职业生涯写在网格内，把移动服务做到群众心坎里，是最美的人生注脚，更是热忱无悔的青春誓言。

（文 / 褚文文）

李艳勤

▶ 河南公司周口分公司

李艳勤，女，汉族，中共党员，1977年1月出生，现任中国移动河南公司周口市西华分公司李大庄乡网格长。她多次荣获河南公司"卓越员工""最美移动人"称号，2022年荣获"中国移动优秀班组长"称号。

特别感恩集团给我此项殊荣，作为一名基层的移动员工我是何其的平凡，却能代表众多河南公司的优秀员工领此荣誉，又是何其的幸运。未来的我定会再接再厉、不忘初心、践行使命、扎根基层，以"网"为线注入热情，以"格"为限全力以赴。

移动网格里的"轴"人

都说她很"轴"，轴得把不服气埋在心底赋能自己；轴得行程万里业绩飞速上提；轴得吃住在网格全力抗疫；轴得感染团队增添赶超越士气。她"轴"出了魅力，演绎出芳华绚丽。

在同事眼里，李艳勤是个工作极其认真，甚至认真到有些"轴"的姑娘；在网格员心里，她是个以身作则、身先士卒像大姐一样的领导，不过这个大姐有些"轴"；而在领导眼中，她是一个无往不利可委以重任的强人。

又是芳华正浓时
第四届"最美移动人"事迹巡礼

"轴"出了名

李艳勤刚到公司，在市公司客户服务中心从事投诉管理和处理工作，这项工作烦琐无比，刚上班时她遇到一个不太熟的业务，她稍微慢一些，电话那端客户一阵抢白和指责，她既委屈又生气，委屈的是因为才上班，业务还不完全熟悉，生气的是自己为什么不在业务上多用心。此后李艳勤的心再也没有平静过，她暗自下定决心，一定不能让这样的事再发生。于是她开始和自己较劲，工作之余的所有时间全部用在熟悉业务上，办公桌上、家里都是写满业务内容的纸条，月底时她硬是把所有的业务熟记于心。每当有新的业务时，她可以不吃饭、不睡觉也要把新业务熟记。"轴"姑娘由此得名。很快她的"轴"就得到了回报，李艳勤成了业务尖子，每次考核她都名列前茅。还由于热情、耐心的服务多次受到客户的表扬，客户都说："这闺女是把客户服务，变成VIP接待服务了。"工作期间，她用掉上百本便利贴，客户资料积累了十几本……靠着这股"轴"劲和热情，数十年来，她接待上万的客户没有一个差评。

"轴"出先进

领导也正是看重她这股对工作的"轴"劲，决定委以重任。2014年6月李艳勤转岗到西华分公司做一名基层营业厅管理人员——大王庄乡营业厅经理。听到这个消息，她既高兴又担忧，高兴的是她的努力得到了领导、客户的认可，担忧的是从管理岗到一线生产岗所有的工作她将要从零开始。大王庄乡的工作基础成绩很差，考核在全区168个乡镇中排名靠后，所面临的困难可以想象。面对新的挑战，李艳勤丝毫没有退缩，营业厅经理需要熟练操作前台BOSS，不会，就去学！不熟练就去练！她这"轴"劲又来了！1遍不行就来10遍！20遍、30遍、50

◎李艳勤（左）深入田间地头为客户提供便捷服务

遍……很快李艳勤又靠着这股"轴"劲成了业务尖了。大王庄营业厅算上她仅有3名员工，服务全乡8000多名移动客户、12家合作渠道和辖区内的集团单位。在工作中，她不仅对自己"轴"，严格要求自己，以身作则，上情下达，对新政策、新活动第一时间传达到社会渠道和营业员；紧盯各项指标的完成进度，实时督促提升。还带着同事们一起"轴"，废寝忘食细心钻研、分解各种任务，归纳总结。"轴"姑娘李艳勤自从2014年到大王庄乡担任营业部经理后，短短的5个月时间，李艳勤瘦了10余斤，行程超过1.5万公里，同事们说她瘦了，也黑了。她凭借工作上的"轴"很快稳定了局面，业务也蒸蒸日上，通过营业厅全体人员的这股"轴"劲迅速扭转了落后局面，使西华大王庄营业厅2014年6—10月集中化考核得分，较上一考核周期提升了149个名次，10月总成绩居全区第八名。通过不到2个月的时间让一个周口后10名的乡镇提升到周口前10名。这个成绩是李艳勤和她的同事用"轴"劲换来的，也是他们用汗水和热情换来的。

"轴"满乡情

她的"轴"只是对自己、对学习的一种态度，然而对待客户，她是热情的、是温情的，这在疫情期间表现尤甚。2020年新冠疫情突如其来，整个河南大范围停课停工，许多人只能居家办公、居家学习，家庭网络服务工作量大幅增加，此种情况是所有人都没想到的，所以没有以往的工作经验可以借鉴。但是她深知在这种情况下更应该做好客户服务，让客户在家有顺畅的网络可以使用，遇到的问题可以及时得到解决，并且需要有人站出来开展工作积累有效的工作经验以供大家参考，因此她没有选择安稳待在家里来保证自己的生命健康，而是选择成为疫情第一线的"逆行者"。在疫情肆虐的情况下，为保障网格工作顺利开展，她吃住在网格，每当接到客户电话，她总能不顾个人安危戴好防护用品就直奔客户家中，短时间内帮助客户办理业务。2022年年初的春节大装机，网格的施工订单居高不下，又面临着装维师傅不足的问题。为了能够尽快消除在途装机工单，李艳勤又和装机工单"轴"上了，她连续十几天跟着施工师傅们一起看图纸、选方案、考察、装机、爬杆、放线，提起她，网格内的装维师傅们无不竖起大拇指称她为"铁娘子"。"轴"是同事们给李艳勤工作状态的界定与标签，也许只有她自己知道在"轴"的标签下，是无尽的艰辛与付出，更是满怀着对家人的担忧和她的责任与担当。李艳勤把自己"轴"成了"铁人"，可是这"轴"却是对工作的担当，是对3个乡父老们的深情，让人动容。公司实施网格化运营，李艳勤又成为一名网格长，从管理1个乡到3个乡，作为一名网格长她不仅自己"轴"还把这种"轴"带进团队。她靠着这股敢打敢拼的"轴"劲，硬是带领李大庄网格从无到有、由小到大、从弱到强。她常说既然员工跟了她，那她就要对大家负责。她是这样说的，也是这样做的，她深知一个团队的战斗堡垒作用就是提升团队凝聚力。在工作中她坚持做到公平、公正、公开，有困难就和同事们一起解疑释惑，合作共进攻克难关。"不好改"那就"啃"下来！"不好学，不好做"那就"轴"起来。"啃下来！轴起来！"成了她和团队的口头禅，就这样靠着"啃"和"轴"，她的团队成了业务骨干团队。在生活上，李艳勤尽力为他们解决实际困难，消除其后顾之忧。大家在平时的工作中相互学习，生活中互相帮忙，使团队形成了一个温暖、向上、团结，学习上有"轴"劲，业务上能"啃"下来的群体。在她的"轴"劲带领下，打造了一支能征善战的网格队伍和经销商队伍，俗称"轴人团队"。每当任务下达，她和团队"轴"劲就来了，为快速提高宽带端口利用率，让更多的客户使用移动宽带，让核心社会渠道多挣钱，她带领乡镇的核心渠道每周至少要开展两场宽带摊展活动。她组织人员跑村庄、集镇，走遍镇上的大街小巷，访遍了家家户户。2020 年 7 月，正值酷暑，一场活动

◎李艳勤（左）上门为客户服务

下来往往已是汗水淋漓且被蚊虫咬得满是伤痕，这个"轴"人硬是一声没吭。凭着"啃"和"轴"的工作态度，两年时间她的团队与多家企业签订了云产品、ICT、专线等50万元大单，提升了网格的集团信息化收入，为后续网格内集团业务跟进拓展起到了标杆示范作用，很快网格内的每个人的绩效考核成绩在同岗位中都是名列前茅。

领导们都喜欢李艳勤的"轴"，说这种"轴"就是有志、有为、有责，是践行初心的使命感，是巾帼不让须眉的锐气和韧性，是带领团队深耕网格"责任田"，是敢打硬仗的果敢和勇气。这"轴"也是扬帆起航，乘风破浪，不忘初心谱写绚丽芳华。

（文/朱利晓）

拉 平

▶ 西藏公司日喀则分公司

拉平，男，藏族，中共党员，1990年4月出生，现任中国移动西藏公司日喀则分公司网络部无线网络维护主管。先后荣获中国移动"青年奋斗榜样"、"青年岗位能手"等荣誉。

很荣幸被评为中国移动"最美移动人"，这是公司对我的厚爱与信任，也是对我工作的认可。在今后的工作中，我将继续发扬雪域高原移动人"缺氧不缺精神、艰苦不怕吃苦、海拔高境界更高"的精神，全力完成各项网络建设和通信保障工作，不辜负公司和同事们对我的期望。

让世界见证中国移动高度

他用双脚测量世界屋脊的高度，用双手测量珠峰冰雪的温度，他用青春挑战生理极限，高原"孤勇者"让世界领略第三极的神奇魅力。

2020年4月30日15时55分，全球海拔最高的5G基站正式开通，5G信号首次"登顶"世界之巅，标志着中国移动实现了对珠峰北坡登山路线及珠峰峰顶的覆盖，为珠峰登山、科考、环保监测、高清直播等提供了通信保障，对中国移动西藏公司日喀则分公司网络部无线网络维护主管拉平来说，这是他坚守珠峰47天最好的回馈。

又是芳华正浓时
第四届"最美移动人"事迹巡礼

一场"绝不能输"的任务

2013年，拉平只是一名基层网络代维人员，常年在海拔4500米以上的萨嘎县为中国移动提供业务支撑工作。由于他吃苦耐劳、业务精湛，所以在2016年7月，他如愿以偿地通过社会招聘进入中国移动大家庭，并成了中国移动西藏公司日喀则萨嘎县分公司的全业务支撑人员。在加入中国移动后，拉平并没有选择"躺平"，而是通过中移网大优质课程、虚心请教前辈，不断提升自己的业务能力和服务水平。功夫不负有心人，终于他迎来了大展宏图的好机会！ 2020年3月，一则中国移动将全程提供2020珠峰高程测量通信保障的消息不胫而走，中国移动西藏公司日喀则分公司甚至以竞聘的方式，推荐、选拔参与此次通信保障任务的团队。在得知"5G上珠峰"的消息后，拉平不畏艰险、主动请缨，报名参加队员选拔工作，并在20余名报名参加"竞选"的团队中，

◎中国移动5G上珠峰项目6500米建设人员出征仪式

突破重重考验如愿加入为数不多的"5G上珠峰"保障团队。4月初，拉平和参与珠峰5G基站建设的同事们一起来到海拔5300米的珠峰大本营，在经过短暂的休整后，于4月15日从这里一步一步向5800米的过渡营地和6500米的前进营地迈进，但他并不知道，这一去就是整整40多天。"如果再让我选一次，我依然会选择加入'5G上珠峰'团队！"回忆起当时的选择，拉平斩钉截铁地说："虽然条件很艰苦，但是我学到了很多很多，这一次的经历是我人生中最大的一笔财富。"

一场"能高到哪儿"的战役

为了不破坏珠峰核心区域的自然生态环境，在设计"5G上珠峰"项目建设方案时，中国移动采用了对生态环境破坏最小的铠装光缆进行建设，同时确保在核心景区内不开挖、不破坏。为满足2022珠峰高程测量通信需求，"5G上珠峰"网络建设团队分别在珠峰大本营到峰顶沿途的

◎拉平工作照

又是芳华正浓时
第四届"最美移动人"事迹巡礼

5300米、5800米和6500米3处营地，通过"独立组网+非独立组网"的方式，新建3个4G基站、5个5G基站，基本实现珠峰北峰登山线路及珠峰峰顶的5G信号覆盖，并最终通过在海拔6500米前进营地的5G基站，确保5G信号覆盖到珠峰顶端。在珠峰建设5G网络困难重重，摆在拉平及其团队面前最棘手的有3个问题：运输不便、熔纤困难、电力不足。为此，拉平一马当先，在零下二三十摄氏度、氧气稀薄的极寒环境中，在海拔5800米以上营地坚守47天，在做好网络建设的同时，守护着通信设备和媒体直播信号的正常运行。运输不便，他们找来附近40名搬运工和46头牦牛，将8吨重的通信设备和建设物资通过"牛驮人扛"的方式运上山，总长度达25千米、总重600公斤的光缆由人工背负上山。熔纤困难，他们将冰冷的熔接机揣到怀里，反复关机五六次，耗时3个多小时才能完成1处熔接工作。电力不足，就将2—3台小型发电机并联发电，确保基站和直播设备正常运行。在严重缺氧的高原环境下，经过20天艰苦卓绝的建设和反复测试，最终在4月30日，海拔6500米营地的全球海拔最高的5G基站正式开通。全球海拔最高的5G基站的开通并未标志着"5G上珠峰"任务的结束，而是刚刚开始！从4月10日开始，到5月27日测量队登顶成功，拉平一直坚守在珠峰区域。在5800米、6500米营地坚守期间，由于暴风雪天气，登山队安排了多次大撤退，但拉平仅仅撤退过1次，对于没有经历过专业训练的他来说，也想在暴风雪来临前撤离营地，但他毅然选择了坚守，并全程做好基站的维护保通工作。珠峰高程测量是中国和尼泊尔两国政府合作开展的重大项目，做好通信保障是党和国家赋予通信人的光荣使命！因为通信设备需要正常运行。2020珠峰高程测量通信保障任务由中国移动独家、全程开展，没有备份、没有退路，如果我们的设备出了问题，本次通信保障任务就算是失败了，因为这是一份承诺。在5G上珠峰前，他和团队就跟媒体承诺，将全程做好珠峰高程测量5G+VR+慢直播的网络保障，如果撤退了，5800米、6500米营地的通信基站、VR摄像头、慢直播等都将瘫痪，所以是这份责任让他克服重重困难留在了更高的营地。

一场"无与伦比"的胜利

当天，中央电视台通过5G对冲顶进行了现场直播，当摄影师把镜头掉转，从世界最高峰俯瞰，地平线卷曲成一道优美的弧线时，拉平和他的队友不仅让世界看到了珠峰的壮美，更让世界见证了中国通信的高度。虽然保障任务已经结束，但是拉平依然保持着当年的风采，始终奋战在基层一线，用他自己的实际行动，诠释着"缺氧不缺精神、艰苦不怕吃苦、海拔高境界更高"的精神境界。2022年疫情防控期间，他再次冲锋在前，60天内完成日喀则市方舱医院5个5G基站和9个4G基站建设任务，保障舱内网络畅通，并为第四方舱医院穿脱区和病房安装550个监控摄像头、780户宽带以及开通39条互联网专线，一次又一次地完成他的"极限挑战"。

2023年4月，由第二次青藏高原综合科学考察研究队组织展开的2023"巅峰使命"珠峰科考正式启动，这是我国珠峰科考继2022年之后，再次突破8000米海拔。为了全面做好2023"巅峰使命——珠峰极高海拔地区综合科学考察研究"及中央广播电视总台等新闻媒体"青藏科考"全程直播报道通信保障，中国移动西藏公司成立"青藏科考"直播通信保障小组，拉平再次报名加入通信保障团队，依然延续着全球最高海拔5G基站建设者的职责使命。在此次通信保障任务中，拉平和通信保障团队在集团公司网络事业部的大力支撑下，创新保障组网方式，联合华为公司采用5G极简站点（5G AAU）和SPN/OLT承载模式，通过SA+NSA组网形式，对现有的绒布寺至大本营沿途基站进行巡检，进一步加强后台监控基站运营情况，并于2023年5月18日在珠峰大本营海拔5300米5G基站现场测试和优化，在保障中应用大带宽多通道（Massive MIMO）和超远距离覆盖技术，实现 5G 网络从海拔 5300 米珠峰大本营向 8300 米营地至峰顶登山线路全线信号连续覆盖，为完成 2023"巅峰使命"珠峰科考通信保障任务再立新功！在科考期间，科考队通过中国移动提供的网络保障服务，圆满完成了极高海拔气象站技术升级、雪冰样品采集、冰芯钻取、冰塔林无人机航测、温室气体探测、岩石样品采集等 10 多项既定的科考任务。拉平带领的通信保障团队提前组织专业技术团队，扎实开展现场网络优化保障方案，累计出动保障人员 16 人次、巡检车辆 2 台，全天候保障监控网络各项指标，确保珠峰网络正常运行。同时，安排专人现场值守优化，保障科考期间实时拨测绒布寺—大本营驻点及沿线道路 4G/5G 网络覆盖性能良好。

　　5G 上珠峰，这件事当然很难，正是有了众多像拉平这样的移动人，面对遥不可及，他们众志成城，砥砺前行，中国移动才上演了中国通信史上的一个又一个奇迹。

（文 / 隆菊秀）

马兴新

▶ 中移铁通河南分公司

马兴新，男，汉族，中共党员，1970年5月出生，现任铁通公司河南新乡分公司全业务营销班班长、支撑服务中心党支部书记，党的二十大代表，获得中国移动"优秀共产党员""劳动模范"称号。

获得"最美移动人"这一殊荣，既是肯定和鼓励，更是鞭策和责任。我只是一道微光，但无数个我们汇聚在一起，就是璀璨星河，我将用实际行动画出移动人最美的轮廓！

老骥伏枥志千里

老马识途，匠心为民。35年，他把"多留几分钟、多问一句话"变成了群众"有问题找老马"的最大信任。作为党的二十大代表，党的强劲声音在"中原回响"，尽职尽责办实事，平凡坚守暖人心。

斗严寒走街串巷，战酷暑摆摊营销，跋山涉水布线缆，抢险救灾勇向前，马兴新用35年的平凡坚守，把移动人服务社会、服务百姓的奋斗坚守答卷书写好，谱写了一名通信人朴实平凡而又"最美"的奋斗人生。

有问题找老马

35年的通信生涯，马兴新恪守"客户至上"的理念，尽心尽力地为

又是芳华正浓时
第四届"最美移动人"事迹巡礼

每一位客户服务,也不知从什么时候开始,"有问题找老马"已成为马兴新做人做事的一张名片。2014 年 1 月的一个夜晚,寒风凛冽,砭人肌骨,正在休假的老马接到同事电话,辖区内牧北小区的 12 芯光缆损耗严重,原因不明,且故障点无法准确定位。老马二话不说匆匆出门,一边询问故障情况,一边判断故障位置。凭借丰富的经验,他仅用了两小时就将网络恢复正常。2015 年 9 月的一天,马兴新和往常一样在片区开展装机工作,客户是一位老人。施工即将结束时,他发现老人神色有点不对劲。得知老人有心脏病后,他顾不上收拾工具,赶紧扶老人躺在床上,随即拨打了"120"急救电话。由于事情紧急,他跟随救护车到医院,把老人送进抢救室。老人的家人赶到医院已是后半夜,看着老人已经转危为安,家属拉着老马的手感激之情无以言表。这时,医生才知道忙里忙外的马兴新不是患者家属,而是中国移动装机师傅,纷纷向老马竖起了大拇指。"有问题找老马"这句朴实的话语,是对马兴新踏实做事、真诚做人的夸赞,更是对中国移动员工坚持"服务至上、客户至上"理念的认可。

打头阵冲在前

一名党员就是一面旗帜,在疫情防控、抗洪救灾、应急抢险等大战大考中,马兴新用实际行动扛起责任担当,全心全意当好高质高效通信网络的守护者。2016 年铁通自有宽带业务割接时,时间紧、任务重,马兴新与同事没日没夜地奔波在小区、街道和楼宇间,白天核对客户资料,晚上组织迁改施工。高强度的工作和不规律的饮食,让他痛风发作,血压急剧升高。同事和家人都劝他休息,养好病再去上班。可马兴新一想到尚未完成的工作、需要用网络的客户就如坐针毡,一刻也不愿停歇。功夫不负有心人,经过两个多月的艰苦努力,140 多个小区和近 3000 名客户顺利完成转网工作。2020 年 1 月,突如其来的新冠疫情给喜

◎ 工作中的马兴新

气洋洋的春节蒙上了一层阴影。大年初二 17 时 30 分，马兴新接到紧急通知，要求在第二天中午前必须开通市传染病医院隔离区 100 条互联网专线。疫情就是命令，他匆匆回到工作岗位，迅速组建党团员突击队，第一时间赶到现场。经过一夜的奋战，于次日早上 6 点，提前保质保量完成全部安装调测任务。2021 年 7 月 21 日，新乡遭遇千年不遇的特大暴雨。19 时 30 分，多处核心机房出现险情，部分通信基础设施受损严重。情况紧急，分秒必争，马兴新奋不顾身、冲锋在前，带领 8 名工友冒着瓢泼大雨，手挽着手蹚过齐腰深的洪水，以最快的速度赶到机房抢险，合力攻坚守住移动机房通信设备，保障了通信网络畅通。

守初心担使命

"最让我自豪的是能够作为中国移动的基层一线代表，现场聆听习近平总书记重要讲话。这不仅是我个人的荣誉，也是中国移动广大员

又是芳华正浓时
第四届"最美移动人"事迹巡礼

工的荣誉!"2022年是马兴新终生难忘的一年,他作为中国移动基层一线代表,现场参加举世瞩目的中国共产党第二十次全国代表大会,现场聆听习近平总书记作大会报告。回到工作岗位后,马兴新以饱满的工作热情、昂扬的精神状态投身工作,做好本职工作的同时,他作为铁通公司"匠心为民"和河南分公司"中原回响"宣讲团的核心骨干,把"大政策"转化成"小道理",通过线上线下、座谈研讨、青年联动的方式,结合岗位实际谈心得、说体会、讲感受。2022年11月12日一大早,马兴新来到新乡县支撑服务中心城区网格,为大家发放了《党的二十大报告速览》口袋书,利用晨会间隙与大家分享参会体会。其间,他还时不时地拿出自己的笔记本给大家看,里面有标注、有心得、有感悟,展现了党代表坚定不移听党话、跟党走的赤诚之心。党的二十大胜利闭幕后的10个月时间里,马兴新作为党的二十大代表和铁通公司"匠心为民"宣讲团核心骨干,他的宣讲足迹覆盖全省20家单位、989个基层网格,

◎马兴新(左)利用工余时间为智慧家庭工程师宣讲党的二十大精神

听众 1.8 万余人次，及时把党的二十大精神送到基层一线，推动党的创新理论到基层、到一线、到班组，汇聚起干事创业的强大力量，以实际行动推动党的二十大精神走进基层一线、走进员工心里，激励广大干部员工撸起袖子加油干。

老骥伏枥，志在千里。马兴新是千千万万个奋斗在一线、成长在基层、建功新时代的移动人的生动缩影。马兴新说："一线虽苦，但总要有人去做，我愿意坚守一辈子，把最优的服务留在基层。"

（文 / 张翔宇、时剑宇）

中国移动网络事业部"网络护航"通信保障团队

中国移动网络事业部"网络护航"通信保障团队汇聚了网络各运维专业的18名专家，全面支撑中国移动全网通信保障工作，圆满完成党的二十大、庆祝建党百年等百余项重保任务，荣获工信部保障先进单位、中国移动班组建设示范单位、中国移动卓越班组等称号。

非常荣幸获得"最美移动人"荣誉称号，这个奖项是对我们"网络护航"通信保障团队工作的认可，我们将继续坚守红色通信初心，践行为民服务宗旨，笃行致远，砥砺前行，助力公司高质量发展，为建设科技强国、网络强国、数字中国贡献力量。

网络护航映丹心

网络隐患埋得越深，他们越发清醒；任务越是艰巨，他们越感担子重。全国网络通信保障工作中，他们守住了"精益求精、万无一失"高标准，实现了"三个零"的终极目标。

中国移动网络事业部"网络护航"通信保障团队强化政治担当，认真履职尽责，特别能吃苦、特别能战斗、特别讲奉献，是一支能打胜仗、作风优良、勇于创新的队伍。他们以最高标准、最严要求、最实行动，贯彻落实通信保障和网络运行安全相关工作部署，出色完成了各项重保任务，实现了重要保障"零重大网络故障、零重大安全事件、零重要用户投诉"的保障目标，彰显了通信保障国家队主力军的责任担当，展现了中国移动的勇毅与能力。

做网络保障"守护者"

中国移动网络事业部"网络护航"通信保障团队凝聚各领域专业专家，他们肩负着全网网络通信保障工作，勇毅前行、驰而不息，无论是重大活动还是重要节假日，始终坚持奋战在保障一线，发扬着一代又一代网络人不畏艰难、奋力拼搏的优良传统。他们深深地明白自己担负的责任，甘愿牺牲陪伴家人的时间，毅然坚守保障一线岗位，很多成员已经十几年没有陪家人一起吃年夜饭了，十余年如一日任劳任怨、无怨无悔。在"万家灯火起、佳节共此时"的除夕夜，全国人民通过电话、短信等向亲朋好友表达新春的祝福，通过互联网电视观看春晚，而这个时候，也是全网运营监控指挥调度现场最紧张、最忙碌的时刻，他们不敢有一丝一毫的松懈，紧盯着全网网络和业务运行情况，确保亿万用户手机上网、语音通话、互联网电视、家庭宽带等重要业务质量良好，时刻准备及时响应政企客户的紧急需求，提供优异的通信服务。近年来，多位团队成员荣获中国移动优秀共产党员、青年岗位能手、移动工匠等称号，体现出尽职尽责的平凡之美。2022年10月16日，举世瞩目的中国共产党第二十次全国代表大会开幕。为确保亿万用户收看电视、网络直播万无一失，保障团队坚持高标准、严要求，提前半年启动准备工作，反复商议工作方案，落实每项工作，会议室里常亮的灯光记录着他们每一份努力。重保期间共监测全网安全告警12.6亿余条，分析疑似安全事件106.9万余起，闭环处置高中危风险问题600余个，实现近6000路直

又是芳华正浓时
第四届"最美移动人"事迹巡礼

◎保障团队工作研讨会

播源、2.3万余台OTT CDN设备的集中监控，有力保障了党的二十大电视业务安全播出，用扎实的技术为党的二十大胜利召开铸造了可靠安全环境。近年来，保障团队也圆满完成了建党百年、北京冬（残）奥会、全国两会等百余次重大活动和赛事的通信保障工作，他们在这平凡的岗位上，用严谨的工作作风、踏实的工作态度，创造了一个又一个保障奇迹，绽放了忠诚事业的担当之美。

做防疫保障"逆行者"

2020年年初新冠疫情暴发以来，保障团队严格落实公司通信保障、服务保障、防控保障"三个保障"要求，全力做好网络通信保障工作。3年间，大面积封控和封闭值班已成为保障团队工作的常态，但团队的全体成员从未退缩，他们乐观面对，逆向而行，始终坚守一线岗位，确保网络运行平稳，在防疫战场彰显初心使命，兑现服务承诺，为抗疫胜利保驾护航。2022年12月，疫情形势十分严峻，但网络通信刻不容缓，李大伟、肖洋洋、南朔、高祎明等成员临危不惧，主动请缨，顶着感染风险，承受着无法照顾家庭的愧疚，勇担使命，主动进入总部大楼封闭值班，确保全网监控调度中心 7×24 小时现场保障不中断，发挥党员模范带头作用。出于防护工作需要，成员们只能睡在临时搭建的休息室里，但寒冷的房间和坚硬的床板也无法摧毁他们保障网络运行安全的坚定信念，他们克服种种困难，高质量完成各项工作，监控大厅回响着故障调度的沙哑声音，闪过的都是他们忙碌的身影。然而，新冠病毒无孔不入、防不胜防，封闭值守的成员们也不幸陆续被感染，其余成员需要夜以继日地连续作战，但他们并没有因此降低工作标准，面对突发的网络故障，依然能够快速定位、集中调度全网高效处理，筑成网络保障的"铜墙铁壁"。其中李大伟同志在封闭期间妥善安排好每一天的现场值班工作，为大家排忧解难，鼓舞士气，顶着夜以继日的工作压力与病毒入侵的精神压力，全程坚守在保障现场，圆满完成了封闭值守保障工作。他们是守护网络的卫士，坚守网络通信"生命线"；他们是抗击疫情的战士，坚决与新冠病毒作斗争；他们是坚守一线的勇士，坚持值班值守不中断。他们以无私的品格、无畏的勇气彰显出矢志不渝的奉献之美。

做网络隐患"发现者"

保障团队深入贯彻落实习近平总书记关于安全生产重要指示批示精神，坚信"隐患就是事故"，为了解决网络规模庞大、形态多样带来的全网隐患发现难、管控难的问题，团队成员不断扩充知识储备，围绕隐患排查开展集中研讨，深入研究隐患挖掘策略方案，自2020年4月起，在业内首次建立起数智化隐患挖掘和全生命周期网络隐患管理体系，扎实开展网络隐患排查整治工作，不畏艰辛，全力以赴，截至2023年10月，全网累计排查解决网络隐患1.3万余个，基本覆盖现网重大风险点，网络健壮性和抗风险能力显著提升。为了有效防范化解重大网络运行安全风险，2022年组织全网开展"关键隐患整治攻坚"行动，仅用3个月就完成了全网2.6万条传输电路、5.4万端传输设备、72万皮长千米光缆的同路由隐患排查。为积极响应公司数智化转型要求，团队成员刻苦钻研网络知识，结合工作中积累的经验，攻坚克难，自主研发196项复杂网络隐患自动化排查规则，组建全网"监控智维"自研团队，充分利用告警、性能、投诉、日志、资源等多维网络数据，实现网络隐患平均发现时长由22.5小时缩短至2分钟，发现效率显著提升。在团队成员不懈的努力下，近3年来全网重大/重要故障数量逐年下降，尤其是2022年成效显著，全年非自然灾害重大故障同比降低71%、重要故障同比降低69%。功夫不负有心人，保障团队在技术创新、管理创新方面均取得了显著成绩，共提交国家专利3项，相关成果在工信部"信息通信领域安全生产专项整治优秀成果"评选中获得一等奖，展现了开拓进取的创新之美。

网络隐患埋得越深，他们越发清醒；任务越是艰巨，他们越感担子重。正是有了这群护网卫士，在全国网络通信保障中，他们守住了"精益求精、万无一失"高标准，实现了"三个零"的终极目标，维护了信息安全，防住了网络风险。

（文/李大伟、肖洋洋）

矢志不渝
奉献社会

人们总是向着幸福奔跑，

他们却逆行向艰难挑战。

沂蒙山、天门山、火神山，

每座山上的基站，都闪耀着他们矢志奋斗的名字；

滨海边、岷江侧、太湖畔，

每片水岸的欢声，都连接着他们不渝奉献的情怀。

他们见过"大世面"，用双手保障"双奥"，书写移动最美！

他们坐过"小板凳"，用时光拥抱时代，奔赴乡村振兴！

他们是数智社会的"过河卒"，一路勇往、擎旗向前！

他们是中国移动的"追梦人"，两肩担道、初心不变！

范 楠
▶ 北京公司网络与信息安全中心

范楠，男，汉族，中共党员，1982年1月出生，现任中国移动北京公司网络与信息安全中心高级工程师。自主研发20余项网络安全领域创新成果，在重大活动保障、网络安全和数据安全等工作中作出突出贡献。先后获得首都劳动奖章、中国移动优秀共产党员、中国移动工匠等荣誉。

获得"最美移动人"这份荣誉，我非常激动，备受鼓舞。我深知，网络安全工作的成绩离不开集团和公司的坚强领导、内外部单位的协同配合，以及安全战线同事们的默默付出，自己深感责任重大、使命艰巨。"没有网络安全就没有国家安全"，我将珍惜荣誉、再接再厉，以实际行动筑牢网络信息安全屏障。

忠诚铸就金色信安盾牌

20年，他没离开过重保一线；20年，他用自动化响应把新型漏洞阻断，从北京"双奥"到党的二十大，他用精湛的技能应对网络安全的瞬息万变。重保有范楠，网络不犯难。

集"首都劳动奖章""网络安全高端人才""北京市职工高级职业技术能手""中央企业青年岗位能手""中国移动优秀共产党员""中国移动工匠"等荣誉于一身的范楠虽然已过而立之年，但他春风满面，依然还是曾经那个少年，眼里有光、心中有梦，提起热爱的网络安全工作时，他就会眼前一亮。

筑梦，与网络安全的结缘

肩扛"没有网络安全就没有国家安全"的重任，背负着人民群众对美好生活的向往，作为"国家队"，移动人责无旁贷地成为网络安全的守护者和排头兵，而范楠正是其中的佼佼者。面对冰冷的设备、程序和代码，范楠用过硬的专业技术，在一次次磨炼中逐渐成长，在一次次的尝试中寻求突破，他在重大网络安全领域开创了一片新天地。与网络安全的结缘，似乎来自一次偶然。2013年3月，当时还在从事网络优化维护工作的范楠，抱着试一试的心态，参加了中国移动北京公司举办的信息安全技能比赛。没想到的是，喜欢钻研、勤于学习、善于学习的他，在短时间内就掌握了丰富的知识和技能，最终获得了个人一等奖。正是这次参赛经历，激发起了他对网络安全前所未有的热情，令他以饱满的

◎范楠组织攻防演习值守

激情和昂扬的斗志，投身于网络安全的星辰大海。2023年，范楠参加了北京市第五届信息通信行业网络安全技能大赛。他充分运用平时积累的知识和反复练习的经验，每天坐在电脑前八九个小时，沉浸在紧张激烈的网络安全攻防对抗中，并获得了个人二等奖。"网络安全和信息化是事关国家安全和国家发展、事关广大人民群众工作生活的重大战略问题。"习近平总书记的重要讲话不仅令他进一步坚定了从事网络安全工作的决心和信心，更激发了他为移动业务发展筑牢安全屏障的斗志。范楠以党的二十大精神为引领，坚持学深悟透、真信笃行，坚守网络安全工作既是底线也是保护线原则，做好清朗网络空间的捍卫者。在做好业务系统防护的基础上，他常态化开展漏洞检测扫描和识别工作，带领团队编写了态势感知系统和属地特色监测分析规则，可以第一时间监测安全态势并针对攻击进行阻断或处置，避免用户信息泄露、终端被控等情况发生。

追梦，"菜鸟"争当网络安全主力军

"只要有范楠在，大家的网络安全工作就'不犯难'。"这是党的二十大召开前，集团公司领导到北京移动调研检查保障工作时，在听取了范楠关于网络安全态势和监测防护情况的报告后，勉励其圆满完成保障任务时的一句玩笑话。然而，这也正是对范楠最中肯、最贴切的评价。面对复杂浩瀚的网络安全知识、专业领域的严苛要求以及远超想象的实战场景，唯有"勤奋"这一条攀登之路。范楠深知练就本领没有捷径，唯有加倍努力。20年来，他以公司为家，熬夜实战练习；20年来，他牺牲陪伴家人的时间，咬紧牙关努力钻研网络安全知识。凭借勤勤恳恳、兢兢业业的工作作风，范楠最终以过硬的专业技术、严谨的工作风格、高度的协作意识，在赢得大家充分认可的同时，成长为中国移动的网络安全高级专家。在从网络安全"菜鸟"跃升为"大神"的过程中，

范楠陆续取得国际信息系统安全专业认证、信息系统审计师、国际渗透测试专业认证等国际国内高级别认证，入选国家"网络安全高端人才"，成为中国移动网络安全的开拓者和领头人。同时，他还通过"传帮带"引领身边的员工钻研业务、传承技能、增强本领，获得集团公司、北京市技能大赛个人、团队等奖项 20 余项。

圆梦，创新打造网安屏障

要守护好人民的网络和信息安全，唯有持续不断地创新。在瞬息万变、比拼人才与技术的网络安全领域，范楠认识到创新才是应对安全威胁的"法宝"，创新必须成为网络安全"守护者"的基因。长期以来，范楠牵头网络信息安全支撑平台、伪基站治理取证、安全态势感知等 20 余个重点项目研究创新，配合公安机关开展犯罪调查数百次，定位处置安全事件数百起，有效地守护了老百姓的"钱袋子"。永远旺盛的创新活力，令范楠带领着团队攻克了一道道难关，筑牢了一道道屏障。"数据导入太慢，攻击事件来不及分析了！"春节网络安全保障即将开始，而速度慢会导致网络攻击难以防御。"让我来试试！"范楠毫不犹豫地站了出来。他快速尝试各种数据导入方法，最终通过修改入库参数和内存设置，将数据导入速度提升至每秒 7 万条，速度提升超过 100 倍，构筑起了网络安全屏障，让首都居民可以安心过好中国年。在范楠看来，创新是面对复杂多变的网络安全形势的"必选项"。围绕网络安全攻击特点、新型漏洞监测手段等，范楠带领团队开展技术攻关，创新性地提出攻击监测阻断手段，推出"一体化威胁监测、预警及自动化响应实战平台"，填补了安全防护技术空白。该平台有效减少了专业人员和运营运维人员需求，每年节约成本达 375 万元，切实保护千万用户数据信息。2023 年，北京公司党委深入落实网络安全责任制，坚持党管安全，在安全威胁治理、数据安全管理、防范治理电信网络诈骗等 13 个方面全面落实企业责任。同时对网络安全工作机制进行革新，协调公司网络安全人员组建京盾安全应急响应与运营中心，并划分为监测研判组、运营保障组、安全专家组等，范楠积极投入中心建设，发挥专家作用，优化端到端流程，健全工单机制，对突发网络安全事件进行派发和处置，大幅提升处理风险隐患的效率和质量。

立足当下，坚守网络安全防线正在行动；展望未来，加强网络安全依然任重而道远。无数像范楠一样的移动人，面对网络安全的变幻莫测，毫不畏惧，他们默默无言地坚守，知责于心、担责于身、履责于行，用尽全力做好网络安全的隐形"守护者"。

（文/肖戊辰）

张嫚嫚

▶ 天津公司东丽分公司

张嫚嫚,女,汉族,中共党员,1986年10月出生,现任天津公司东丽分公司新立网格长。曾获得中国移动"青年先锋"、"青年岗位能手"、"百强活力网格长",天津公司"劳动奖章"、"海河之光·最美移动人"、"十佳网格长"等多项荣誉。

作为一名普通的网格长,获评中国移动"最美移动人",我倍感荣幸。这份荣誉,是肯定,是鼓励,更是鞭策,它印证了我和团队在网格一线中的成长与进步。奉献不言苦,追求无止境。未来,我将珍惜荣誉,坚定恒心韧劲,矢志不渝,砥砺奉献,在平凡的岗位上为社会作出更大的贡献。

让青春在奉献中演奏曼妙旋律

她的"圈"很小,小到一家一户的需要,无论闷热酷暑,小到一个触点一个渠道,无论极冷寒潮;她的"圈"很大,大到防疫业务两不误,逆行奔跑,大到CHBN市场转化,破题营销。小网格体现大格局,小人物释放大能量。

从一名一线客户经理到一名基层管理者,面对身份的转变,她变压力为动力,凭着一股坚韧不拔的干劲,带领团队打通网格融合发展路径,在网格的一方天地中,勤勉奋斗,默默奉献,为区域内经济社会发展提供精准贴心服务，身体力行践行着"小网格大担当"的诺言。

实干锤炼过硬本领

政企属性较强，是新立网格的突出特点，面对公司提出推进CHBN全向发力、融合发展的新要求，网格如何发挥B市场的优势拉动CHN市场的发展，怎样才能更有效地推进CHBN全向发力、融合发展，张嫚嫚在接手网格之初，每天都在认真思考……困局之中，只有敢打敢拼才能在突破中创造转机。说了就算，定了就干，但是她没想到，当头一棒是队员们给的。一个人走出舒适圈难，一群人走出舒适圈更是难上加难，队员们对于不熟悉领域的畏难情绪，对于没有工作方向的迷茫，她都看在眼里。"路虽远，行则将至；事虽难，做则必成。"为了积极应对竞争环境带来的挑战，她下定决心一定要带领团队啃下这块"硬骨头"。在忙碌的工作之余，她主动向其他网格取经学习，收集大量工作案例，

◎张嫚嫚（左）在日常工作中强能力、解难题，强带动、聚合力

穿越实践新流程，总结提炼新方法，一步步打通了网格优势转化新路径，形成了"融合发展"三步法。她推动"思想融"，迈出融合发展第一步。她带动网格经理日攻坚、周复盘，不断思考讨论利用自己B市场优势带动CHN市场发展的方式方法，帮助大家转变思路，统一认识，树立信心。她推进"行动融"，迈出融合发展第二步。她创立"网格经理+行销经理+渠道"融合营销模式，打造共赢团队，全力打造"网格经理、行销经理、装维随销、社区店"四支队伍，攻坚"五大场景"强化协同作战能力，打造以网格经理为排头兵的能打仗、打胜仗的融合运营服务团队。她实现"人心融"，迈出融合发展第三步。她将激发"五个红利"融入网格运营，着力人心红利，落实网格化小，积极探索"微格治理"模式，以强能力、聚合力助力网格迭代升级。在她的带领下，前行的方向逐渐清晰，渐渐地，大家心往一处想、劲往一处使，再次实现了新的突破。新立网格业绩排名长居榜首，快速成长为公司的"先锋网格"，连续两年获得天津公司"先锋集体""服务明星班组""标杆网格"称号，获得集团公司"卓越班组""百强活力网格""优秀网格"等荣誉。

服务成就最美风采

一代人有一代人的使命，一代人有一代人的担当。作为一名新时代的中国青年，更作为一名年轻的党员，张嫚嫚深刻认为，唯有矢志不渝，不断服务社会，才不辜负时代给予移动工作者的殷殷嘱托。她始终以热情、耐心、周到的服务投入每天的工作中，为群众提供精准贴心服务，她用踏实敬业的实际行动实现着自己的人生价值，在平凡的岗位上取得了不平凡的成绩，赢得了客户的信任和领导的认可。2022年，仁欣家园、仁雅家园作为新立网格内还迁入住房，总覆盖户数3500余户。入住在即，张嫚嫚带领团队对小区入网和无线信号进行全面优化，通过

1个多月精准贴心服务，第一时间为入住居民提供了快速便捷的网络服务，家宽渗透率也随之大幅提升。网格迭代升级的首战告捷，不仅激发了队员们的工作热情，为团队的发展注入了强心剂，同时，赋能客户美好便捷信息生活也成为新立网格的职责与担当。张嫚嫚总是说："为区域内街道社区、居民群众做好服务，就是我们网格的职责所在。"当抗击疫情的号角吹响，张嫚嫚时刻牢记党员责任，主动担当，勇于奉献，积极发挥先锋模范作用，以舍小家、顾大家的精神和情怀，坚持奋斗在抗击疫情最前沿。她带领网格隔离病毒不隔离服务，全力投入区域疫情防控的各项保障工作中。在市政府发布全员筛查放假半天的通知时，她第一时间与东丽区政府各部门保持紧密沟通，主动了解疫情信息化产品需求。凌晨，当区防疫指挥部明确数千台门磁需求时，她迅速响应，连夜调货，发动网格骨干员工于清晨到岗，开卡、设备组装、调测，经过10余小时奋战，大筛当晚全部门磁设备提前送到防疫指挥部，为疫情防控争取了宝贵的时间，赢得区政府的高度赞赏。细微之处见品格，关键时候见格局，危难时刻见精神。防疫隔离点的监控及网络开通、社区万余套的门磁安装，每一项紧急任务高效高质完成的背后，都离不开张嫚嫚和队员们连续几天的不眠不休与时间赛跑。而在业余时间，张嫚嫚又义不容辞地当起了社区志愿者，无论是极冷寒潮还是闷热酷暑，社区核酸检测现场都有她的身影。在这场旷日持久的疫情阻击战中，张嫚嫚始终坚守党员的初心使命，以青春之干劲，青春之责任，积极承担社会责任，筑牢了守护人民生命健康的安全屏障，在这场没有硝烟的战争中展现了新时代青年党员的最美风采。

沐光追梦续写荣光

作为一名党员网格长，张嫚嫚组织领导有力有序，学习教育入脑入心，方法载体求实务实，以润物细无声的方式将基层思想政治工作融入网格日常，她将"三四五"工作法落地与常态化开展网格员工关爱一体推进。在她的带领下，网格例会成了新立网格的思政小课堂，成了凝聚队员团结和谐氛围的纽带。在日常工作中，她更要求自己成为队员们的知心人、暖心人。"我的队员，我最了解；我也要让我的队员最信任我。"张嫚嫚说到做到。想队员之所想，忧队员之所忧，急队员之所急，在队员需要的时候，她总是挺身而出，解决队员最关注的问题。"有嫚嫚姐在，我们心里踏实，什么难题都不怕！"在她的带领下，新立网格的队员们也快速成长起来，相继走出了"十佳客户经理""优秀共产党员""网格销量冠军"。新起点赋予新使命，新征程呼吁新作为。担任新立网格长3年多来，张嫚嫚立足小网格，心怀大担当，勤学善思，将学习到的内容充分运用到具体工作中，用好党建"指南针"，深化党业融合，与街道、所辖社区、派出所等结对开展"党建和创"，利用各个渠道、各个触点去盘活区域内各种资源，促进搭建共创共赢的外部生态，将党建优势转化为竞争优势，联合属地社区党群服务中心开展直销经理招聘，助力解决周边居民再就业问题，在促进发展、破解难题中真正践行了"人民邮电为人民"的初心使命。

　　蓝图已经绘就，号角已经吹响，在新时代的征程上，张嫚嫚将砥砺前行，打造和谐队伍氛围，聚焦做优服务，在矢志不渝的奉献中绽放光芒，不负"最美移动人"这个响亮的称号。

（文／柴德强、王娜娜）

樊一博

▶ 河北公司张家口分公司

樊一博,男,回族,中共党员,1989年4月出生,现任中国移动河北公司张家口张北分公司副总经理。先后获得中央企业团工委"中央企业青年岗位能手"、中国移动"青年奋斗榜样"、中国移动"青年岗位能手"等荣誉。

"最美移动人"荣誉属于团队和集体,我只是所有移动网络人中普通的一员,很荣幸见证了我国通信业从2G到5G的历史性变迁,参与了北京冬奥会等多次重大网络服务保障和抢险救灾任务,我将不忘初心、砥砺奋进,披荆斩棘续写奋斗篇章,在平凡的工作岗位上铸就不凡。

"冀先锋"的冰雪情缘

十三载扎根塞外冻土,赤子心把精品网浇铸,他是抢险救灾的通信战士,护航冬奥的"冀先锋"。挺膺担当为国筑网,在平凡工作中创造不平"樊"业绩,他为"永不掉线"奋力一搏。

樊一博奋战在基层网络第一线13年,他没有惊天动地的英勇壮举,没有荡气回肠的豪言壮语,凭着一颗对网络事业炽热的心,在塞外冰雪中"博"出不一样的精彩人生。

坚守塞外网络"长城"

十三载，樊一博从一名网络条线的"菜鸟"成长为技术尖兵，经历了通信业从2G到5G的历史性变迁，见证了中国移动从小到大、从弱到强的奋斗史。十三载，他扎根塞外、铸就精品网络的赤子之心从未改变。在中国移动河北公司工作的13年时间，困难、挫折、挑战无处不在，他始终坚守初心、勇担重任。每一个冒酷暑、战严寒，起早贪黑、全力攻坚的日日夜夜，每一次重大网络保障任务完成后的激动与喜悦，都见证了他从新手到专家的成长，也让他深刻体会到了作为一名移动网络人的骄傲和自豪。樊一博长时间奋战在网络建维一线，全天候负责河北移动张家口分公司网络故障管理等工作，熬夜加班、通宵达旦，已经成了日常工作的一部分。他牵头组织中国移动黑龙江大区、河北移动等应急比武大赛，并带领自己的团队获得河北移动网络维护技能大比武传输专业第一名，同时个人获得先进个人等多项荣誉。作为一名共产党员，他始终以行动践行使命、以担当诠释初心，无论面对突如其来的新冠疫情还是特大暴雨灾害，他始终冲锋在第一线。2016年7月19日，河北邢台市遭遇特大暴雨，面对险情，他第一时间主动请缨加入全省网络专家组成的支援队，不分昼夜、奋战一线紧急调通数个传输环网，搭起移动通信的"生命通道"。2023年7月31日，张家口涿鹿地区部分乡镇因暴雨引发山洪导致通信中断，他再次请缨加入党员先锋队，深入汛情最严重的地区，连续奋战5昼夜，连接了一个又一个的"通信孤岛"。

行走在冬奥赛场的"冀先锋"

2020年以来，在冬奥会和冬残奥会筹备期间，作为河北移动公司2022北京冬奥会崇礼核心赛区古杨树场馆群组长，他带领团队成员不舍

又是芳华正浓时
第四届"最美移动人"事迹巡礼

昼夜,做好一次次网络巡检、一点点组网优化、一遍遍装备检查。为了梳理机房资源,绘制线路图,每次都是在天蒙蒙亮之际,和队友们互相搀扶踏着冬雪前往机房。因高强度工作和不规律作息,他的身体严重透支,从2020年11月起,被迫3次住院治疗。大年三十的中午,正当大家都在迎接新年到来的时候,他却在北京冬奥测试赛保障现场阑尾炎旧疾复发,在连续吃了3粒止疼药都没有效果的情况下,被紧急从核心赛区送进了医院,此时阑尾周围形成大面积包裹,已转变为化脓性阑尾炎并引发腹膜炎,暂时无法手术。为了不让家中父母着急,他借口说半月不能回家,独自在医院治疗,忍受钻心的疼痛、40摄氏度的高烧和未知的危险。后因情况危急,父母还是知道了,这一次父母没有责怪,没有怨言,只是默默地流泪。炎症消除后,又进行了漫长的手术,在身体还没有完全恢复的情况下,他再次投入冬奥建设保障工作当中。面对参赛国家众多、病毒肆虐、境外疫情反弹等诸多不确定因素,他是河北移

◎ 樊一博与张家口核心赛区闭环保障的同事徒步上山进行故障处理

◎作为古杨树场馆群组长的樊一博（中）带领大家研究方案

动公司第一个上交请战书的员工，他说因为这是我的责任、更是我的使命。在备战冬奥会开幕式前，4岁的儿子突然患上肠梗阻，但是，为了不影响冬奥服务保障工作，他还是义无反顾地踏上了战场，家人也给予他全力支持。2022年1月21日，作为将产生31个小项金牌的古杨树场馆群通信保障组负责人，他与优化、测试等多类别18名维护人员进驻包括"雪如意"国家跳台中心在内的多个竞赛及非竞赛场馆高风险封闭区域，开始了为期两个月的保障任务。2022年1月25日凌晨，山地转播中心一处无线设备托管，迟迟无法恢复。组内现场工作人员因发烧和有接触史都被隔离起来，就在这紧急时刻，他主动请缨，义无反顾地穿戴好防护装备到达疫情高风险区，以最快速度解决了故障。

汲取力量续写冰雪情缘

2022年2月5日16时45分，北京冬奥会首枚金牌在国家越野滑雪中心产生。首金的背后，凝结着运动员的无数汗水，也承载着移动人的辛勤付出。为了迎接首金的到来，他带领团队成员结合桌面推演、实地勘察，组织30余次实战演练，对标奥运赛时进行全流程、全要素模拟测试，对性能容量、故障抢修、应急预案等进行实战演练，及时复盘总结，梳理问题和不足，加快补齐短板和漏洞，圆满完成了2022年北京冬奥会首金的通信保障任务。为了实现北京冬奥会"三个赛区一个标准"，他爬遍了每一座山头，走遍了每个场馆的每个角落，无数次的头脑风暴，无数次的打翻重来，无数个难以入眠的深夜，他精心规划设计，精心雕琢打磨，真正实现了规划一张图、建设一盘棋，实现了冬奥会、冬残奥会举办期间通信网络运行"零故障"、通信网络安全"零事故"、通信保障疫情防控"零感染"，向党和国家交出了一份优异的答卷。他用实际行动践行了一句庄严承诺："冬奥有我，请党放心。"冬奥网络保障过程中，河北公司和保障团队先后收到竞赛场馆"雪如意"国家跳台滑雪中心等部门10余封感谢信。2022年6月至今，带着冬奥的荣光和无限的期待，他走上了张北分公司副总经理的岗位，负责政企和综合条线工作。在实际工作中，他弘扬冬奥精神、争做转型先锋，积极抢抓县域市场信息化机遇。每当有新产品、新业务时，他总是第一时间研读产品政策、打磨方案。每当客户有需求、有困难时，他总是马上就办、风雨无阻解决客户问题，让客户真真切切感受到中国移动的优质服务。在他积极的推动下，张北分公司先后中标察北政务外网、张北应急平台及线路建设等项目。

艰难方显勇毅，磨砺始得玉成。近年来，樊一博先后荣获中央企业青年岗位能手、集团公司"青年奋斗榜样"等荣誉称号。他的人生在平凡中彰显光辉和价值，这就是身边的"最美"，这就是感动你我的力量。

（文/张青、苏伟东）

沈 贤

▶ 江苏公司苏州分公司

沈贤，男，汉族，中共党员，1989年9月出生，现任中国移动江苏公司苏州吴中区分公司木渎网格长。2020年，他主动请缨投身网格一线，先后获得"炼金网格长""江苏公司先进个人""中国移动优秀班组长"等荣誉称号。

"最美移动人"是对我的激励，也是网格小伙伴的共同荣誉。作为基层网格长中的一员，我将坚持"想客户之想，急客户之所急"的宗旨，用真诚服务换来满意笑容；继续扎根基层，努力工作，以乐于吃苦、甘于奉献的精神，切实为群众办实事、办好事。

跑出青春加"苏"度

如果胥江能留住倒影，那重叠最多的必定是他"村村跑"的身影；什么是水晏河最美的风景，那一定是"户户通"的桑梓深情。他用脚步丈量木渎，为跨越跑加"苏"度。

沈贤，一个热爱奔跑的年轻人，放弃了姑苏城的繁华与舒适，主动投身太湖边的水乡小镇。他用脚步丈量62平方千米的土地，用微笑联结30万邻里乡情，跑出了为民服务的加速度，也跑出了移动木渎网格的发展之路。

又是芳华正浓时
第四届"最美移动人"事迹巡礼

不停奔跑,是客户记住的身影

阡陌小巷、小桥流水是木渎古镇的历史沉淀,也是留守老人们的岁月故乡。为了服务镇里诸多出行不便的群众,沈贤亲自组建了木渎上门服务队,开创了"村村跑""户户通"的服务模式。他常说,"只要我们多跑两步路,群众就能方便一大截"。在一次走村串巷时,他听闻村里钱先生家中的独居老人从床上跌落,一夜竟无人发现。沈贤了解情况后,就立即跑到钱先生家里,联系装维师傅帮钱妈妈家装好"和目"监控,让子女随时都能关注到老人的状况。沈贤带领团队跑了3个多月、走了7个村子1000多户,积极推进平安乡村建设,为居民提供宽带监控等便民服务。从需求满足到信任选择,沈贤用百余场便民活动、500次入户服务、20场老年课堂,手把手地教会村民使用数字安防和互联网电视。他用行动弥合了乡村"数字鸿沟",守护了一方安全,也温暖了

◎沈贤首创百姓服务"村村跑""户户通"模式,让中国移动数智化产品走进千家万户

血脉乡情，让移动服务在悠悠水镇成为邻里美谈。他打造的为百姓服务"村村跑""户户通"，走出木渎，在苏州多个同类生态网格演绎着相似的感人故事。

不停奔跑，是胥江留住的倒影

苏州作为工业大市，对数字经济、算力网络、智慧政务等有着极高的硬核需求。如何发挥移动在信息服务领域的能力和优势，推动和丰富5G应用的多领域落地，是所有移动人的共同答卷。沈贤主动参与木渎民生服务项目，他敢于拼搏，用不懈努力和勇于钻研，启动了"跨越跑"。2000多年前，伍子胥主持开挖了中国第一条人工运河胥江，胥江也浸润着苏州人敢为人先的首创精神。2020年，市政府决定通过信息化手段对胥江进行治理，为了实现对水污染源的实时在线监测，沈贤连续一周披星而出、戴月而归，每天往返于公司和项目现场，配合技术支撑部门，

◎沈贤奔走在胥江两岸，用中国移动科技治理的能力让木渎"水晏河清"

> 又是芳华正浓时
> 第四届"最美移动人"事迹巡礼

一遍遍打磨"5G+智慧监测"方案，即便生病检查，脚步也不曾停歇。胥江绵绵，记录了沈贤连续 1 个月的奔波倒影：确定安装点位、带着同事跑现场、配合施工测试上线。60 多天的奋战、30 多公里的监测、200 多个监控点位，移动科技治理的力量终于让木渎"水晏河清"。沈贤用他的专业、坚韧和真诚，打造了移动信息化服务的地方"名片"，开启了以数智化助力木渎民生服务现代化的"跨越跑"，带动了移动信息化服务在美丽乡村、口袋公园等一批基层治理实事项目中落地生花。沈贤用服务的初心、专业的匠心、坚韧的恒心，为地方数字赋能基层"智"理贡献了移动智慧，也为公司乡镇网格信息化破局做了完美示范。

不停奔跑，是引领团队的缩影

服务 30 万名百姓、服务政府民生，沈贤深知独木难成林，必须发挥团队优势。要形成头雁领航、群雁齐飞之势，他深知基层管理不能单纯靠"打鸡血"或"画大饼"，而是要在细微处显关爱，关键点出手帮。网格服务，看上去都是小事，但也是助力人民过上美好数智生活的大事。沈贤深知一花难成春，只有充分激发团队力量，才能让移动服务"春满园"。他将自己"跑"的姿态、"跑"的动力、"跑"的感悟，通过员工课堂、交流互动潜移默化地磨炼团队，由"一人领跑"向"全员接力"迈进。团队成员王辉琴从原来的后台转岗客户经理不到一年，在工作上缺乏自信，有次一个客户无意抱怨的"怎么什么都不懂"，成了她内心纠结良久的症结。沈贤细心地察觉到了她的情绪波动，利用午饭时间与她"闲聊唠嗑"，还主动带着她跑客户、跑项目、跑工地，在实战中关爱员工成长、锻造员工成才，给了员工莫大的信心和底气。作为党建指导员、网格长"一肩挑"，沈贤积极利用"三必知、四必谈、五必访"的工作方法，推动思政工作在网格落地生花，在关心和帮助员工成长上产生实效。从此，服务客户、勤跑一线的氛围在网格蔚然成风，晒步数、晒业绩也成了网格群里交流的常态，团队先后获评中国移动炼金网格、苏州公司十佳网格，团队成员也多次获得江苏移动省级优秀客户经理、苏州分公司优秀客户经理等称号。"跑"代表了苏州移动青年拥抱基层、深入一线的精气神。眼睛向下看，在基层天地服务民生；奔跑不停歇，在网格舞台展现作为。

沈贤用两脚沾泥跑出了网格的业绩和气质，也一步步浸润成苏州木渎网格脚踏实地的精神品质，展现了新时代移动青年扎根一线的"最美"姿态！

（文/顾晓帆、李波）

唐相艳
▶ 山东公司临沂分公司

唐相艳，女，汉族，中共党员，1988年1月出生，现任中国移动山东公司临沂分公司网络部客户响应中心经理助理。先后获得山东省五一劳动奖章、集团公司网络运维专家、山东省第六届网络安全职工职业技能竞赛临沂第一名等荣誉。

很庆幸在最美的年华里与中国移动相遇，面对"最美移动人"这份沉甸甸的荣誉，衷心感谢公司对我的培养和领导、同事给予我的信任与支持。作为一名网络人，我将不改初心使命，怀揣激情梦想，敢担当、勇攀登，为公司构筑高质量网络"生命线"贡献青春力量。

让网络传递沂蒙最美风光

蒙山高，沂水长，她把党的创新理论融入实践大课堂，勤勉务实保驾护航，劳模创新数据扩容，拼搏进取甘为人梯。她用高标准检验排头兵成色，她用高速描绘"最美移动人"的艳丽。

她是朴实无华的追梦人，她是勤勉务实的劳动者，她是脚踏实地的奋斗者，她，就是山东公司临沂分公司网络部客户响应中心经理助理唐相艳。多年来，唐相艳以服务沂蒙人民为己任，用昂扬向上的精神状态投入网络维护工作中，将自己的青春与汗水挥洒在广袤沂蒙大地之上。

赋能为了最好的服务

作为一名网络技术人员，唐相艳用汗水沉淀从容，用奋斗增强底气，以坚持不懈的学习打磨不断提升专业技术能力，在八百里沂蒙以蹄疾步稳的姿态前行着。在参加山东省第六届网络安全职工职业技能竞赛时，唐相艳刚休完产假，倍感压力，但是她迅速调整心态，将压力转为动力，主动报名参加了公司2周封闭集训。在那个炎热的夏天，她从早到晚奋战，积极学习各种方法，全方位进行实战演练……功夫不负有心人，最终在高手林立中突破重围，带领团队克服困难，一鸣惊人取得全省团体第二名的好成绩，她也获得了临沂市个人第一名。在惊喜于这份成绩的同时，唐相艳也更加笃定了自己的初心和使命。为了更好地提升临沂广大用户的使用感知，唐相艳执工匠之心，坚持精益求精打磨技术。她积极参加各类认证，先后考取网络工程师、通信互联网工程师、信息安全注册渗透测试工程师（CISP-PTE）证书，并成为中国移动集团泰山队成员。如今，她熟知各类数通设备，擅长攻克各种重点、难点，经常应邀到多家企事业单位授课，获得客户一致好评，为城市高质量发展作出了自己的贡献。唐相艳积极学习党的创新理论，用先进理论指导具体实践。她主动参加各类党性教育活动，到沂蒙革命纪

◎唐相艳对机房设备线缆路由进行核查

念馆、孟良崮战役纪念馆、朱村抗战纪念馆等地接受红色文化浸润。她表示："每次参观、学习都有新的收获，都是一次思想上的震撼和洗礼，我要好好学习革命前辈的优良作风，珍惜来之不易的生活，以实际行动践行沂蒙精神，提升技术能力，为网络事业贡献青春力量。"唐相艳是这么说的，更是这么做的。

速度为了最好的感知

党员意味着责任，更是一种担当。作为一名有着14年党龄的党员，唐相艳始终对自己高标准、严要求，坚信不平凡的业绩不是一蹴而就的，她用"咬定青山不放松"的定力、"一锤接着一锤敲"的努力、"前赴后继勇克难"的毅力，为保障沂蒙老区高质量网络通信而不懈奋斗。2019年至2022年短短4年间，她带领团队齐努力，扩容互联网出口带宽近6000G，在全省率先完成宽带接入服务器新版本升级，为家宽市场发展提供强大"火力支援"；在通信机房，她和团队成员们加班加点，仅用9天时间就完成了互联网数据中心600G出口带宽扩容，有效支撑了政企业务发展。2022年10月，临沂遭遇了一次较为严重的疫情冲击，面对严峻的防控形势，唐相艳舍小家顾大家，坚持值守在机房工作现场，做好网络扩容、故障处理等工作，全力满足静默管理期间客户网络需求，坚持做疫情中的网络"逆行者"。挑灯夜战的工作对于她更是家常便饭，深秋的凌晨2点，当大多数人还沉浸在睡梦中时，一通紧急电话便让唐相艳驱车120多公里赶赴抢修现场，原来区县设备在凌晨升级时单板出现了故障，收到消息后，她就马不停蹄地出发了……抢修结束后天已微微亮，她便驱车返回岗位又投入紧张忙碌的工作中。唐相艳在学习中增强智慧、在调研中创新方法、在实践中锤炼本领。"领题破题、合力攻坚"主题实践活动开展以来，她积极参与攻坚，克服时间紧、任务重、工作难度大等困难，仅用1个月时间，带领班组人员梳理、配置脚本近4万行，安全、顺利完成全市宽带接入服务器千兆分域改造工作，为千兆宽带场景化支撑积极贡献力量。

成长为了最好的未来

"一个人的成长或许走得快，但大家共同成长才能走得远。"在加入临沂移动的第8个年头，唐相艳更加坚定自己的"移动梦"，她孜孜不倦，带领团队成员在广阔网络运维领域闯出一片天地。作为劳模创新工作室的带头人，唐相艳发挥头雁作用，创新"三阶五步"法全流程管理，支撑全市信息化和"双千兆"城市建设，有效推动了网络深度覆盖、网络质量提升等关键问题的解决，为公司高质量发展奠定坚实的网络基础，全力满足老区人民日益增长的通信需求。为了攻克宽带装机慢问题，打造了"一站式"家宽综合调度支撑创新模式，有力支撑一线装维工作；带领团队创新制作开放端口自动化扫描复核工具、城域网脚本生成工具，极大提升工作效率与准确性。在唐相艳的带领下，工作室逐

◎唐相艳（中）与团队成员研讨技术问题

步建立健全人才培养机制，坚持因材施教、以干带训，认真分析每个队员的特长特点，有针对性地进行教育培训，注重在实践中磨砺品格、锻炼本领、增长才干，一大批骨干员工在工作室得到快速成长。2021年，唐相艳劳模创新工作室被集团公司授予"中国移动劳模创新工作室"。身为数据班班长，唐相艳强化班组管理，创新开展工作，多方面培养人才，提升网络质量，和班组同事们协同做好临沂数百万移动用户互联网运维支撑。她建立多层次、多维度的培训体系，开展"网络课堂"，做好"传帮带"，以战代练促实干，提升理论实践能力。班组5人获得山东公司技能竞赛精英奖，6人入选"千人计划"，6人获得中级通信工程师。同时，唐相艳坚持"安全第一，创新攀登，铸就卓越网络"的工作原则，带领班组顺利完成临沂互联网出口升级等相关工作，极大地提升了用户感知。多年来，像这样"急难险重新"的工作数不胜数，唐相艳始终以实际行动践行党员使命，为让老区人民切实感受到移动通信网络所带来的满满的幸福感、安全感而默默付出着。

新时代、新征程，唐相艳坚守"敢担当、勇攀登"的誓言，以更加奋发有为的精神状态、求真务实的工作作风、永不懈怠的创新精神，练就过硬本领，勇攀技术高峰，诠释新时代沂蒙精神的内涵，为公司构筑高质量网络"生命线"贡献青春力量。

（文/卞轲、高群）

黄 金

▶ 湖北公司武汉分公司

黄金，男，汉族，中共党员，1989年12月出生，现为中国移动湖北武汉分公司网络部传输数据中心维护人员。获得2020年团中央"抗击新冠疫情青年志愿服务先进个人"、中央企业青年岗位能手等荣誉。

除了奋斗，别无选择！我将一往无前，持续以谦逊奋斗的姿态向标兵看齐，不负青春，不负嘱托，顽强拼搏，不断提高自身能力，敢于担当，向上生长，为通信网络贡献力量，让公司因我们变得更加美好。

忠诚护网贵如金

出征前按下红手印，把忠诚印在口罩的勒痕里；"两神山"火线入党，白色防护服写下的是勇毅担当；郑州特大暴雨时临危救急，他把"生命线"架在中原大地。

在10余年网络维护生涯中，湖北公司武汉分公司黄金他始终秉持红色通信初心，立足岗位默默奋斗。面对大战大考恪尽职守，他用忠诚书写了无怨无悔的青春华章。

又是芳华正浓时
第四届"最美移动人"事迹巡礼

筑起"火神山"通信线

2020年1月底,武汉新冠疫情形势异常严峻。面对世纪疫情,黄金瞒着家人主动报名,成为武汉移动首批驻点火神山医院的现场网络维护员。他克服工期紧张、天气恶劣的不利条件,每天挑灯夜战、休息不足2小时、行走超2万步,协同团队成员为火神山火速安装600部军民两用电话、300个病区的视频监控、8条专线、3套视讯会议系统和1个高点全局监控,成功连线北京301医院、302医院,通过5G小推车实现远程问诊,在武汉疫情最危急的关头为火神山医院提供了"永不失联"的通信保障,为打赢疫情防控阻击战提供了坚强保证。

千里驰援河南抗汛

2021年7月,河南发生特大暴雨灾害,湖北移动组建抢险突击队驰

◎黄金在机房巡检

援河南。黄金再次主动请缨，率领44名技术骨干组成的保障队，在郑州市区、新密、新郑、荥阳等地连续转战8个昼夜。他永远把最危险、最困难的任务留给自己。马路被洪水冲毁，他咬牙推着400多斤的油机在碎石路上举步维艰几近虚脱；道路塌方，他徒手提着60多斤的油桶冒雨蹚2公里泥泞路给发电油机加油。他带领的武汉移动抢险突击队以精湛娴熟的专业技术、拼命三郎的工作态度，得到了当地政府和群众的高度肯定。

志愿守护社区安宁

黄金不仅在通信保障中冲在前，也在社区服务中做表率。在疫情防控中，他穿上红马甲、戴上红袖章，主动下沉社区，甘当"守门员"，不畏严寒、辛勤值守；化身"大白"，协助社区开展入户调查、核酸检测；变身"外卖小哥"，为出行不便的居民送面送菜；勇当"侦察兵"，配合政府流调溯源。他在不同角色中频繁转换，身体力行践行职责使命，展示移动青年"硬核"风采。他多次参加社区的人口普查、义务植树、关爱弱势群体、困难救助等志愿服务，热心地用一技之长解决宽带、信号等问题，获得社区居民的一致好评。

千淘万漉虽辛苦，吹尽狂沙始到金。黄金不负青春、不负嘱托，始终冲锋在第一线，以实际行动保障网络通信、守护社区安宁。

（文／成立旻）

朱凌锐

▶ 湖南公司张家界分公司

朱凌锐，男，土家族，中共党员，1985年12月出生，现任湖南公司张家界分公司网络部建设中心项目经理。曾获得湖南移动工程建设领域优质项目经理、"匠心锻5G 献礼二十大"中国移动5G网络建设劳动竞赛先进个人等荣誉。

被评为集团"最美移动人"，是我的荣幸，更是大家的荣誉。一路走来，有着太多的感慨与记忆，作为移动5G飞速发展的建设者和见证者，我只是其中的一个小分子，踏踏实实，一步一个脚印，用坚定的信念为少数民族移动通信事业作出自己应有的贡献。

好山好水建好网

他把网络架在张家界的奇峰，他把百姓财产看得比命重，他身先士卒主动请缨。脚步匆匆，款款深耕，是土家汉子的最美身影。

朱凌锐，土家族，中共党员，湖南公司张家界分公司网络部建设中心项目经理，入职13年来，一直深耕网络一线，为家乡网络建设默默奉献自己的青春，为张家界少数民族聚居地经济社会发展贡献自己的力量。

平凡与非凡

张家界市是少数民族聚居地，朱凌锐是一位土生土长的土家汉子，他有着土家族人坚韧、朴实、热情的性格特点。入职13年来，每次使命必达，矢志不渝，他以过硬的专业能力带领团队实现了张家界三千奇峰、八百秀水5G信号从无到有、从有到优，攻克一个个难关，战胜一个个挑战；他以永不停歇的奋斗姿态，奔跑在5G建设的赛道里，跑出了5G发展加速度；他以敢为天下先的精神奉献社会，践行着一个共产党员的使命与担当；他连年获奖，斩获了湖南移动工程建设领域优质项目经理、湖南移动5G网络建设劳动竞赛先进个人、"匠心锻5G　献礼二十大"中国移动5G网络建设劳动竞赛先进个人等多项殊荣。他担任建设团队的班长，连续3年获得5G劳动竞赛全省第一，获得集团劳动竞赛先锋奖和奋进建功一等奖，成为湖南通信建设领域一张响亮的名片。

责任与奉献

他是5G建设的践行者，他是抗洪抢险中的勇士，他是疫情防控中

◎朱凌锐（右二）在核心景区建设现场施工指导

的逆行者，他是重要通信建设与保障中的先锋战士！城市、农村、高山、河流、平地……每一个角落都有他的身影。在 5G 基站建设中，经常面临着老百姓对电磁辐射不了解而"谈辐色变"的情景，电磁辐射投诉成了 5G 建设中的"拦路虎"。作为 5G 建设项目经理，他并没有被"拦路虎"吓倒，每次亲自去现场耐心地向群众普及电磁辐射科学知识，打消群众对通信基站电磁辐射的疑虑。他亲自参与大山深处 101 个电信普遍服务基站补强和 791 个 700M 村村通基站建设，建站数量超过前期历史总和，为张家界奇峰秀水插上了 5G 腾飞的翅膀，让 5G 信号形如蛛网。留守的土家阿公阿婆可以与在外打拼的子女视频了，创业的乡亲们也玩起直播卖莓茶、葛粉了，山里的孩子们也可以通过网课学到更多知识了……从建设受阻到老百姓脸上绽放出幸福的笑脸，这些变化，正是他作为一名普通的建设者所默默经历着的。他说："一次建设，一份荣耀，为少数民族区域经济振兴是我的荣耀，更是我的职责，为人民谋幸福应从点滴做起！"

2020 年 6 月，张家界持续强降雨，部分偏远乡镇通信线路全部受阻。雨夜临危受命，他第一时间奔赴现场进行通信抢险。途中，许多地方道路严重塌陷，车辆无法前行，作为生命防线的鱼潭电站，周边基站信号若不及时恢复，将严重影响汛情调度，下游几十万名老百姓的生命财产安全则无法得到保障。千钧一发之际，他带着抢修人员背上抢修设备，以最快速度到达抢修点，恢复了站点信号，为抗洪调度提供了坚实的通信保障，确保了泄洪开闸的指令能够及时传达到位。他说："一次抢险，一份责任。时间就是生命，在抗洪抢险的危难时刻，保障老百姓的生命和财产安全是我们通信人义不容辞的责任！"

2021 年夏天，张家界因为疫情按下"暂停键"。他主动请缨担任抗疫志愿者。怕吗？自然是怕的。当时社区出现了确诊病例，人心惶惶，他家里还有老人和小孩，更添了一份担忧。"孩子，你自己要注意

◎朱凌锐在社区抗疫值勤

防护啊！"母亲一遍遍地嘱咐。"爸爸到底什么时候才能回家陪我玩呀？"孩子带着期盼不停地问。但身为共产党员，他不顾一切，来来回回，一趟趟地帮助社区居民运送自购物资，平均一天下来达100余趟，40℃的高温，穿着严实的防护服，湿了又干，干了又湿。他用实际行动诠释着共产党员的使命与担当，被社区评为抗疫先锋战士，他说："一次抗疫，一段成长，奋斗正青春，不仅在本职上闪光，更要在社会上闪耀，奉献的人生才无悔！"

2022年中旬，接到为在张家界举办的湖南省第一届旅游发展大会提供通信保障任务，朱凌锐作为项目经理，主动承担起建设重任。在景区搞建设，难就难在"景区"二字，张家界景区属于砂岩地貌，群山万壑，巍峨险峻，土建和传输都面临难题，建站的难度远超想象。他每天迎着晨曦出发，披着星光而归，遇到过山体落石和滑坡，碰到过虫蛇出没，早已疼痛的双脚却从未停歇。他带领建设中心团队夜以继日地拼搏，仅仅用了2个月时间，便超前高效地完成了136个旅游发展大会5G站点的建设与开通，对全市会场、酒店、景区、交通枢纽等重要场景进行了全方位的5G信号覆盖和保障，圆满完成了艰巨的建设任务，获得了当地政府的一致好评和认可，并收到了湖南省人民政府和旅游发展大会组委会专门送来的表扬信。他说："一次盛会，一场挑战，我只是为家乡的发展建设贡献了一份微薄的力量，不值一提。"

回望与展望

回首燃情岁月,无比感慨,千帆已过的从容与刻苦奋斗的热血在他心中交织翻滚,这不仅仅是成绩,更是辛苦奋战的日日夜夜。铭刻在记忆中的日子,他心中常存着对这份事业的热爱与感恩,感谢这份事业铭刻了他的历程,让一切点滴都融化在事业之下,也感谢组织给予了他这个平台,让奉献之花绽放在基层需要之地。

5G 网络一步步点亮,并延扩到广大人民工作生活的方方面面,他既是建设者,也是见证者。未来的日子里,他将和团队成员一如既往地投身张家界网络建设中,以敢为天下先的精神,立足岗位建功立业,不忘初心,奋楫笃行,不断打造客户满意的质效双优网络,不断锻造建设管理优秀的精品工程,为建设网络强国、数字中国奉献自己的力量。

(文 / 唐嗣富)

吴习波

▶ 四川公司自贡分公司

吴习波，男，汉族，中共党员，1988年9月出生，现任中国移动四川公司自贡荣县分公司总经理助理。他始终扎根荣县丘陵地区，用心用情服务乡村群众。先后获得了中国移动优秀共产党员、中国移动优秀班组长等荣誉称号。

因为与公司的美好相遇，体现了"最美"的自我价值；这既是服务群众收获的肯定，也是拼搏奋斗得到的荣耀，更是责任与鞭策。我将立足岗位工作，坚守红色通信的初心，发挥好榜样先锋模范作用，以实际行动为推动公司数智化转型、实现高质量发展作出新的更大贡献！

他为盐都生活增添数智美味

不管山路多崎岖，他固执向前走，不管泥泞让他有多糗，毫无怨言抖一抖。为了27户网络入户，他跨越8公里峡谷，为给村民建好云，他挨家挨户去叩门。他把"泡村"写入"宝典"，他把服务延长在深山。

始终扎根四川荣县丘陵地区，用心用情服务于乡村群众，吴习波见证了乡亲们脱贫走上小康大道，如今接续乡村振兴，他又走上赋能乡亲，让盐都群众对美好数智生活的向往逐步变为现实。

又是芳华正浓时
第四届"最美移动人"事迹巡礼

群众需要就是最要紧的事

层峦叠嶂，云雾缭绕。长山镇位于荣县大山丘陵深处，花龙沟更是地处偏远、交通不便，从荣县出发行驶约36公里才能到达长山镇花龙沟。这是一条长达8公里的峡谷，27户村民住在山坳里，这也是长山镇海拔最高点。由于施工难、成本高等问题，这里一直是宽带网络"盲区"。2021年6月，吴习波接到当地村支书电话，在得知花龙沟村民还没有看上电视后，他深受触动，辗转难眠。他在笔记本上写下"村民的事就是最要紧的事，要尽快为花龙沟村民安上宽带"。然而，想法一提出，施工人员就打起了退堂鼓。"隔山跨水，不现实""杆路成本根本承担不起"，同行的网络建设公司同事也选择了沉默。面对困难，吴习波没有放弃，他将大家召集起来说："我们的任务就是变不可能为可能！"吴习波带着网络建设人员连续半个多月，每天不知疲倦地穿梭在崇山峻岭中……克服各种困难，勘查难点，排除障碍。功夫不负有心人，"无人机安装"为吴习波一行指明了方向。当宽带接通，乡亲们通过电视看见大山外的世界，改变了与外界信息隔绝的命运，大家一片欢声笑语。"太好了！现在看上电视了，也能上网了，还能和广东的娃儿视频摆龙门阵了！"乡亲们纷纷拍着吴习波的肩膀感谢他。

红色初心就是冲锋的动力

长山镇地处沱江流域，暴雨季节时常有汛情。吴习波和同事们作为公司在区域做好移动服务的代表、公司党员干部员工积极履行社会责任的实践者，他们以担当和奉献诠释着红色通信初心和企业精神的内涵，关键时刻、危急关头不畏艰险自觉冲锋在前。他是这样想的，也是这样干的。2021年，汛情紧急严重，镇上大部分街道、学校、医院等积水严重，移动营业厅积水达1米多深。吴习波第一时间赶赴现场，召集党

◎吴习波（左一）帮助群众抢险救灾

员组建突击队，全力投入应急抢险工作。转移物料、保障通信、保障物资……他泡在齐腰深的水里，接力奋战10多个小时，脚泡得发白，饿了就吃几口干粮，晚上累了打会儿盹又继续坚持。他不惧艰难，努力跟时间赛跑，顺利转移了大量物资，还指导设立了临时移动服务网点，落实了停电后的网络保障。他用实际行动、担当作为，赢得了村民的尊重和信任。经历过多次洪峰考验的长山鑫鑫营业厅黄玉冰说："我从来没有这样亲身零距离感受到组织的强大，跟着吴习波干，心是暖的！"

"泡村"就是他成长的宝贵经历

"大家都束手无策的问题，你怎么短短几个月就改善了？"面对旁人的不解，在吴习波看来，只要用心用情用力，没有干不成的事。2019年年初，吴习波带着组织的信任来到了荣县双古镇，上任之初，他就发现区域群众服务满意度不高。这时候，他发挥自己爱表达、善总结的特点，去发现问题、解决问题。为了真正地了解客户需求，他深入乡村田间地头和群众打成一片。前后 3 个月的时间，他把所负责区域挨个儿跑了个遍，累计拜访了 873 户乡亲，把沉下来、密切联系群众的心得体会整理成了拿着就可以用的《小移人泡村记》。他敢想敢干，发现基层培训效果不佳，就试着改变培训方式，探索培训方法。通过潜心研究、流程穿越，他独家打造了"训练四步骤"赋能模式，创新撰写了《渠道沟通会》《网格长工作手册》《业务工作手册》《根源分析法》《行事历》等一线服务宝典。"他身上有一股韧劲儿，干什么事都能干好！"这是渠道小伙伴们对他的评价。在他看来，干工作就是要干到极致。每次培训前，他都会利用休息时间备足功课，整理培训手册，自己先实操演练后，再对渠道、店员培训。每次理论培训后，他还会到营业厅做现场示范，检验和巩固培训成效。伙伴们觉得他这样太辛苦，他却总是笑着说："你们学会了，我再辛苦也值得。"店员张燕说："听了那么多理论和技巧，还是只有吴老师来亲自演示了，我们才能真正学会。"星光不负赶路人，吴习波的付出，大家看在眼里，感动在心里。他不仅将服务宝典分享给前来学习的小伙伴，还手把手现场教会他们如何"泡村"、如何服务客户等。团队的精神面貌迅速发生了翻天覆地的变化，乡亲们的满意度也得到显著提升，这也激发了双古镇网格的活力，网格发展业绩得到了长远的进步。

数智赋能就是盐都最美的味道

"乡亲的事情要真心办，乡亲的困难要真心帮。"这是吴习波常挂在嘴边的话。在吴习波眼里，基层工作关键要实，只有真正干实事、干好事，才能实现大家对美好生活的愿景。2021 年随着平安乡村建设不断深入，在乡政府的支持下，吴习波积极推进长山镇数字乡村、平安乡村建设，在自己的专业领域为助力乡村振兴摸索一条新路子。在他看来，平安是群众幸福生活的基础。面对青龙村个别乡亲犹疑观望的心态，吴习

◎吴习波（右）为营业厅员工讲解业务

波拿上机器设备，挨家挨户进行"科普"，一个一个做通思想工作。很快，水到渠成。村里安装了几十台"平安乡村"安防设备，覆盖村口及村民家门口周边区域，实现家家户户"云看家、云护院"。"现在随时都可以查看家里的情况，还能跟孩子对话，真是太智能、太方便了。"乡亲王师傅在活动现场开心地说道。2021年的一天，正准备下班的吴习波收到一条留言，原来是乡亲胡鹏远语音求助，他留守在家的小孩需要在智能手机上完成作业，情急之下，他想到了热心肠的移动网格长。吴习波立马就答应了下来，赶赴乡亲家里，化身"家教"辅导员，这一干就是一年半……同事们笑称他是"24小时移动服务热线"。

扎根四川荣县丘陵地区，用心用情服务乡村群众，吴习波见证了盐都自贡的乡村脱贫走上振兴大道，如今，他仍在用自己的热忱和技能为乡亲们对美好数智生活的向往奔走着。

（文/赵世奇、卢妍婷）

杨 晟

▶ 贵州公司黔西南分公司

杨晟，男，汉族，中共党员，1977年6月出生，现任中国移动贵州公司黔西南分公司网络部合作方管理。主动请缨参与精准扶贫、乡村振兴，带领村民增收。先后获得省部级"村村通建设"先进个人、"最美劳动者"、"最美乡村振兴家庭"等荣誉。

获奖是殊荣，也是鞭策。20多年的工作经历，特别是脱贫攻坚驻村和乡村振兴驻村期间，让我深深地感悟到，只要敬业勤恳、脚踏实地，不管身处什么岗位，都能赢得他人的尊重和信任。今后我将继续努力，力争在新的岗位上取得更大的成绩。

乡村振兴的领头羊

坐下去，笔记本上留下乡亲的期许；俯下身，商标中印上"望伏稻"、蜂糖李；站起来，旧房换新居，田间通水渠；他说服爱人同村支教，成为乡村振兴的一对伉俪。

从脱贫攻坚到乡村振兴，杨晟扎根基层，心系驻村群众，在伏开村这份"责任田"里，这只领头羊带着乡亲开山建果园、申请农产品商标，做活做大了"农"字产业，实现了精准脱贫成效与乡村振兴有效衔接，换来了村民生产生活的大变样。

俯首甘为孺子牛

入户调研接地气，用脚步丈量民情。杨晟有事没事就习惯到村民家开展走访调研，通过调研走访记录问题、解决问题。"刘元清家厨房漏水，协调驻村工作经费2000元资助解决；70岁的老人岑妈刚患小脑萎缩行动不便，争取助行器帮助行走；83岁的老人陆安谋精神状态不好，需要送药……"笔记本上密密麻麻的文字，记录着心系村民的点点滴滴。驻村以来，杨晟对全村498户村民开展大排查、大遍访工作，协调帮扶资金100万元，义务送春联400余副，协调邻里纠纷12件，为163位村民配送"防疫健康包"，帮助困难户112人。村子富不富，关键靠支部。为打造一支过硬的支部班子，杨晟创新推广"党建+N"新模式，在党员干部队伍中凝聚起乡村振兴强大合力。一是"党建+队伍"转作风。抓好村"两委"班子党员干部教育培训，统一为民服务思想。二是"党建+阵地"强基础。利用已闲置的村小学作为村委活动室，优化办公阵地功能。三是"党建+关爱"拢民心。节日期间轮流开展走访重点关爱村民活动。四是"党建+文明"强体魄。组织春节联欢晚会、体育竞赛等活动，丰富村民精神文化生活。五是"党建+治理"强乡风。不断完善村规民约，遏制"滥办酒席、高价彩礼、厚葬薄养"等不良行为，强化文明乡风建设。

坐下书写民情日记

"刚来的时候大家伙都说我和我老公是夫唱妇随、伉俪情深，其实我几乎见不到他的影子，但是他对工作的热情很让我感动。"杨晟的妻子为支持丈夫的工作，主动向当地教育主管部门递交了到望谟县农村学校支教的申请。从此，油迈小学多了一名和蔼可亲的优秀老师，而伏开驻村工作队也多了一名义务工作队员，每当周末就会前往伏开村，照顾丈夫，给村里的一些留守儿童辅导学习。驻村期间，为村民帮办实事、

又是芳华正浓时
第四届"最美移动人"事迹巡礼

◎杨晟观察水稻长势

修建通村入户路、整治村庄环境……一个个问题得到解决，村民的信任坚定了杨晟做好驻村工作的信心，他说："希望和妻子一起努力，在驻村帮扶、支教的道路上收获村民的认可。"急老百姓所急，把事情一件件办在老百姓心坎上，乡亲们会看在眼里、记在心上。2022年10月，杨晟因为急性肠胃炎到县城住院治疗，本想直接回村的他被医生的话给镇住了："如果不及时治疗，将引起脱水，严重的话会危及生命！"这一次的短暂离开，杨晟没有跟村干部说，也没有和村民讲。"杨书记，你到哪里去了？""老杨，咋在村里看不见你了？""没事吧，我们大家伙儿去看你！"住院的两三天，杨晟接连接到村里老百姓和村干部关心的电话。住院结束后3天，杨晟就又出现在村民家的水稻田里。"老百姓需要你、关心你，就有了动力！"疫情期间，杨晟回村被隔离，早晨推开门，门口堆放着小袋白菜、豆包、花卷、鸡蛋……足有十几袋。"乡亲们知道我疫情期间要隔离不能出门，便给我送来各种吃的，这一刻，我激动得说不出话来……我们像是水乳交融的一家人。"

站起立下一座碑

怎么才能稳定脱贫成果，防返贫？就要授人以渔，发展产业。上一轮的驻村为杨晟此次驻村立下了一个"参照系"。为切实破解伏开大米长期存在的产销困境，杨晟积极谋划伏开村如何提质增效。经过调研论证，伏开村全力推进伏开大坝500亩水稻高产示范点建设，成立专业合作社，注册"望伏稻"商标，用现代农业发展方式大力发展水稻产业。振兴产业乡村模式的构建，把村民变成现代化农业生产链条中的一环，分享到了市场经济的红利。伏开村水稻高产示范点逐步增收，"望伏稻"品牌逐渐深入人心，水稻销路也逐渐打开，更多"新农人"涌入种植水稻。2022年，500亩水稻高产示范点亩产量从往年的1152斤增长到1750斤，亩增产达到598斤。"我不担心水稻销路，只怕不够卖，今年还要扩大水稻种植面积。"51岁的龙明丕在家乡种水稻，近两年以来，从地里"刨"出利润10多万元，成为村里赫赫有名的"新农人"。为推动伏开村持续增收，伏开村打出了发展"组合拳"：成立党员技术服务队，指导农户发展生产，培养群众致富技术与观念；打造"望伏稻"高产水稻种植基地，发展订单式生产；尝试培育精品水果、精品蔬菜，打造油菜示范基地，发展多样的种植业，丰富产业振兴种类。伏开村还将建设大米加工厂、冷链物流和仓储设施，持续提升大米加工能力，推动粮食产业提质升级。

"乡村振兴政策就像是一根绣花针，需要用心用情下功夫，信任就是责任，千万不能辜负乡亲们的信任。"杨晟对党的赤胆忠诚、为群众甘于奉献的情怀，化成了乡村振兴的涓涓细流，滋养着这片多彩的土地，带动了更多中国移动人积极履行社会责任。

（文／杨安珍）

耿忠营

▶ 新疆公司阿勒泰分公司

耿忠营，男，汉族，中共党员，1982年11月出生，曾任中国移动新疆公司阿勒泰富蕴分公司集客解决方案经理（县）、富蕴县吐尔洪乡霍孜克村"访惠聚"工作队副队长。2021—2022年连续获得地区"访惠聚"驻村工作先进个人、自治区"访惠聚"驻村工作先进个人荣誉。2022年11月16日，因公殉职。

每次当我和他视频，看到他因工作几乎天天熬夜，人憔悴了，声音沙哑到让我心疼，可他还在满腔热情地给我说着村里的变化，其实心里真的为他骄傲。他用生命践行了一名共产党员的初心，虽然他走了，但他的精神会永远激励着我前行。（耿忠营妻子　徐亚楠）

满腔热血铸忠诚

可可托海再没能等到他回来，忠诚是他对党的最后承载。一场意外让他的朋友圈从此空白，民情日记停止了记载。村民手里没有卖完的馕、寒风中牧民没有归圈的牛羊，他的誓言没有过期，他的事业仍在延续。一曲生命赴使命，满腔热血铸忠诚。

"驻村工作是一项艰巨的任务，也是光荣的任务，组织信任我，我一定尽力做好。"这是耿忠营驻村出发时说下的话，平凡而坚定。在驻村的日子里，他立足基层，用情融入，坚持把党的声音传遍全村，把村民的急事难事办好，用行动兑现了诺言，温暖了人心，赢得了民心。

一心为公的践行者

在同事们的记忆中，哪里的工作最紧要、最吃力、最难熬，"耿队长""耿哥"就会去哪里。公司组织员工去边远牧区维修通信线路，他第一个报名；公司组建"访惠聚"工作队，他第一个报名；公司号召员工入列疫情防控"最美逆行者"，他又是第一个报名，此后，每次疫情防控，他都是冲在最前面……与大城市相比，县城及周边乡村的工作，辐射半径大、难度高、责任重，且富蕴县是中国第二寒极。耿忠营驻守的富蕴县霍孜克村海拔1400米，冬季长达6个月以上，数九天里-40℃，各项工作开展难上加难。对此，他从未说过一次"苦"。霍孜克村是一个牧业村，全村261户村民中260户是哈萨克族，从听不懂一句哈语到叫得出每个村民的名字，甚至谁是谁的亲戚他都心中有数。组织早会、

◎耿忠营（左）入户帮助村民线上缴纳医疗保险

走访入户、耕地拉草，凌晨当队员进入梦乡，而他的台灯却依然亮着，默默耕耘在看似简单却繁杂的工作中。整理遗物时，大家翻出了他近3年的民情日志，密密麻麻记录的都是事关村民的件件小事，帮助古丽扎提的孩子办理医疗报销手续、把萨依拉家的馕卖到县城去……他积极践行党员的初心使命，将公司党委的部署结合实际落到实处。耿忠营有10个包联户，每次去访问临走时总不忘从兜里掏钱，他自己没数过，可村民们都记在了心里。"我的恩人走了，他还那么年轻。"说起耿忠营的不幸离世，包联户哈林别克特别激动。就在他出事的当天上午，接到村民阿依很的电话，家里宽带出现故障，疫情期间维护人员无法到现场，他和队友王建便借来梯子和工具，冒着-30℃的严寒一干就是两小时，没想到同事随手拍的一张背影，却成了他留给家人的最后回忆。"驻村工作是一项艰巨的任务，也是一项光荣的任务，组织信任我，我一定要干好，要不然对不起村民。"在驻村工作的日子里，耿忠营立足基层，用情融入，成为村民口中的"贴心人"。村里的网络信号不稳定，影响孩子上网课，他立刻去维修；有村民家缺少劳动力，他带领队员为村民修缮牛羊圈；有年龄大的少数民族群众不会用手机，他手把手教会线上操作，将足不出户的移动"云端"体验传递到每一个角落。"吃水不忘挖井人，咱们要永远跟党走！"工作时刻，他不忘随时随地开展宣讲，"回顾党的辉煌历程，学习党的伟大进程，共产党人战胜苦难，展现举世瞩目精神……"他将全会精神、党的二十大精神和各项惠民政策送到基层一线当中。每次听说耿忠营要来，村民朱马汗·江格尔就会早早在家等候。他认真聆听，做好详细记录，生怕漏了一句。朱马汗·江格尔说："通过耿队长的宣讲，我学到了很多知识。更加相信新生活源于坚定不移地感党恩、听党话、跟党走。"据不完全统计，2022年，耿忠营带领工作队员、村干部开展各类宣讲15场次，走访入户200余户，受益群众达到400余人次，使村民对政策的知晓率达95%以上。

富民为民的奋斗者

步入耿忠营生前最后 1000 多天驻守的霍孜克村，所见场景与之前相比，已发生了翻天覆地的变化。"要想富，多种菜。"刚开始驻村时，他就发现，村民们由于常吃肉，少吃菜，更不会种菜，形成了蔬菜种植的意识盲区。耿忠营从庭院经济入手，为大家送去"三苗"、请来专业的农业技术人员、将网上的种植技术要领打印出来分发给村民。在他驻村的这 3 年里，带领村民们一改放牧为生的单一生产方式，养鸡苗、栽果树、扩大紫皮蒜等特色种植面积、学习大棚蔬菜种植技术，村民的腰包越来越鼓。他积极发挥自己的专业优势，在村里开启了"电商＋龙头企业＋专业合作社＋农户"模式，让村里的牛羊肉、草莓、马奶、黑加仑等农副特产，通过现代化的通信技术飞向全国各地，带动村民增收致富。他将富民为民的使命落实到每家每户。牛羊是牧民家里最大的收入来源，耿忠营看到在寒冷的冬天，牧民也会半夜起来照看牛羊，而且经常看到牧民们漫山遍野地找牛羊，便将公司的项圈畜牧定位业务推荐给村民。在他的推荐下，村庄里的牧民安装了"5G＋北斗导航"智慧放牧设备，可以随时随地通过手机查看自家牛马停留的位置，极大地保障了广大牧民数十万计的财产安全。在他的多方协调下，村容村貌有了显著改善，220 万元注入村庄，霍孜克村有了 3 公里长的村公路；村住房外立面改造项目顺利推进，108 套房屋完成粉刷，21 套房屋贴上保温板；0.8 公里自来水主干道建设和 20 户自来水入户问题得以解决，村头 3 公里围墙建设工程圆满竣工。他就是这样——破局开路、耕耘坚守，直至把生命融入了这片他用心用情守护的土地。

功成不必在我的奉献者

在耿忠营的宿舍里，起毛变色的牛仔裤整齐地放在衣柜里，墙角摆

又是芳华正浓时
第四届"最美移动人"事迹巡礼

放着的一双早已磨破的鞋子沾满了泥土。同事们常说，他没有几套换洗衣服，因为他很少回家。驻村3年，回家的次数不超过5回。他放弃所有的休假和假期，把关心全部给了工作，给了群众，却忘了给自己留一些。虽正值壮年，却是额头多白发、药品不离身。作为富蕴分公司的专业技术人员，对于种植养殖知识，他或许可以用"不知道"来回答；对于牛羊走失的偶发情况，他或许可以用"找不到"来回答。但他总说，自己是农民的儿子，要和村民一样，草原坐、田埂蹲，和每一位村民心贴心。田间地头，总能看到他与村民一起忙碌的身影，犁地施肥、除草打顶、收割小麦、搭羊圈建牛圈，他样样在行。2021年冬天，耿忠营驻村工作期已满，即将轮换。他的身体状况也已不允许他再继续从事这样高强度的工作了。但他主动请缨，要求延长一年驻村期。舍小家为大家，无私奉献，但他人生最大的遗憾就是对家人的亏欠。妻子徐亚楠是乡上的一名教师，3年来，两人聚少离多，他们在县城的家离村虽然只有40千米，可常回家看看却成了一种奢望。记得有一次，妻子去村里看他，凌晨1点他还在敲着计算器，算着村民的收入。"家里的账你都算不明白，村民的账你却个个算得清楚！"这是妻子的埋怨，更是爱人的心疼。驻村期间，他秉持初心，以高度的政治担当，时刻聚焦新疆工作总目标；他笃定前行，以服务群众的态度，稳步推进移动通信工作在乡村基层走深走实；他不负期待，以坚定如磐的信念，在疫情防控"战场"上为群众守护平安……直至2022年11月16日，耿忠营在执行一场工作任务时，突发意外，因公殉职，终年40岁。如今，耿忠营生前记录的台账、写下的日志还静静地堆放在案头，这是一名共产党员最后的力量。

他用无私无畏的坚守，用无比宝贵的生命，展现了一名共产党员的政治担当和一名移动公司员工的使命担当，他用责任谱写了一曲以生命赴使命、用热血铸忠魂的英雄赞歌！

（文/徐懿、孙娟）

至诚至信 精益服务

他们坚持人民至上，用"心级服务"塑造口碑。
他们秉承至诚至信，以"数智赋能"点亮品牌！
智慧城市、智慧矿山、智慧钢铁、智慧社区，
他们以移动的"智"，为社会发展注入新动能！
技术服务、网络服务、产品服务、热线服务，
他们以卓越的"质"，为价值经营作出新贡献！
考卷长新，他们在赢取"人心红利"的路上，
始终不忘人民对美好生活的向往。
本色依旧，他们正发力"两个新型"的赛道，
齐心奔赴做强做优做大的使命！

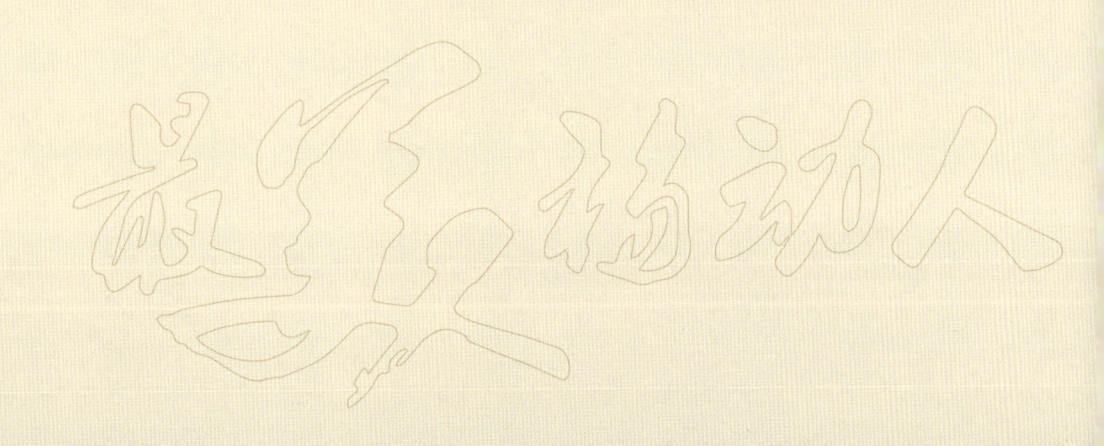

程 功

▶ 山西公司集团客户部

程功，男，汉族，中共党员，1986年7月出生，现任中国移动山西公司集团客户部数智集成中心解决方案室经理，中国移动"青年奋斗集体"带头人。曾获得全国青年岗位能手、山西省优秀共产党员、山西省劳动模范等荣誉。

特别荣幸能作为服务千行百业的政企条线代表，获得"最美移动人"的殊荣。我会继续以"坚持党的领导、履行央企责任、融入山西战略、服务转型发展"为己任，以移动人的使命担当，持续为公司数智化转型、山西数字经济发展贡献力量。

成功必定有我

电子学生证解决了家长之痛，云能力助力矿工安全出井，5G+工业让现场更透明，小单支撑描绘乡镇新景，云方案打造智慧新城，他以投资1元增值5倍实现企业共赢。

校园、矿山、城市，服务场景持续更新；县、市、省，服务领域不断升级。程功，中国移动山西公司集团客户部数智集成中心解决方案室经理，坚守信息技术服务经济社会民生发展的使命担当，下苦功，有所成，功在敢于首创出样板，成在服务行业焕新机。

一个创意解百万家庭烦忧

程功自 2007 年 8 月加入中国移动山西公司以来,在网络、市场一线深耕多年。他十年如一日扎根业务前线、融入区域大局、服务转型发展,成长为山西省数字经济领域的青年骨干专家和中国移动"青年奋斗集体"带头人。2018 年,在长治分公司负责政企客户工作的程功,与朋友聊天得知教育部"严禁学生将手机等电子产品带入课堂"的要求,他敏锐地想到开发一个替代产品,既能保护学生视力,还能加强家校联系。有人说这不是基层能做成的事,程功不服气,敢想就敢干。这个新产品应该是什么样?当不经意看到可定位、可签到的电子工牌,他灵光一闪,拉过一张纸画下了电子学生证的样子,写下了产品功能的设想。经过 20 余次反复尝试、技术攻坚,可以定向通话、实现家校互联的电子学生证研发成功,受到家校一致好评,产品随即

◎程功(中)在校园营销现场推广电子学生证

走出长治走出山西。此后，教育部两次在长治市召开现场会，专题介绍这一项目。截至2023年10月，全国累计超过百万个家庭使用电子学生证业务。

一个首创保200多个煤矿安全

程功说，身在传统的能源强省，在助力山西"争当全国能源革命排头兵"的过程中，我们应有所担当。程功和他的团队针对5G矿山成本高、终端形态比较单一、用户使用不方便的问题，多次下井勘察沟通，已打造5G智慧矿山32座，落地200余座煤矿的297个信息化项目，并实现了"四个首"。首开井下5G基站，2019年11月，联合阳煤集团在新元煤矿开通全国首个井下煤矿5G基站；首建5G智慧煤矿，2020年4月，联合阳煤集团在新元煤矿建成全国首座5G智慧煤矿；首创智矿通体系，2022年6月，联合潞安集团在高河能源打造全国首个"智矿通"产品；首入产业方阵创新中心，2022年10月，由山西公司牵头的5G智慧矿山创新中心入选2022年全国第三批5G应用产业方阵创新中心，是全国第一个矿山方面的专业中心。

一个项目助企业实现5倍增值

发展智能制造是打造"智造"强省的必然选择。面对山西省产业转型的迫切需要，程功和他的团队联合华翔集团技术人员，通过数十次的反复对接与深入生产一线的产线试验，实现了相距上百公里的3个厂区内，近3000余台机床设备信息、看板、MES、PDA海量数据的高速率、低成本采集，推动人均产值提升16%，运营成本降低8%，产品不良率降低15%，形成了企业投入1元开展5G+工业互联网改造，可以获得超5元价值的良好共赢局面。基于程功团队打造的5G、工业互联网、智能制造融合应用的标杆示范，山西省政府于2023年5月，在华翔举办

◎程功（左二）深入矿井研究智慧矿山解决方案

"5G+工业互联网+智能制造"现场交流会，推广这一高效益、低成本、可复制的"山西智慧"共赢方案。

亿次数据为 40 座城市提效

　　程功和他的团队秉持"转型升级发展的推动者"定位，一步一个脚印服务千行百业数智化转型。从一个家庭到一个企业再到一座城市，程功的5G信息化服务对象不断扩容。这一次，他承担了5G智慧城市的建设任务。全国青年岗位能手、山西省优秀共产党员、山西省劳动模范，组建团队的程功因这些身份吸引了众多方案设计、支撑交付等专业的青年，党员突击队、青年突击队快速集结。梳理6万余项数据指标，编制项目文档500份，协调近百个合作伙伴参与建设……突击队推出了城市管理、数字农业、惠企服务等10项智慧城市应用，荣获山西省科学技术进步奖二等奖，并完成了40余个5G智慧城市的架构、建设、运行，辐射相关项目 210 个，项目数据调用量超 3 亿次。那段难忘的时光，"手机总占线、走路也带风"成为队长程功留给大家的深刻印象。

程功就是这样不服输，无论客户提出什么样的急难愁盼需求，他和团队总是令人惊喜，每次都能出色地交上优秀答卷。他教导团队年轻人说："有时候一觉醒来，又会有新的技术出现。不断学习、不断颠覆自己，为客户提供更合适的解决方案，是我们移动人的工作常态。"在别人看不见的地方下功夫，在别人绕道走的地方"钉钉子"，练就了解决疑难杂症的"金刚钻"，精益求精的追求让程功成为服务山西数字经济转型升级不可替代的一员。程功就是这样肯吃苦，在客户机房，他通宵达旦、彻夜不眠地完善方案调测设备；在通信基站，他顶着烈日、冒着风雪测试新的 5G 专网技术；在数百米深的井下，他现场了解一线工作需求，调整方案内容；在山野乡间，他克服数百公里的颠簸、跋山涉水坚持了解智慧乡村项目进展。

程功说："从来没有从天而降的幸运，唯有持之以恒的辛勤与付出，我得对得起自己的名字。"在未来的道路上，程功和他的团队将继续不忘初心、砥砺前行，以高昂的斗志、强大的韧性、奋进的姿态，为公司高质量发展贡献力量。

（文 / 刘小枫、金晓阳）

王连锋

▶ 上海公司松江分公司

王连锋，男，汉族，中共党员，1987年2月出生，现任中国移动上海公司松江分公司政企客户部副经理，获得上海市经济信息化系统优秀共产党员、集团公司优秀党建指导员、上海公司劳动模范等荣誉。

身在服务营销最前沿的一线网格，让我对"客户为根、服务为本"有了切身的领会。网格是客户服务的主阵地，肩负重要责任和担当，这份荣誉不仅是对我个人的肯定，更是对每一位在一线网格辛勤付出、勇担央企责任、践行红色通信使命的移动人的肯定！

"申"耕网格　匠"新"服务

急难险重他最先冲锋，牵手省外网格互通，他给环卫车装上人工智能，智慧电梯让电瓶车上楼成为不可能；数智赋能助力乡村振兴，智能示范美了松江新城。

他坚持打好创新主动仗，有效融合各个发展渠道，他紧抓数字化转型新机遇，塑造发展新优势，成功打造一大批区域标杆案例，让松江百姓过上了优质的数字化生活。

又是芳华正浓时
第四届"最美移动人"事迹巡礼

转型大局先锋兵

从高级客户经理转型到网格长，绝非易事。一方面，新亭网格辖区地处长三角 G60 科创走廊重要发展轴线，是战略性新兴产业和科技人才的集聚地，同时网格内既有独栋别墅、次新高层，又有老街旧房、各类厂房，服务场景较为复杂；另一方面，从政企发展为主的视角转向个人、家庭、政企全业务拓展，需要更广阔的视野、更灵敏的嗅觉、更准确的判断。在别人眼里，刚接手网格运营千头万绪，这无疑是一份充满挑战和压力的工作，但在不怕苦不服输的王连锋眼里，新亭网格更像是一片充满机遇的热土亟待拓展。他始终保持高昂的学习热情，抓住一切机会与资源，奋力汲取着能为他所用的知识与优秀经验，带领团队共成长。习近平总书记提出："提高解决实际问题能力是应对当前复杂形势、完成艰巨任务的迫切需要，也是年轻干部成长的必然要求。"王连锋始终牢记习近平总书记的教诲，坚持在干中学、在学中干，探索出"四个融合"网格管理模式，努力啃下一个个"硬骨头"。聚焦能力融合，建立"1+N"团队成员结对机制，即用 1 名核心成员的长板去带教提升其他 N 名伙伴的对应短板，加速团队成员能力提升；聚焦渠道融合，建立捆绑考核机制，依托"地推＋拜访双联合"模式，强化网格与营业厅、客户经理、铁通直销队伍协同作战，促进业务发展；聚焦管理融合，创新开展跨区网格专家牵手、跨省班组共建，加强经验交流、案例分享与思想碰撞，做到"经验推广、博采众长"；聚焦业网融合，主动与网络建设部门协同，排除万难推进九亭地区农民别墅的家宽资源覆盖工作，为进一步夯实上海公司大市场底座、推动上海公司 CHBN 全面融合发展作出贡献。"虚堂人静不闻更，独坐书床对夜灯"是王连锋积极转型、深耕网格的生动写照，也正是凭借着这份学无止境的热情与执着，3 年时间他完成了从客户经理到高级网格长的"蜕变"，成长为一名名副其实的 CHBN 全面融通的"六边形战士"。

匠"新"服务主力军

王连锋始终立足松江长三角 G60 科创走廊建设及上海五大新城规划发展大局，紧密结合公司数智化转型发展战略，坚持以匠心谋创新、以匠心聚人心，用跨前思维与创新意识服务客户、深耕网格发展。在一次下班回家的路上，一辆响着音乐的环卫车缓缓驶过，不经意的一瞥让王连锋注意到环卫车驾驶员的状态略显疲惫，而环卫车驾驶员的视觉盲区附近经常有行人擦身而过，车辆运行安全尤为重要，这让王连锋不觉警觉起来！"能不能运用数字化手段为城市治理做点什么？"环卫工作覆盖面涉及全城区，凭借高度为民的责任心与多年工作敏锐度，一个大胆创新的想法在他脑海里闪现。他第一时间带领团队主动对接环卫公司的相关责任部门，了解到环卫车辆定位及安全辅助是环卫公司一个非常重要的需求。他立马带领团队，到作业现场开展环卫车辆实地查勘，走访区

◎王连锋（左）在市级重点项目新建工地查看项目进度

内区外 4 家环卫公司,梳理 10 余个行业共性问题。为了达到不受环境和条件的影响,准确、实时传输环卫车辆运行轨迹和驾驶员状态,他前后 8 次带领专家团队与客户开展交流研讨,逐一解答使用部门、车队管理员的疑问困惑,结合实际持续打磨方案,确保方案可靠安全。在王连锋事无巨细的严格把关和团队的精诚合作之下,成功为环卫公司 156 辆环卫作业车辆量身定制车辆 5G 高精度定位及驾驶安全辅助系统,全方位提升环卫车辆管理效率和驾驶安全。该项目获得了客户的高度认可,并荣获"上海公司政企最佳实践案例"称号,打造了具有示范性价值的区域标杆案例,为公司在 5G 重点业务发展上提供了可复制、可推广的先进经验。但是对于王连锋来说,真正让他有成就感的地方在于,作为一名土生土长的上海松江人,他又能够为松江老百姓们的生命健康安全、为松江这片他无比热爱的土地的数字化转型与发展献出自己的绵薄之力。

示范引路的领头羊

"两个第一"是王连锋时常挂在嘴上的要求,即一线困难第一时间知晓、客户需求第一时间响应,在工作中他总是挑最重的担子、啃最硬的骨头,是团队中的领头羊。长期深耕网格,让王连锋也打下了良好的客情关系,上海市松江区九亭镇政府领导每每提到王连锋总是赞不绝口:"移动小王经理总是能第一时间响应我们的各类信息化服务需求,在上海疫情封控期间,那天是凌晨给他打的电话,任务十分紧急,他带领团队,彻夜协调,最终圆满完成,受到我们条线工作人员的一致认可。"作为新亭网格党建指导员,他不仅是领头羊,也甘做孺子牛,是大家心目中的"大家长"和"好老师"。网格团队中的成员越来越年轻化,很多成员只身一人在上海工作,王连锋坚持每天保持与网格成员谈心交流,倾听他们业务发展与生活上的困难和需求,手把手带教,将最

◎王连锋（左）与团队成员谈心谈话

宝贵的经验与知识毫不吝啬地传授给他们。在一次谈心谈话中，有成员提出家宽发展困难：九亭辖区内有许多农村自建别墅小区，平均每幢别墅内租户数量达到15户以上，但由于小区内施工难度大、居民对于内部新增光交箱意见不统一，移动家宽资源一直没有完成接入。考虑到小区居民在家时间有限，王连锋以身作则，带头放弃下班和周末休息时间，推动业网协同成立攻坚组，带领团队走访辖区小区居民、物业，开展调研沟通工作，打通问题难点堵点，虽然遇到了很多不配合不理解的居民，但是王连锋从不抱怨，而是设身处地站在居民的角度，与居委会、物业等积极协调施工建设方案，在小区公告栏对施工方案、责任清单、服务承诺进行公示，逐一消除小区居民疑虑。最终在一年时间内成功推进九亭镇松沪苑、北场小区、黎星苑等6个农村自建别墅小区1800余幢农民别墅的家宽资源覆盖、新增家宽资源覆盖居民超2万户，有效解决了团队家宽发展难题，真正做到了用实际行动感染着带动着团队中的每一个人以更加拼搏的姿态、更加坚韧的毅力和更加优质周到的服务在网格内攻坚克难。现任松江分公司松北区域运营部客户经理的潘晶说道:"我曾有幸和他一同深耕街镇关系,他的认真负责、用心主动一直鼓舞着我,他是我业务拓展道路上的一盏明灯。"

积跬步,至千里,13年扎根一线深耕不辍,他始终用执着与专注诠释"凡事要么不做,要做就做最好"的匠心品质,有效融合发展渠道,紧抓数字化转型新机遇,为百姓过上更优质的数字化生活而不懈奋斗。

(文/于秀珍、岑雪瑶)

韩喜清

▶ 江苏公司集团客户部

韩喜清，女，汉族，中共党员，1979年12月出生，现任中国移动江苏公司集团客户部集客产品管理岗，多个课题获得省内管理创新、在岗技术革新奖。

感谢领导和同事一直以来对我的帮助、信任、支持和鼓励，"最美移动人"这个荣誉是新的起点，我将继续脚踏实地、勇于担当，踔厉奋发、砥砺前行，全力推动ToG市场各项能力提升，当好数字政府领域拓展的排头兵。

服务数字政府领域的"多面女将"

跑客户不含糊、挖商机不懈怠、跟项目不放松、定方案不降质、做标书不马虎，她用超万份签约项目、集团第一的成绩单解读"五不"工作法，她是大循环的"战斗员"、小循环里的"大总管"。

在客户眼中，她是精通政策技术的"行业专家"；在伙伴眼中，她是善于整合资源的"合作达人"；在一线眼中，她是可靠可信可亲的"支撑一姐"，她就是活跃在数字政府领域的"多面女将"——韩喜清。她勤恳钻研、创新进取，凭借至诚至信精益服务的态度，为政企市场新赛道布局、转型升级新动能储备作出了突出贡献。

又是芳华正浓时
第四届"最美移动人"事迹巡礼

构建 ToG 发展新格局的行业专家

"作为公司数字政府行业总监，我只有更专业，才能让客户更信赖，才能让公司 ToG 业务的发展行稳致远。"多年来，韩喜清始终把自己的专业能力锻造和作用发挥放在首位，积极构建"对内赋能、对外输出"的 ToG 发展新格局，近 3 年累计签约项目超 1000 个。对内，她积极发挥行业总监的敏锐洞察力，深入研究国家及省内政策，跟踪行业需求和新动态，牵头输出了 61 份高质量数字政府行业洞察报告，为全省 ToG 业务发展绘制出了详细的"施工图"。对外，她充分彰显行业专家的影响力，广泛参与政府客户的顶层规划与标准制定，参与数字政府《指标体系运行平台技术要求》等标准制定，累计对 19 家客户进行专业授课，获得了客户的一致好评，擦亮了江苏移动 ToG 领先数治服务提供商的"金字招牌"。2022 年，对照总部链长制要求，韩喜清牵头省内党政行业链建设。为了更好地支撑和服务江苏省数字政府建设，在政务中台的规划设计阶段，她积极宣传中国移动智慧中台的先进架构、运营理念、建设运维经验及规范管理制度，赢得了客户认可。在项目实施阶段，她主动驻点一线，制定项目实施"路线图"和"时间表"，带领团队加班加点、巧干苦干，保证了项目的按时投产，输出了数字签名、自然语言处理、人脸识别和对讲等 20 余项自有能力，纳管政务服务现有 10 项能力，赋能政务服务 27 个"一件事"场景。最终，该项目入选了 2022 年中国移动 ToG 市场标杆项目，实现了中国移动智慧中台建设理念、运营体系和产品能力向政府的全面输出。

打造 ToG 发展新生态的合作达人

韩喜清坚持"集成与被集成"的思路，持续推进省、市两级行业生态建设与运营，根据生态特点，匹配合作方式，广泛汇聚各方力量。近

◎韩喜清（左二）代表江苏公司与数字政通签署战略合作协议

年来，她累计走访交流合作伙伴超 100 家，推动与 27 家完成了战略签约，打造了区域内最愿意合作、最容易合作、最能有效合作的运营商品牌。她以"党建和创"为纽带积极整合生态资源。针对行业龙头企业，创新沟通联系机制，组织双方销售支撑团队结对子，定期沟通重点合作策略，联合攻关行业重点商机。针对产业链合作伙伴，她积极布局谋划，将"亲戚家"的产品嫁接在自有产品上，以供应链实现产品强起来。她不断强化双向互惠。她根据合作情况评估生态的能力特点，细化定位每家生态的合作领域与合作方式，构建细分行业细分场景的合作伙伴生态图谱，推动更多生态伙伴由千万元迈入亿元、由亿元跨入十亿元合作规模。同时，强化公司自有产品、自有平台、自有能力与合作伙伴解决方案的耦合，通过社会集成商"拿项目"，被集成项目占比提升至 20%。

提升 ToG 发展新动力的支撑一姐

一直以来，韩喜清总是活跃在省市项目支撑拓展的最前沿，她始终坚持为一线办好实事,两脚沾泥、双手沾灰,跟着基层单位一起跑客户、挖商机、跟项目、定方案、做标书、报课题,定期为基层举办行业信息化商机分享与解决方案培训会,跟项目经理、客户经理、行业客户打成一片,大家都亲切地叫她"支撑一姐"。为了保障南通通州"雪亮工程"项目顺利实施,在项目招标阶段,她第一时间赶到南通,现场与分公司技术骨干分析客户需求关键点位,梳理关键网络参数、设备接口、技术参数,总结全省相关领域建设实施经验,历时72天,形成超过1000页的技术方案,确保完全满足客户需求。在项目实施阶段,她牵头组建项目攻坚小组,积极参与客户对接、设备协调、工程建设、数据调测等各个环节,历时一年半完成了"雪亮工程"主体项目建设,实现了通州地区视频监控网络的100%覆盖,为基层数智化治理交出了一份让客户满意、让群众安心的答卷。

提升 ToG 发展新效能的管理能手

韩喜清全面推进党政行业链在公司的落地,主动融入总部大循环,强化与中移集成、中移在线、中移物联网等专业公司的协同,队伍共建、商机共享、产品共营、项目共拓,确保专业公司能力"能用尽用";畅通省内小循环,在总部党政行业链的基础上,在省内延伸建立了党政行业子链和公安行业子链,分别明确省内链长、产品和解决方案链主和市场代表的工作职责,进一步理顺管、战、建机制,确保上下形成合力,更好地支撑客户的数智化转型。为了进一步提升省市项目拓展能力,韩喜清积极总结分享自己的工作经验,形成了一套基层耳熟能详的工作方法。在售前拓展环节,针对细分客户,积极推广"1份完备的自有能力清单+1份清晰的应用场景清单+1份有感染力的宣讲方案+1张随时可用的生态网+1场有效的客户推介会+1个行业项目动态智库"的"六个一"工作模式,推动战略布局、自主集成、解决方案、生态合作、产品自研、产品植入六大能力提升；在集成交付环节，积极推广"交付运维标准化、客户满意度回访常态化、项目管理系统化"的"三化"工作法，全面锻造提升属地支撑能力。2022年在中国移动党政行业链年终综合评比中，获得了第一名的好成绩。

"做起而行之的行动者"一直是韩喜清的座右铭，她一步一个脚印把组织交办的事办好、把群众关心的事办好、把创新引领的事办好，为寻求政企市场信息和能量融合创新的"最优解"当表率、作示范、走在前。

（文/顾晓帆）

邱琰琛

▶ 福建公司龙岩分公司

邱琰琛，男，汉族，1982年9月出生，现任中国移动福建公司龙岩分公司网络部基础网维护中心网络质量管理主管。自主研发8项网络安全科技创新成果，获得集团公司奋斗先锋、中国移动工匠、中国移动技术能手等荣誉。

人生在勤，不索何获？非常感谢公司给我提供了一个很好的平台，让我历练、成长，"最美移动人"的荣誉不应该属于我个人，而应该属于和我一起工作的整个团队。我将不忘初心，踔厉奋发，继续在网络信息安全领域做好网络安全的护航人。

冲锋陷阵的"数字工匠"

打击网络诈骗，他用2万小时研发了"猫池发现"，预警系统把问题解决在漏洞之前。他坚守反诈安全底线，换取百姓清朗龙岩。

曾经，年少的他在纸上写下对未来的期许：楼上楼下、电视电话。如今，他作为一名技术人员，已经在中国移动网络条线奋斗16年，完整经历了移动通信网络从2G到5G的跨越式发展。这些年，中国移动福建公司龙岩分公司网络安全专家邱琰琛，从计算机网络到移动通信网络、从软件开发到网络安全防护，始终用心守护闽西红土网络信息安全。他带领团队获得数十项省部级荣誉，个人也先后获得福建省劳动模范、中国移动工匠、中国移动技术能手等荣誉称号。

创新突破，筑牢反诈屏障

从无到有，精准识别。针对套路层出不穷的电信网络诈骗，邱琰琛围绕国际、国内、网间等不同源头的诈骗电话，大胆探索，反复试验，率先创新开发"全自动反诈骗系统"。为适应近期网络安全工作趋势，他又不断提升"全自动反诈骗系统"并发布、优化索引，压降系统分析及处置操作时延在5分钟以内，并新增白名单导入、无漫游轨迹外地漫入号码精准"踢网"功能，将识别准确率提升到90%以上，4G"踢网"时延也下降至之前的一半，有效地遏制了龙岩市网络购物诈骗等各类案件的发生。完善模型，打击"猫池"。他勇于担当，带领团队攻坚克难，研究制定"猫池发现"技术方案，研判插卡集群设备特征规律，完善GOIP诈骗窝点模型，加强事前防范、事中拦截、事后

◎邱琰琛（中）与同事在通信机房检查设备

溯源。通过推送涉诈"猫池"、GOIP、多卡宝线索,有效助力当地公安机关打击"猫池"窝点。自"断卡"行动开展以来,他带领团队累计向工信部推送涉诈工单案件号码线索 24 条,配合公安机关上报涉诈"猫池"线索 1400 余条,并成功协助破获多起违法案件。2017 年龙岩网络购物诈骗发案降幅逾 90%,成功脱掉国务院联席会议挂牌整治重点地区"帽子"。

精益求精,护航通信保障

"一工作起来,就一丝不苟。"这是同事们对邱琰琛的评价。近年来,他多次作为代表参加并圆满完成了全国两会、金砖国家领导人会晤、数字中国峰会、党的十九大等重大活动网络安全保障工作。2017 年,为确保金砖国家领导人会晤期间的网络安全,邱琰琛提前带头做好任务分解,梳理 3000 多个 IP 地址、数百个系统账号权限,及时完成近千台终端安全漏洞的修补工作。为了提升网络安全保障效率,他对"网络态势感知"的系统数据进行了深入分析,开发出一套基于"网络态势感知"的安全事件预警系统,有力地支撑了会晤期间的网络信息安全监控工作。同年,邱琰琛赴北京参加党的十九大网络安全保障工作,7×24 小时持续对互联网安全事件进行监测,参与应急事件处置支援,同时对重点网站、重要系统的安全进行深度检查。在近 20 天的保障工作中,他思路清晰、认真务实、无一疏漏,得到集团公司及团队成员的充分肯定与高度评价。在 2020 年全国两会保障期间,38 岁的邱琰琛勇于担当,主动申请参与 24 小时的保障值守,解决保障过程中年轻人经验不足的问题。在保障期间,邱琰琛敏锐地从海量告警中发现归属外省的一个 IP 地址正在对移动"三费"系统实施高危试探行为,并分析出该病毒是一个全新的恶意软件家族。由于发现得及时,安全团队第一时间果断制定出安全策略,限制了该病毒的传播。

薪火接续，铸就卓越团队

"善战者无赫赫之功，做网络安全，最好是把问题在用户有感知前解决掉。"这是邱琰琛在工作中经常对团队青年成员说的一句话。中国移动福建公司龙岩分公司网络安全团队的快速成长，离不开邱琰琛的言传身教。在网络安全技能"传帮带"方面他也一直起着表率作用，在团队遇到困惑时，邱琰琛总能耐心地站在新手角度为团队成员反复解答，手把手地带领团队成员敲下一行行命令。团队成员中，有人擅长前端、有人擅长后端；有人擅长需求开发、有人擅长数据分析。对此，邱琰琛结合各成员的专长，通过技术传授、以赛代训、以项目促提升等方式，推动"老师傅"树标杆，不断激发青年员工的工作热情。独具匠心的"传帮带"，促进了团队成员的快速成长和后续人才的储备。截至2023年10月，邱琰琛带领的团队共完成了GSM手机路测系统、伪基站跟踪定位系统、福建移动全自动反诈骗系统、钓鱼演练平台等系统的开发，

◎邱琰琛（左四）耐心为团队成员答疑解惑

其中，GSM 手机路测系统获得龙岩市科技进步奖一等奖、福建省科技进步奖三等奖；福建移动全自动反诈骗系统获得工信部"众智护网"2019年度防范治理电信网络诈骗创新实践示范项目奖。在 2022 年龙岩市总工会举办的网络安全技能竞赛中，团队成功包揽了团队一等奖及个人奖项前四名。匠心积蓄，终得如今的硕果累累。

奋楫笃行十六年，邱琰琛始终秉承红色通信初心使命，默默坚守在普通而不凡的岗位上，担当网络安全稳定的"护航者"、创新反诈技术的"先行者"。在新时代新征程上，邱琰琛表示，将矢志不渝地奉献青春和汗水，发扬"三牛"精神，守工匠之心，为行业高质量发展作出更大贡献。

（文 / 郑圈圈、唐丽君）

刘大洋

▶ 广东公司无线优化中心

刘大洋，男，汉族，中共党员，1987年1月出生，现任中国移动广东公司无线优化中心无线优化室经理。承担重大科技项目10余项，获得广东省五一劳动奖章、广东省职工经济技术创新能手、中国移动工匠等荣誉。

"最美移动人"的荣誉是一面旗帜，也是一面镜子，我眼中的"最美"关键词是"创新"。我将带领团队通过技术攻坚，用新技术夯实高质量网络，助力中国移动的可持续发展，同时为满足人民群众对美好数字生活的向往贡献更大力量。

在科研润土中抽穗扬花

遇汛情重点监控，解难题站店听声，保障安全寒暑出行。面对急难险重的挑战，他不断攻克关键技术瓶颈，节能减排创新不停，他用至诚至信诠释移动工匠的坚韧作风。

36岁的刘大洋已在科研一线工作15年，他把通信保障第一线当作自己"蹲苗壮骨"的润土，让青春在科技创新大道上一路"抽穗扬花"。

积极探索新型绿色通信

参加工作以来，刘大洋经历了2G到5G的网络演进，每次网络升级，

又是芳华正浓时
第四届"最美移动人"事迹巡礼

无线网络都面临全新挑战,每次他都顶住压力,在工作中刻苦钻研,勇于实践,攻克技术难题。10 多年来,他承担重大科技项目 10 余项,多项科技创新涵盖了无线网优化的重点难点领域,他牵头成立的创新工作室,在 2021 年被广东省总工会命名为"广东省劳模和工匠人才创新工作室"。2021 年,新冠疫情肆虐,刘大洋带领团队立即投身一线,用实际行动扛起科技抗疫的使命。面对时间紧、任务重、要求高的困难,刘大洋没有丝毫退缩,带头坚守一线,带领团队快速研发基于数字孪生的移动通信网络优化与运营智能化系统,在抗击疫情的前沿提供稳定的通信信号,高效精准支撑广东省交通运输厅、广州市卫健委及定点医院等单位,最大限度地减少人员接触,有效地保障人民群众生命及生产安全。技术成果被中国工程院院士专家团队评价为最高等级的"国际领先",相关事迹被人民日报、"学习强国"学习平台、广州日报等媒体报道宣传。为了应对疫情期间的春运考验,刘大洋带领团队创建了 AI 时空特征

◎刘大洋在核对通信应急准备

模型，智能识别移动轨迹。通过出行习惯智能识别模型，形成出行习惯标签库，为出行群众提供疫情防控提醒、道路拥堵提醒等服务，日均发送短信 408.8 万条，帮助群众安全高效出行。在绿色"双碳"发展的新时代要求下，刘大洋带领工作室积极提升 5G、大数据中心等新兴领域能效，强化重点用能单位节能管理，他带领团队深入一线开展实地调研，广泛查阅论文材料，通过利用潮汐效应和话务流量调度算法，创新以软件硬件关断联动实现 5G 小区动态关断/开启，从时域和空域双维度完成 AI 能耗管理，成功打造业内首个 AI 节能平台——4G/5G 无线网络 AI 能耗管理平台，有效降低 5G 网络能耗，实现节能减排。截至 2023 年 10 月，该平台在广东省内已累计接入 2.7 万个 4G/5G 小区，5G 基站平均能耗较系统应用前减少约 35%，日均节约用电 12 万度电，全年节约 4380 万度电，年度节约电费成本 3600 万元，同时减少 4.2 万吨碳排放，节省的电量可供约 1.4 万户家庭使用一年。该平台已在中华全国总工会举办的首届大国工匠创新交流大会上，签订成果转化意向书，节能减排成效被人民网、人民邮电报等中央媒体宣传报道。

科研成果投入重大保障

刘大洋常说："逝者如斯，不舍昼夜。技术创新只有坚持不懈，才能最终有所收获。"在带领团队探索的日日夜夜里，在年复一年的技术攻坚中，刘大洋带领团队取得了多项创新成果，包括中国工程院院士领衔评价最高等级的"国际领先"成果 5 项、省部级科技奖励 9 项、中国移动集团公司级科技奖励 9 项。个人拥有 19 项国家发明专利，发表论文 20 余篇，出版著作 1 本，登记软件著作权 5 项，2022 年作为标准第一起草人编制了全球首个针对移动通信网络的节能团体标准《4G/5G 网络联动节能及管控系统规范》（T/CAICI 46—2022），成果累计经济效益超 40 亿元。"上士闻道，勤而行之。"刘大洋丝毫不满足于已经取得的成果，他还要带领更多人一起投入创新工作。为此，他走上讲台，主动制作课件，分享创新体会和工作经验，先后开发"无线网络结构上下行优化""无线网络集中优化方法"等课程，成为广东公司"金讲台讲师"和"课程开发导师"。加入集团跨省技术支援团队后，他开发的课程和视频分享，3年来累计有4000多人次受益。他希望，有更多的同事在无线通信建设中取得更丰硕的成果。

站店听音解决急难愁盼

"共产党员，平常时候看得出来、关键时刻站得出来、危难关头豁得出来。"这是刘大洋的自我勉励，也是他的工作写照。在日常的工作中，刘大洋时刻以高度的责任感与热情投入网络保障中，把以人民为中心落实在每一项日常工作中。他自创"1+N集中优化体系"，组织团队全年常态化开展"站店听音·一城一策""钉钉子插红旗"等系列活动，组织开展22场"站店听音"服务活动，在营业厅、10086热线专席与客户面对面，认真聆听客户的心声，并聚焦网络黑点问题深入一线解难题，真心实意为群众办实事、解民困、暖民心。自"我为群众办实事"实践活动开展以来，他立足岗位，以创新手段解决网络方面人民群众急难愁盼问题2万多个，网络质量显著提升，实现客户满意度连续7个季度行业领先。每年春运和暑运，都是网络保障的关键时刻。为了确保群众出行时享受顺畅网络，刘大洋已经多年舍弃与家人团聚的时间，扎根在全省网络优化一线。春节期间，刘大洋牵头组建粤东、粤西、粤北3条主线共31支"温暖回家路"服务团队，带头在周末和休假时间，在全省26个高铁站、45个高速服务站开展"温暖回家路"精准网络覆盖特色保障服务，他带领团队在广州南站等完成超过5万人的大带宽广连接业务能力部署，在服务区开启CPE设备，提供免费Wi-Fi供群众使用，开设"暖心摊位"，为旅客免费提供充电宝、饮用水、方便面、口罩等物资，用真心护航群众的返乡之路。在暑假期间，为应对暑运网络需求，刘大洋组建 32 支党员服务团队在近 2700 千米的高铁线路、26 个高铁站，20 个高速服务站，开展"爽爽出行路"精准网络覆盖特色保障服务，满足群众暑假期间出行网络极速体验。在广深港高铁上，刘大洋引入"差异化速度匹对、大容量规格提升、线性覆盖深入探测"等 5G 新技术解决高铁"速度高、用户多、路损大"等保障难题。在武广、赣深、南广、茂湛等 12 条高铁线路对公专网干扰、隧道口切换、透镜天线超远覆盖等问题开展技术攻关，确保群众暑假出行的 5G 网络畅快体验。面对寒潮、汛期、台风、疫情等急难险重的考验，刘大洋冲锋在前，全力以赴守卫人民群众通信生命线畅通。每当遭遇汛情，刘大洋就带领团队迅速下沉进驻到受灾影响严重地区，带头发挥党员先锋作用，马不停蹄地开展应急通信服务保障工作。在新冠疫情防控期间，他每天对 7000 余个重点小区进行监控，制定具体的网络保障方案，完成每天 6 万余个载波动态调整，他带领突击队员仅用 3 天时间就完成平时需要 10 天才能完成的测试优化工作，通过无线优化手段解决 300 多个问题点，为交通检疫登记工作提供了坚实的网络保障。

刘大洋始终坚信"上士闻道，勤而行之"的道理，他用 15 年 9 个省部级科技奖、4 年 4 次获得集团科技进步奖、8 年 9 个省公司创新成果奖的奇迹，为自己的青春试卷写下骄人的答案。

（文 / 程飞）

陈海玲

▶ 广西公司防城港分公司

陈海玲，女，汉族，1986年9月出生，中国移动广西公司防城港分公司政企部经理。打造全国首个"5G云上钢厂"，实现19项创新，其中5G智慧钢铁为集团金牌标杆项目。连续2年获评集团级服务明星、"和对讲优秀客户经理"。

我出生并成长在美丽壮乡的滨海小城，父辈们赶海、耕海的奋斗经历激励我养成了搏击风浪的勇气。如果说5G应用是行业未来发展的新"蓝海"，那么，我愿做5G时代的"弄潮儿"，不惧骇人风浪，勇立创新潮头，锐意进取，勇毅笃行，争做走在时代前列的奋斗者。

遨游在边缘计算的"海精灵"

她扎根祖国南疆，让"5G移动边缘计算"落户防城港；她以柔克刚，助力"5G云上钢厂"建在北部湾上；她发挥潜能，实现广西5G无人驾驶移动云舱。绕指柔情，海之精灵。

生活中，她是不敢坐过山车的恐高症患者，但却敢于一口气登上50多米高的龙门吊顶端控制室。

家庭中，她是炒菜时惧怕油水四溅的"假大厨"，但却不怕走近六七十摄氏度高温钢水四溅的炼钢炉。

朋友眼中，她是聚会时嫌弃灯光太强容易伤皮肤的"娇女子"，但却愿意顶着明晃晃的大太阳走进尘土飞扬的建筑工地。

作为一名客户经理，陈海玲成立巾帼班组，立足"海陆双通道、南向门户城"的地域优势，助力本地工业产业发展，创新实现 20 个 5G 商用项目，彰显了中国移动 5G 技术对于千行百业的赋能价值，走出了一条特色鲜明、成效显著的高质量发展道路。

"娇女子"变成"铁娘子"

钢铁产业是防城港市的重要支柱产业，更是广西大力发展现代化临港工业的重大战略性产业。如何推进数字技术与钢铁产业深度融合？陈海玲联合 5G 创新工作室的同事大胆提出了 5G 技术赋能钢铁产业、打造 5G 云上钢厂的构想。自 2021 年起，她联合钢铁信息部门深入广西钢铁集团的 11 个分厂，实地开展工业互联网的需求调研。进车间、跑工地，

◎陈海玲（右二）带队到广西钢铁集团高炉车间勘察

听意见、摸实情，在40多次实地走访调研中，陈海玲详细掌握了钢铁行业各工艺、各流程的痛点与难点，与专家进行研讨，最终于2021年9月成功打造出全国首个"5G云上钢厂"。目前，该项目已实现5G智慧天车、5G预测性维护、AR远程协同等19个场景的应用创新，极大地促进了广西钢铁集团的智能化改造进程。同时，相关场景应用还在向中铝、南南铝、盛隆冶金、贵钢集团等广西制造业的行业龙头企业拓展推广。"5G云上钢厂"智慧钢铁项目也因此荣获国际、国家、省级奖项共26个，成为中国移动集团公司的龙头示范项目和金牌标杆项目。

"心头病"变成"心头肉"

广西钢铁集团是我国华南、西南地区乃至泛北部湾经济圈最大的钢铁联合企业，跻身全球50大钢企、中国企业500强以及中国钢铁企业竞争力极强的"A+"最高评级行列，主导产品为冷轧卷板。然而，该集团耗费巨资从德国进口的轧辊装载机却因外方停止技术服务支持等，被迫闲置长达5年之久。这种无奈的设备闲置成为企业管理层的一大"心病"。急客户之所急！陈海玲了解情况后，迅速组织专家开展严密的技术论证和资料收集，充分利用移动5G低时延、大带宽等优势，提出了"无人驾驶天车"的解决方案。经过长达半年的试验，广西首台"5G移动边缘计算（MEC）"平台终于调试成功，实现广西首个5G无人天车（远控装载机）、全国首例全流程无人化高线成品库5G无人天车的顺利运行，有效盘活了企业的闲置设备，极大促进了企业提质增效。在过去，用人力操纵天车来吊运轧辊或成品钢卷是钢铁厂的一大"苦差事"，这个工种被工人们戏称为"上班吵哄哄，身上暖烘烘，下班耳嗡嗡，浑身臭崩崩"。此外，操作工人长期处于高温环境进行高空、重载等危险性较大的作业，还需要克服吃饭难、如厕难、休息难等问题的困扰，一不小心就容易发生安全生产事故。如今，有了中国移动5G技术的加持，曾经需要3个人配合才能完成的单次吊运，现在只需1个人坐在电脑前操作遥控手柄就能轻松完成，工作效率得到极大提高，工作环境实现颠覆性改变。吊装工人们因此纷纷感慨说："有了中国移动5G技术后，我们一下子从'蓝领'成了'白领'。"

"烦琐事"变成"快捷事"

一直以来，对于钢铁生产企业来说，如何提高进口原材料的检验效率，尽量压缩通关时间，直接关系着生产运营成本的压降。同时，对港口而言，如果能加快港区堆场货物的周转效率，码头的整体运营能力也将得到有效提升。为了提高通关效率，防城港海关根据海关总署的统一部署，对进口铁矿石产品实施"先放后检"政策。然而，防城港海关每年监管进口铁矿石等大宗散货的体量巨大，传统监管模式下需要耗费大量人力物力，并且受气候、环境、人为因素的影响较大。如何又好又快又安全地完成进口原料通关，成了海关、钢铁厂、港口三方共同的"烦

◎陈海玲对"5G云上钢厂"项目进行回访

心事"。想客户之所想！陈海玲敏锐地捕捉到了中国移动 5G、大数据、机器人、云计算等前沿技术与客户迫切需求的结合点，主动对接相关部门和机构开展创新合作，经过全方位努力，最终携手广西钢铁集团创新推出了"固废云识别应用巡检监测"项目。该项目包含了 3 个巡检监测系统：5G 通道式传送带放射性检测系统，在卸货皮带上配置大体积的高灵敏辐射探测器，如果卸货过程中出现异常情况则引发报警并触动按键暂停卸货，将传送效率提高了 150%；5G 便携式人工辐射巡检系统，支持海关人员手持便携式的检测终端，现场鉴别矿石、氧化铁皮等其他固体废物，通过巡检代替室内检测，不仅提高了效率，还能对原材料进行精细化分类，检测易错率降低了 70%；5G 云地面车应急巡检系统，可利用地面应急车对厂区危险区域进行巡检，工作人员通过 5G 网络即能实现远程控制，并对地面放射性环境进行快速侦检、勘察，实现了放射性剂量监测、放射性物质图像定位与核素识别等功能，监测、定位和识别率高达 90%。通过上述信息化手段，防城港海关极大地缓解了基层一线人力不足的压力，降低了日常作业风险，进口大宗散货商品的检验工作效率平均加快 4 天；广西钢铁集团也受益于大幅缩短的通关周期，预计每年可压缩经营成本超 9500 万元。

新时代是奋斗者的时代，也是广大青年以青春之我、奋斗之我踔厉奋发、勇毅前行的时代。生逢其时，时不我待！在未来，陈海玲将在八桂壮乡的滨海小城继续逐梦伟大理想，在 5G 商用的广阔蓝海持续深耕，以更实的作风、更优的业绩谱写出更加激昂奋进的青春乐章。

（文 / 伍春华）

贺晨艳

▶ 云南公司迪庆香格里拉分公司

贺晨艳，女，藏族，中共党员，1991年1月出生，现任中国移动云南公司迪庆香格里拉分公司副总经理，分管市场领域。曾获得迪庆州委组织部红旗党员标兵、中国移动优秀共产党员、奋斗先锋等荣誉。

青春就是信念坚定、勇敢追求、脚步不停。我将以永恒的奋斗姿态与公司同行、为人民服务，用实际行动和优异成绩在雪域高原书写移动芳华。

格桑绽放艳万家

她离开机关舒适区到网格藏区，一路"开荒播种"；从"银发"服务队到暖心小课堂，一路送"服务进万家"；从平安乡村到智能联防，一路织密精品网。离家，来不及欣赏香格里拉；上路，服务从未停止脚步。

在最美的青春，贺晨艳选择了一条不同寻常的路，翻过雪山，越过草海，穿梭在雪域高原网格的千家万户，像一朵不畏严寒、不惧风雨、开在高原藏区房前屋后的格桑花，她用真诚打通了服务群众的"最后一公里"，用数智的力量建立了边疆人民与世界的紧密联系。

又是芳华正浓时
第四届"最美移动人"事迹巡礼

"花"自弃温室暖房

网格一线,是服务群众、磨炼本领的舞台,也是风沙吹拂、充满挑战的战场。2018年9月,在贺晨艳进入公司的第四年,公司急需一批到一线"开荒"的网格长,党组织向公司党员青年发出了"到一线去"的号召。作为迪庆分公司机关财务部的一名青年党员,贺晨艳主动递交了报名表,毅然申请下基层。这个决定让很多同事感到不可思议,有人劝她"你已经是财务能手了,就不要再去折腾了""基层条件艰苦,环境陌生,指标考核严格,你很难适应",就连家里的奶奶也抱怨说"现在已经很忙了,以后一周都见不到人影了"。这些声音没有动摇她的决心。只有两个念头在她的脑海里:一个是要解决心里的困惑。市场工作到底有多难,我们怎样才能从业务角度做好后端支撑;另一个就是要趁着年轻拼一拼。90后就应该走出"舒适圈",去看看不一样的风景。"香格里拉"在藏语中意为"心中的日月",这里是贺晨艳的家乡,平均海拔

◎贺晨艳(右二)主动与藏民拉家常

3000米以上，山川纵横，少数民族众多，全年冰雪天气漫长，每年10月到次年5月都处于冬季。贺晨艳深知，走出机关办公室，走进广阔高原，意味着将迎来什么样的艰辛。当月，贺晨艳毅然来到香格里拉小中甸网格，当起了网格长。

"花"开在高原万家

香格里拉高原的寒冬来得特别早，不到11月就已经天寒地冻、漫天飞雪。在地广人稀的乡镇网格，挨家挨户上门服务成为最有效的服务营销方式。刚到网格时，脱贫攻坚正进入关键阶段。她的第一个任务就是推广中国移动"致富机"，把国家的扶贫政策及时有效地通过信息化手段传递给老百姓。那个时候，村民们地处相对偏远、信息不够畅通的乡镇，贺晨艳工作进展并不顺利。村民们有很多疑虑："致富机"到底怎么操作？有什么功能？会不会产生很多的话费？……为了打消村民们的顾虑，她带着营业员挨家挨户去讲解手机功能和扶贫政策。为了让大家尽快用上"致富机"，尽早了解党中央的好政策，她和同事每天驱车穿过雪山，在月光下、车灯前，一边用颤抖的双手敲打着键盘，一边耐心地解答各种问题，手把手教大家使用手机，一干就是一整天，有时候到了深夜12点才吃上晚饭。经过努力，400多部"致富机"送到了群众手中，乡亲们与外面世界更紧密的联系由此开始，贺晨艳做好网格工作的斗志也进一步被点燃。2019年11月，贺晨艳同时兼顾小中甸和尼西乡的网格工作。"这个村站赚到的钱还不够买一袋米！"她第一次到尼西乡时，幸福村村站管理员七里叔这样说。她了解到七里叔作为村站管理员，每月收入仅百元，心里很不是滋味，于是下定决心要帮助七里叔增加收入。她逐村逐户调研，将网络和资费情况作了详细登记，了解村民们的实际需求，帮助七里叔整理工作台账；手把手教七里叔电脑和手机的基础操作，教他操作系统、熟悉业务。慢慢地，七里叔学会了针对需求为客户推荐合适的产品，学会了使用电脑办业务，收入也从百元增加到万元，村民们也越来越感受到村站服务的便捷。在网格工作，贺晨艳不仅要帮助客户解决业务问题，还要帮助他们解决生活难题。为大火烧毁财物的农布哥家送去大米、面粉；为失独的央宗奶奶申请扶贫政策，免费安装宽带……因为这些小事，服务多了温度，客户变成了亲人。她所服务的小中甸网格，50个村民小组100%覆盖移动网络信号，家庭宽带覆盖率达100%。在松茸季和虫草季，村民们可以通过直播带货拓宽销售渠道，经济收入和生活质量都得到了提升。

"花"心系数智梦想

用数智力量让雪山下的古老村庄焕发新的活力、与时代同频共振，是贺晨艳一直以来的愿望。2021年4月，贺晨艳通过竞聘从基层网格长成长为香格里拉分公司副总经理，她深知肩负的责任更重了。她建立了网格帮扶提升机制，开展网格运营"孵化行动"，对一线网格人员精准、高效赋能，推动香格里拉65个行政村实现末梢渠道服务点100%覆盖。她积极推进平安乡村建设，以小中甸镇团结村作为首批"平安乡村"工程建设示范单位，安装智能摄像头，统一接入村级联防监控平台，建设信息化、智能化的农村社会治安防控体系，帮助团结村解决了交通事故引发的村民纠纷，帮助村民找回了丢失的牦牛，让远在他乡的年轻人可以随时了解家里老人孩子的情况，村民们实实在在感受到了数字化的好处。现在，香格里拉市已经建成了19个"平安乡村"示范点。贺晨艳和同事们积极推进数智赋能高原产业，在香格里拉尼西鸡养殖基地，成功打造了高原地区5G智慧养殖"出生到餐桌"的数智管理试点。白天，小鸡听见音乐就自动聚集，等待饲养员投喂；晚上，小鸡听着悦耳的催眠曲，集体进入梦乡……这仿若动画片里才会出现的有趣场景，正在雪域高原养殖基地上演。为了解决乡亲们看病难的问题，她帮助大家用上了"爱家健康"平台产品,让最偏远乡镇的村民也拥有了"家庭医生"。成为香格里拉分公司副总经理后,她还像往常一样,常年穿梭在高原网格中,牵头组建"银发服务"志愿团队、"移路红心 应急救护"志愿团队,经常到偏远乡镇、村民家里开展"移动暖心小课堂"。如今,即使在香格里拉最偏远的高海拔牧场中,农牧民只要见到贺晨艳和她的同事们来了,一定要留他们喝上一碗酥油茶。乡亲们说:"她就是我们心里美丽的格桑花。"

"既然选择了远方,便只顾风雨兼程。"从自告奋勇投身一线那一刻起,贺晨艳始终怀揣热忱之心,服务万千群众,智联千家万户,一步一个脚印在雪域高原上书写着移动芳华,在边疆绽放成一朵艳丽的格桑花。

(文 / 黄晓薇)

孟祥龙

▶ 青海公司网络部

> 孟祥龙，男，汉族，中共党员，1989年12月出生，现任中国移动青海公司网络部客户响应中心家客业务支撑管理。从事网络维护11年，先后获得集团公司优秀帮学专家、优秀班组长，青海公司青年先锋等荣誉。

感谢公司及领导的培养与鼓励，感谢同事给予我支持与帮助，正是在这鼓励与信任之下，我才能够不断成长、不断进步，这份殊荣不仅是公司对我的认可，也是我今后工作的鞭策和动力，将激励我再接再厉、砥砺奋进。

知重负重的尕小伙

从海南州到西宁，从事业务支撑11年，他吃得攻破坚壁之苦；从网络运维到IT运维，他扛得善拼敢闯之重。一步一个脚印在实践中锤炼过硬本领，他在奔赴中，迎接每次考验。

移动信号铺满龙羊峡

参加工作之初，孟祥龙来到青海省海南州，这里群山起伏，河流绵延，有青海湖、日月山、龙羊峡水电站等自然景观，全州境内有以国道109线、214线、西久线为主骨架，州、县地方道路为脉络的"四横""三纵"公路网络。这些线路正是他日常工作中常年开展无线网络优化工作拉网测试的地方。2013年,为确保国省干道通信网络正常,公司安排他对海南州辖区内109线、214线、西久线等干道网络开展网络优化。那次路测长度约2600千米,时间非常紧。一大早他便与司机两人备足干粮后启程,但在途经龙羊峡库区进行测试时,因道路阻断无路可走,便驱车在河滩上小心前行,没想到车辆还是陷入泥地,他和司机两人几乎徒手挖了整整一天,才使车辆驶离险境。随后的几天,日程就更加紧张了,他们几乎不眠不休,白天与马为伴、夜晚与狼同行,硬是用了3天时间,最终按时完成了路测任务。这一次行程,路途的艰辛和历经困难完成任务的喜悦,给他留下了极其深刻的印象,也不断磨砺出他知重负重、勇毅前行的底气和本领。他曾经工作过的海南州龙羊峡库区是省内旅游业、三文鱼产业发展的重点区域,为了更好地支撑当地产业发展,公司派他多次前往旅游规划区与海南州文旅局负责人对接,进行无线网络覆盖测试、建站选址,随后他带着设计、施工团队进行实地勘察建设,有路就车行,没路就步行,一路跋山涉水,以最快的时间解决了航道网络的覆盖问题,助推龙羊峡冷水鱼产业科技创新。此后龙羊峡三文鱼成为青海全省农牧业特色品牌,也让他深深体会到"移动改变生活",这绝非一句简单的口号而是移动业界的承诺。

网络走进偏远山村

2018年,孟祥龙负责全省家客业务支撑管理。那些年,随着网络质量的提高和应用内容日趋丰富,家庭客户价值持续提升,但同时,家客支撑管理方面的各类问题也随之凸显。资源覆盖瓶颈、终端管理混乱等都是亟待解决的重中之重。他开始梳理一线难点、痛点,有针对性地制定解决方案,并充分考虑如何降低一线维护工作难度,如何从根源上解决问题，实现"快装快修、断网无忧"服务落地。他带领班组深入一线，针对梳理出来的难点、痛点，从质量、效能多方面发力，反复推敲解决方案的可行性和复杂度，硬是用了 28 天完成了业务流程优化、流程透明化和智能核查等 34 项功能，累计排障 67 万次，减少装维人员装维服务重复上门近百万次，工作效率提升 2—3 倍。2019 年，面对终端管理不规范、管理手段缺乏等问题，他带领班组主动承接任务，从终端采购到终端报废的生命周期进行划分，并确定终端入库、调拨、预占、使用出库、回收、翻新、翻新入库、报废 8 个环节生命周期状态。他深知仅有系统支撑的能力无法解决终端丢失的风险，为此不仅需要建设终端管理系统，还需将管理职责和管理体系构建完善，要将终端管理职责层层分解，直至装维个人，同时落实终端回收利旧方案。有了这些方案的确认，他和班组同事对于打造终端管理系统、减少终端遗失风险的意志更加坚定。体系和系统建成之后，他带领团队多次复盘总结，更新优化，截至 2023 年 10 月，累计追回、翻新终端 12.74 万台，节约成本约 1603.5 万元。面对线下故障服务质量差、动作不标准问题，以"立足实际、服务群众"为目标，彻底落实服务标准公开透明原则。他参与装维服务，亲身体验总结问题，打造服务受理平台，以视频形式规范一线装维标准、宣传装维服务规范，让客户明白服务标准、清楚服务动作。服务规范宣传视频累计点击达到 12.3 万次。2021 年，面对客户满意度降低的挑战，切实感知客户需求，积极协同家客团队，参加满意度提升专项行动，以"策划、落实、跟踪、检查、总结"全流程闭环工作，支撑 5893 次"宽带义诊"服务，整治室内网络痛点 10 余种，提升质量、获得好评。

勇毅逆行战疫情

2020 年 1 月，新冠疫情突如其来，面对疫情高发的严峻形势，面对

◎孟祥龙（左）为牧民安装并介绍移动宽带业务产品

疫情首次暴发的不确定性，孟祥龙接到公司通知，要他前往省委、省政府进行视频会议保障工作。接到任务后，他深知责任重大，使命光荣。在前往保障地点的路上，面对空无一人的街道，他有过后怕，担心被感染了怎么办、家里人怎么办。但是他又想到他作为一名共产党员，要不忘初心、牢记使命，担当疫情中的勇敢逆行者。在疫情防控期间，共计完成18台疫情保障设备升级与测试，投身防控一线完成4场省委疫情防控会议保障、公司现场值守任务。并且落实家宽故障处理"零接触"服务准则，在保障客户对宽带网络使用需求的同时，确保装维人员自身防护安全，完成9项IT系统功能紧急上线。新冠疫情反反复复，他已将个人与公司融为一体，为支撑家客业务稳定运行尽绵薄之力。在新业务、新技术的大潮中，他深知要有持续过硬的技术和专业素质才能更好地服务社会。为此他紧紧围绕公司部署，不断学习和掌握新技能，通过实践积累经验，在努力工作中汲取养分，把个人与团队成员的成长进步同公司的发展、客户的满意牢牢绑在一起，一步步扎实向前。

一个人的价值应该是看他奉献了什么，而不是看他取得了什么。在孟祥龙心中，本职岗位是实现人生价值的最好舞台，平凡的岗位上奉献着自己的青春，用专业、敬业、乐业诠释坚守的深刻内涵。

（文/温婷、季海虹）

郑宗敏

▶ 香港公司网络发展部

郑宗敏，男，汉族，1968年5月出生，现任香港公司网络发展部基站维护经理。1997年加入公司，曾获得"香港公司劳动竞赛"二等奖、"优秀创新项目奖"、首届"创新大赛"季军和"i创新优质创新"一等奖等荣誉。

获得"最美移动人"荣誉，我感到无比喜悦。没有团队的支持和付出，我无法获得此次荣誉。今后我定将继续努力，带领团队为公司贡献更多价值和力量，让这份荣誉永远伴我前行！

家国情怀润紫荆

出生香江边，长在维多利亚湾，香港回归年成为公司一员，穿越自然灾害、疫情，20余年坚守网络一线，与香港公司共成长，他的忠诚执着是爱国爱港的最好体现。

郑宗敏在香港回归祖国那年加入公司，20多年来，他风雨无阻坚守在通信保障最前线，他大胆推动技术创新，不断优化管理模式，带领团队勇闯深水区，只为求得优质网络服务的最优解，在他的心中永远装着那份爱国爱港的赤子情怀。

又是芳华正浓时
第四届"最美移动人"事迹巡礼

保障通信生命线

问起郑宗敏在香港公司最难忘的、最具挑战性的一件事情是什么，他从容地回答道：2018年在台风"山竹"的抢险行动。时间回到2018年9月，超强台风"山竹"吹袭香港，对香港造成严重破坏，多处严重水浸，交通瘫痪，电力中断等，是香港近30年来最严重的风暴潮，历时超28小时，公司的基站退服数目也因此破纪录。台风过后留下的基站服务问题必须在短时间内得到解决，坚决要在最短时间内令受影响的服务恢复正常，将对客户的影响降到最低。面对此种情况，郑宗敏沉着冷静，凭借自己多年的经验及敏锐的判断力，与团队成员认真商讨，在充分考虑团队成员安全的情况下，快速部署计划及调动资源，制定了一套切实可行且高效的抢修方案。他亲自带队，深入泥泞山区，攀爬悬崖峭壁，废寝忘食，夜以继日，与时间赛跑，即使在当时恶劣的台风天气下，他们依然只用了4天时间就完成了95%退服基站的抢修。这次抢修行动不仅解决了基站服务问题，也展现了郑宗敏及其团队的勇气、毅力和专业素养。他们用实际行动诠释了"不畏艰险、勇往直前"的精神，为保障香港公司的通信网络作出了巨大的贡献。

佑护民生幸福线

2019年6月开始，香港"修例风波"导致香港社会出现前所未有的困难，基础设施、公共建筑、企业资产等被破坏及摧毁，更有甚者危害他人生命财产安全。此种环境给郑宗敏及其团队带来了极大挑战，多处关键道路阻塞，抢修前线变成了抢占火线，同事们的生命安全也受到了威胁。但郑宗敏仍然坚守岗位，一方面关心同事安全，另一方面尽最大努力指挥抢修受到破坏的基站建筑，特别是当年10月香港屯门区发生暴力示威活动时，屯门政府合署基站因地下电话线房被暴徒纵火烧毁退

◎郑宗敏（右）于2018中国移动香港首届创新大赛荣获最佳创新成果三等奖

服，传输供应商也不能在短期内恢复传输服务。疫情期间，病毒肆虐给一线维护工程师带来了一系列的身心考验，也令日常的网络维护工作充满挑战。在这种情况下，郑宗敏深知客户对通信服务有更为迫切的需求和期望，通信服务的正常运作除支持市民必要的生活需求外，更重要的是还能为处于医护救援机构、社区隔离等地方的工作人员提供技术支撑，包括5G遥距诊症、实时传送手术室情况及数据传输等。郑宗敏毅然决然坚守岗位，急大众市民所急，对网络维护工作不敢有一丝怠慢，冒着感染病毒的风险，出入各个网络维护调试现场指导工作，与团队并肩作战。此外，更不忘关心团队，慰问、关心受到感染的同事及其家人，将公司提倡的"关爱"文化体现得淋漓尽致。2022年4月，正值香港中学文凭试（大学入学考试）期间，香港特区政府为确诊及密切接触者安排了特殊隔离考场，要求考场的网络必须保持良好状态。面对这一特殊情况，郑宗敏十分清楚莘莘学子"十年寒窗苦读只为今朝"的不易，下定决心不能向病毒屈服，势必为这群"特殊"的学生提供完美的网络服务。于是，郑宗敏再一次挑起重担，多方协调，与团队成员驻守考场以便第一时间解决网络相关问题，确保考试顺利进行，为学生们出一份力。最终，隔离考场的同学们均正常完成了相应的考试，为自己交了一份答卷，郑宗敏及其团队也为自己交了一份满意的答卷。

科技助力"数智线"

郑宗敏是一位充满创新精神的工作者，在日常工作中善于发现可以创新之处并坚持不懈推动。"创新是一种超越限制的心态和思想，每个人都可参与其中。"他是这样说，也是这样做的。2017年，郑宗敏创新改造了香港公司的基站机房通风系统。团队通过细致的研究和实验，确定了改善空间，并进行了多次模拟实验，以确保新的通风系统不会对设备运行产生负面影响。这项创新性改造不仅提高了设备的运行效率，还为公司节省了大量的运营成本。他还主动学习软件技术，成功开发了一款自动化软件，在对应的业务场景中实现了无纸化工作，降低了物料成本。他的热情感染了身边更多的同事，也激励着他们勇于创新，敢于挑战。郑宗敏以超高的专业技术能力及团队协调能力，另辟蹊径，组织了微波安装工程。他深知在紧急情况下，每一秒都至关重要，因此他迅速分析了现场情况，严谨细致地完成了设备安装、调试，仅用两天时间就成功接通了微波链路，使基站得以恢复运行。这一成果不仅得益于郑宗敏的专业技能和团队协作精神，还体现了他对工作的敬业态度和对客户负责的责任心。

"我和我的祖国，一刻也不能分割。"日新月异的科技发展带来了新的机遇，郑宗敏和他的团队正在不断探索新的技术与业务领域，以满足香港居民日益增长的数字化生活需求，共创香港更加美好的明天。

（文 / 林凯珊）

王冰珏

▶ 在线营销服务中心湖北分中心

王冰珏，女，汉族，1990年6月出生，现任中国移动在线营销服务中心湖北分中心培训师。先后获得中国移动服务明星，湖北省信息通信行业服务技能竞赛个人二等奖，在线营销服务中心10086心级服务业务技能大赛个人一等奖等荣誉。

获评"最美移动人"，我倍感荣幸。而我只是千万名"10086"客服的缩影，这份荣誉属于我身后所有的在线人。荣誉不是终点，而是新的起点，我将继续发扬好"螺丝钉精神"，为中国移动建设世界一流信息服务科技创新公司贡献力量。

冰清玉"珏"显芳华

客户代表是她第一份工作，一只耳麦是她8年的执着。三尺见方服务台，35万次心级服务不懈怠，她与客户的每一次交互，都让世界倾听到移动人最美的声音。

从初入职场的青涩到独当一面的干练，是接续超过35万通电话、服务超过30万名客户的历练，以及在平凡岗位近10年的坚守。她是曾经"特立独行"的90后，也是一线客服的中坚力量，更是千万客服代表中的平凡一员。

有一种美叫蜕变

"你一个大学生，不去好好找个单位上班，成天接电话能有什么前途？"在山东某高校毕业后，王冰珏回到湖北老家找工作，周围大多同学选择考公务员或考研，而她的选择让很多人大跌眼镜。"我喜欢和客户打交道，而且呼叫中心的发展前景远不止大家所想的简单接线员。"有着独特眼光的王冰珏，毅然加入了当时的湖北移动客服中心。2016年，随着中国移动集团公司"四轮驱动"战略转型，协同、专业公司、转型……一时间，行业发展格局和企业发展方向迅速变化，王冰珏一下子感受到了改革发展的浪潮。随之而来的是欣然拥抱转型发展变化，坚定"专业人做专业事""规模优势转化发展优势"的理念，她认真面对和迎接前所未有的挑战。对新入职场的王冰珏来讲，她是幸运的，正是因为能够感受到变革的浪潮，从更独特的角度来看待企业发展，更积极地顺应改革趋势，不断提升个人能力，最终成为行业中的佼佼者。变的是转型发展方向，不变的是卓越服务的初心。2020年至2022年她连续3年获得湖北移动全省业务技能大赛冠军，2022年斩获首届10086心级服务业务技能大赛桂冠，2023年荣获湖北省信息通信行业服务技能竞赛团体一等奖、个人二等奖。

有一种美叫逆行

2020年年初新冠疫情暴发，全省线下营业厅全面停摆，10086线上服务激增，人员流动受限等导致热线服务能力急剧下降。在线营销服务中心党委第一时间传达习近平总书记关于疫情防控和复工复产工作重要指示精神，坚决高效落实上级单位关于网络、服务、防控"三个保障"工作部署，充分发挥优秀员工先锋模范作用，确保疫情防控取得决定性成果。"我年轻，身体好，住得也近，我先上……"面对未知的疫情，王冰珏的声音清澈而坚定。她把刚满一岁的孩子留给家中老人照料，在园区封闭式坚守 53 天，她和团队成了现场话务服务保障的主力军，他们说："疫情不退，我们不退！"她克服了生活医疗物资紧缺、高强度工作等困难，月累计工作 225 小时，月均话务量超 5200 个。在全城静默管理时，她时常接到客户惊讶的来电："我就是抱着试试看的心态拨打了你们热线，没想到居然有人接听，你们太不容易了，要多保重身体。"每当听到这样的话语，她觉得所有的付出都是值得的。困难总是短暂的，随着湖北 600 个居家账号的上线，在中心的统一调度下，全网资源池齐发力，全力缓解湖北燃眉之急。2 个月后，从火神山支援通信保障工作归来的丈夫问她："你这段时间害怕吗？"她只淡淡答道："你在火神山夜以继日守护生命安全，我在电话一端答疑解惑为民服务，这不正是我们通信人的职责和光荣吗？"疫情过后，王冰珏做了一个光荣的决定，提交入党申请书。组织入党一生一次，思想入党一生一世。通过疫情防控这场"大考"，她希望自己能够努力成长为一名坚强的共产主义战士。

有一种美叫专业

很多人认为，客服的工作就是简单轻松接个电话，只有客服人才最能体会其中的酸甜苦辣。每天面对近 200 位客户，五花八门的问题、数百种资费、近千项业务点、各种页面的切换，可以说是眼、口、耳、手、脑并用的体力加脑力劳动，每次沟通都需要付出极大耐心，还随时要接受负面情绪的冲击。8 年来，在追求"让客户打一次，一次就满意"的征途上，王冰珏继续勇敢地"乘风破浪"。她不断钻研业务知识，精准应对客户需求；她娴熟运用数智赋能工具，致力于为一线减负，逐步成长为人机协同、多媒体交互专家。她善于总结，将自己在客服一线岗位上多年的经验浓缩成"王冰珏工作法"，即"五心"工作

又是芳华正浓时
第四届"最美移动人"事迹巡礼

◎王冰珏在认真接听客户来电

法加"利器"法则。"学习业务要用心，接续电话要专心，听取投诉要耐心，处理问题要公心，为同事办事要热心"是"五心"工作法的精华。工欲善其事，必先利其器，王冰珏的"利器"有3个，一是扎实的业务知识能力，二是熟练运用系统智能化工具，三是以客户问题解决为导向挖掘深层客户需求。此三者相结合，不管是客户咨询、营销还是投诉，都不再是难题。她也尤其强调，在当前集团公司业务发展日益壮大、知识点日趋繁多的情况下，熟练运用智能化工具，做"1+1+N"的人机协同专家显得更为重要，只有智能与人工的完美结合，才能为客户提供更多有价值、有温度的服务。在"王冰珏工作法"的推广下，湖北分中心服务质量万投比排名提升7个位值，进步明显。同时，她提出账单简单通俗化的倡议，推动账单"套外语音费"变更成"套外通话费"，费用质疑预处理界面不断优化升级，让客户的账单客户看得明白，一线客服讲得明白。

有一种美叫奉献

随着通信技术发展带来更多的新产品、新业务，对服务能力也提出了更高的要求，受益于湖北分中心人才队伍建设，2023年年初王冰珏竞聘成为一名内训师，换了一种方式来参与一线服务。她担任分中心"岗位练兵"总教头，牵头评选优秀案例178件，首期服务明星达人近169人，营造了一线"比学赶帮"的良好氛围。她将优秀案例中的精华通过每月的分享会，采用"文字、声音、视频"相结合的方式传递给一线班组，同时，还总结出营销、宽带等工作法6大类10余项，通过全台统一培训、月度考试、知识入库等形式输出至全台。她立足一线重点难点，总结优秀服务经验，带动一线员工共同进步，充分发挥先锋模范作用。对比练兵前后，分中心主资费升档量提升66.39%，宽带竣工量逐月上升；家宽排障类重复来电减少13.6%，工单降幅117%；电视排障类

◎王冰珏（中）在分享工作方法

又是芳华正浓时
第四届"最美移动人"事迹巡礼

重复来电减少77.82%，工单压降127%。在"领题破题 合力攻坚"主题实践活动中，她积极参与分中心党委书记项目，结合主题教育的部署和要求，紧跟集团公司、在线营销服务中心2023年发展战略，坚持战略定力推动转型攻坚，坚持以人民为中心，围绕夯实基础服务能力的总体目标，驰而不息地在提升员工效能效益上发挥自身更大价值。"10086服务热线涉及的都是中国移动客户通信使用最具体、最急需的事。"作为中国移动服务的前沿窗口，一线客服们每天都要直面客户的情绪，解答客户的疑问，满足客户的需求，承接省公司和其他专业公司的多样需求，他们也成为推动中国移动这艘巨轮持续向前的微小而不可或缺的力量。在2023年第60个"学雷锋纪念日"，她将自己的优秀经验通过线上宣讲形式面向中心3万余名员工分享。她说："一个人的作用，对于事业来说，就如一架机器上的一颗螺丝钉，螺丝钉虽小，但其作用是不可估量的，我愿永远做一个螺丝钉。在今后的工作中，我将立足岗位，强化落实以人民为中心的服务理念，持续做好客户满意度提升工程，以新时代新青年的奋进要求，发挥自身优势，为中心三型体系、五个提升工作目标贡献力量。"

干一行爱一行，专一行精一行，无数的王冰珏们用365日的坚守，7×24小时的在线服务，呵护与用户的每一次交互，守护中国移动超10亿位客户的多样化需求。她们把自己牢牢钉在平凡的岗位，让世界听到她们甜美的声音。

（文/陈懿涵、岳盛）

"最美奋动人"主题文艺
创 | 作 | 掠 | 影

笔墨浓情
寄最美

我心中 你最美

——致"最美移动人"

"最美移动人"因何而美?
答案在,
奋斗过的时光。

你来自春天里绽放的芬芳,
追过风,荡过桨。
你来自身旁,
那一双双期待的眼睛。
你来自昨天,
以青春赴万丈理想。
你来自和我一样火红的年华,
心有网络强国的初衷,
当有超越自我的力量。

是你,
将鲜红的党旗插在了火神山基站。
迎接挑战不舍昼夜,
身边只有寒风与泡面。
是你,

为国建云,
夙兴夜寐,
用执着与创新拨响了第六根弦的强音。
是你,
把真诚融入服务的每一个接触点,
正午的阳光照亮了草帽下的笑脸。
是你,
让对口扶贫助教结成了一对又一对,
改则与连云港的两个女孩相约一起看海。
是你,
两个月走过了五千里山路,
在木块与藤条构成的云梯上攀爬,
用智慧与汗水助力悬崖村脱贫致富的梦圆。

因为有你,
青藏高原的糌粑更加香甜。
因为有你,
四川凉山父老乡亲的笑容更加灿烂。
因为有你,
一切都在向好而变。
感谢那个春天,
我与你温暖的遇见。

要怎么形容明天,
就像形容你一样。
去何方?

去最高的想象。
创世界一流企业，
重在担当。
东方灿烂的朝霞，
是追梦的翅膀。
中国移动人啊，
豪情万丈。
光荣啊梦想啊绽放吧，
你的名字，
就是站立的地方。
你的样子，
就是明天的模样。

你是朝阳，
落在春天耕耘着希望。
你是榜样，
支撑力量大厦的栋梁。
你用一生，
清澈地爱着啊，
你迎着光踏着浪，
朝着追求美好的方向。

你一直在我身旁。
面对挑战，
从未彷徨。
奋斗者的心在空中高翔！

我心中，
你最美。
你自信的微笑，
绽放在梦开始的地方！

（文/方建国）

遇 见

——为"最美移动人"而作

遇见总在不经意间,
悄然而来得如此简单。
没有壮语豪言,
激情岁月渲染着每天。
没有动地撼天,
平凡故事惊艳了双眼。
没有海纳百川,
磬心迎面温暖着心田。
没有惊涛拍岸,
迎风扬帆演绎了灿烂。

网络强国,信息安全,
智慧深蓝坚守政治底线。
行而不辍闪耀数智寰宇,
创新孵化与难题博弈,
中原洪水中翱翔着翼龙无人机,
火神山、雷神山上逆行的你。
5G标准实属不易,
亲身经历才能创造奇迹,

刁钻问题对答游刃有余，
连场会议开到除夕，
一步一个脚印把技术落地，
改变了社会闪耀了国际，
一尊尊奖杯镌刻着奋斗不息。
遇见最美，
精品网络中蕴藏永不言弃深深印记。
遇见最美，
网信安全中有了中国移动一席之地。

国有资本，经营收益，
智慧赋能把经济责任担起。
足迹沾满乡土气息，
把党的声音华夏传递。
双奥之城见证摘金夺银的体育实力，
信号满格解密世界屋脊第三极，
走进南海礁屿领略大洋的深邃神奇。
海精灵在三都滨域游弋，
紫外线灼伤了双眼，
海风干裂了躯体，
海上营业厅让舌尖上中国盛名远誉。
遇见最美，
那是移动人攻坚克难的身躯。
遇见最美，
那是转型中踔厉奋进的动力。

笔墨浓情寄最美
"最美移动人"主题文艺创作掠影

乡村振兴,防灾抗疫,
智启未来把社会责任担起。
不知走过多少村镇服务了多少乡亲,
脱贫攻坚忘却了岁月沉沦。
溜索独龙江翻越高黎贡身影一心为民,
信息高速公路让边地告别放炮传信。
不曾忘记公益路上深植爱的灵魂,
暖了学子寒门抚慰耄耋老人,
救助文案留下天使遗憾的眼神。
遇见最美,
让乡村振兴的种子在深山扎根。
遇见最美,
用款款真情换取了百姓的信任。

遇见,
精彩无须铺垫,
抒一曲乡村眷恋。
开场没有惊艳,
奋斗身影百看不厌。
奋蹄不用扬鞭,
使命担当永如初见。
遇见,
揭开封尘的心帘,
探寻征途的深浅。
撸起袖子加油干,
不负青春与华年。

过程也许平淡,
花开终归浪漫。
遇见,
奔跑路上传递成功的笑靥,
新征程上画出最美的风景线,
每一个最美瞬间都值得被看见。

(文/谷兵生)

微微一笑很婵娟

——记"最美移动人""微笑大使"景伟娟

30年前,
你带着青春的笑颜,
站在通信的一线,
把年少的梦想点燃。
面对挑战你坚定毅然,
岁月将懵懂浸染,
你初心未变。

20年前，
你将微笑服务延展，
灿烂得如同四月天，
在客户心头洒下温暖。
面对烦琐你坚持信念，
历练把年轮印染，
你丹心可鉴。

这10年，
你走在心级服务的前沿，
白发爬上鬓间，
笑容依然光艳。
还是曾经那个少年，
赤诚把荆棘斩断，
你匠心使然。

你若笑，便是春天，
亲切的话语似清风拂面。
任凭星移斗转，
依然犹如初见。
你若笑，便在眉间，
温声细语不知疲倦。
任凭四季流转，
把使命印在心间。
你若笑，花开正艳，
柔声服务让满意至善。

笔墨浓情寄最美
"最美移动人"主题文艺创作掠影

任凭时光荏苒,
微微一笑很婵娟。

(文/纪毅　图/黄绮韵)

苗乡硬汉"麻三多"

——记"最美移动人"麻兴义

地处武陵山腹地、湘黔渝交界处,人称"一脚踏三省"的湖南湘西自治州花垣县,群山环绕,云追雾逐,苍翠秀美。这里不仅有"精准扶贫首倡地"十八洞村的脱贫传奇,也有历史悠久、古朴神秘的百里苗乡,"麻三多"就是在这里土生土长的苗乡人。

扎根基层30多年的麻兴义,是湖南公司自治州分公司的一名基层党员干部。因为他把"为群众多跑一点、为事业多干一点、为员工多想一点"作为自己的座右铭,被同事亲切地称为"麻三多"。

笔墨浓情寄最美
"最美移动人"主题文艺创作掠影

为群众多跑路

脚下沾有多少泥土，心中就沉淀多少真情。从精准扶贫到乡村振兴，麻兴义始终把群众放在心中最高位置，进百家门、知百家情、办百家事、解百家忧，用自己的铁脚板，丈量着苗乡的每一寸土地。苗族人的传统是"依山而居，聚户为寨"，当地很多村未通公路，村里孩子上学、老百姓赶集极为不便。为了解决这个问题，麻兴义每天奔走在大山深处，进村了解情况，爬山勘查走访百余次，入户走访3000人次，跑扶贫部门找修路资金，自己带头捐钱捐物、挖路修路，主动协调修路矛盾问题，最"惨"的时候一个月跑坏了3双鞋。两年间他累计步行3000公里，行车5万公里，总里程相当于绕地球一圈，他把真情和汗水洒遍花垣县12个乡镇205个村的每寸土地上。在对口帮扶龙山县苗儿滩镇凤溪村时，他牵头组建州县8支驻村帮扶队伍，在实践中总结提炼"五个一帮扶法"，成功帮助1680户、4330人实现脱贫。当地群众动情地说："他为我们修路，让我们少跑了很多路；他帮助我们脱贫，让我们少走了很多弯路。"

为发展多干事

成长于基层，起步于一线，率先垂范胜过声嘶力竭。麻兴义作为从公司成立最初"艰难立足"到如今"创世界一流"的见证者、亲历者和推动者，把敢为人先、敢于斗争、敢打硬仗、逢旗必夺的责任感和进取精神体现得淋漓尽致。

随着信息能量加速融合，数字经济蓬勃发展，市场竞争日趋激烈，政企市场逐步成为各大运营商激战的高地，这让分管政企工作的麻兴义压力倍增。如何在现有市场格局中破冰破局，在数智服务蓝海中拔得头筹、抢占先机，成为摆在他面前的一道难题。"要破局，就要敢啃硬骨头，不能怂。"他将目光对准一直被友商"垄断"、难度最大的某司法系统。"最强的对手，也会有弱点。"他带领团队昼夜奋战，认真分析友商产品弱点，找准自身技术优势，亲自拟订检务通终端团购方案。为了避免来回奔波、提高作战效率，麻兴义把"办公室"直接"搬"到了客户单位，领导看到他睁着一双"熊猫眼"，蹲在办公室过道的一个角落亲自修改方案，忍不住说："老麻，你堂堂移动公司副总，对这些小事情还亲力亲为啊？"他笑着回道："客户的事，都是大事，马虎不得。"只言片语，让客户感受到他专业的服务和永不言弃的精神。经过连续一个月的"现场办公"，数十次的沟通协调，他拟订的方案受到客户单位的一致好评，最终成功拿下业务订单，近10年的"独家垄断"局面被彻底打破。在这个项目的示范牵引下，麻兴义一鼓作气，在"雪亮工程"等竞争中连战连捷，成功中标千万元大单，并带动当地6个县市区在此类项中中标，创造了全省ICT项目最高中标率的非凡业绩，一举夺回发展主动权。

为同事多说话

"作为工会主席，就是要敢为员工说话、能为员工办事，让公司每一个人都有家的感觉。"在担任州公司工会主席期间，他用自己包容、开放、向上的心态和精神感染着身边的人。

俗话说："清官难断家务事。"公司有位女员工因为家庭原因产生纠纷，男方百般纠缠、无理取闹。家长里短的事情本就难断是非，虽然人人义愤填膺，却很少有人真正挺身出来蹚这浑水。性格内敛、不善言辞的麻兴义知道后，主动揽下这件吃力不讨好的事情，他带上法律顾问，以案释法，据理力争，最大限度地保护了女员工的合法权益。经过那次事情后大家才明白，原来平时温柔和蔼的麻兴义也有金刚怒目的一面。

星光不问赶路人,时光不负奋斗者。正是无数个像麻兴义一样的党员干部怀揣梦想、踔厉奋发、笃行不怠,才汇聚成中国移动昂扬奋进的时代洪流。这才是新时代中国移动该有的模样。

(文/周跃　图/黄绮韵)

匠人，"犟"人
——记"最美移动人"黄昭文

说来也是挺矛盾的，黄昭文长期从事一线工作，还能拥有多项重大创新科技成果，获得17项国家发明专利，在公开刊物发表20多篇学术论文；从外表看似个相貌平平的技术男，在业界却是大名鼎鼎的"黄超人"；平时话语不多，但一谈起工作就滔滔不绝……

就是这么一个普通的、温和的、内敛的人，用一己之力开了中国移动网络维护工作多个先河，入选了国资委第二批中央企业"大国工匠"培养支持计划名单。

匠工蕴道

心心在一艺，其艺必工；心心在一职，其职必举。

加入中国移动25年来，黄昭文一直奋战在科研攻关和网络运维一线，以精湛技术和专业能力支撑通信网络运行，是同事们口中的"老黄牛""黄超人"。他自主研发15项通信领域重大创新科技成果，获得18项国家发明专利，31项国家级、省部级荣誉，先后荣获"中央企业优秀共产党员""中央企业劳动模范""最美通信人""信息通信行业工匠""最美移动人"等称号。

这些年来，4G/5G网络加速普及，网络规模和业务种类呈几何式增长，党中央和人民群众对网络安全的要求越来越高。从2019年开始，他和团队经过4年艰苦攻坚，自主研发了7×24小时实时在线的"网络安全机器人"。"这项专利是我们团队最得力的作品。"黄昭文自豪地说。

从通信产业上看，他们为云平台、4G/5G、互联网、物联网、工业互联网等新型网络提供了安全服务。从公司层面上看，网络安全检测周期从15天大幅减少到1天，设备检测数量从10万台增加到500万台，超大规模网络安全服务能力提升60倍，单网元的安全服务成本降低95%，安全监控告警准确率提升50%，漏报率降低20%，为通信网络用户提供了高质量、高可靠的信息通信服务。

现在，"网络安全机器人"能力接入了中国移动智慧中台，全集团都可以使用该能力，为内外部网络安全和企业安全保驾护航提供了有力支撑。

匠心为民

如果说细节是工匠精神的四肢，那么创新就是工匠精神的心脏，追求极致，其利虽微，却长久造福于世。

作为世界最大的通信运营商和世界一流科技公司，要服务数亿客户，没有强有力的技术支撑肯定是不行的。正是有了广大技术人员的不断创新，才建起了这张"让人民满意的最大的网"。

黄昭文曾耗费半年时间研发"网络性能实时采集"程序，因为他想先于客户发现问题，依照自己的构思，他采集了众多网络网元，做出设计模型、算法和结构，最后发现效率很低，根本无法做到实时发现问题。

"当时我很沮丧，因为如果这个想法能够成功，我们就可以在客户发现问题之前定位发现问题，这对网络维护工作将产生划时代的影响。"

半年心血付诸东流，但黄昭文从未放弃。

他通过与设备厂商、设备维护人员进行深度交流，发现4G网络的核心网元在通信协议上具有IP化、一致性和标准化的特点，于是创新性

地推出"在线标准化测试"技术,实现异常情况 5 分钟内发现并产生告警,具备了先于客户发现故障并定位到具体网元或环节的能力,有效提升了网络运维效率,确保客户良好用网感知。

黄昭文认为:"技术和服务不仅仅是前台和后台、服务与支撑的关系,而是力出一孔、携手并进的关系。"几年前,他和团队研发了数据业务辅助支撑系统,这个系统实现客户投诉处理时长从原来的 72 小时快速缩短到 10 分钟。

"我认为这是一个里程碑式的提升。我想,这就是我们的价值所在。"

匠行致远

最慢不是跬步,而是徘徊;最快不是冲刺,而是坚持。

5G 网络引入了许多新技术和新特性,包括网络 IT 化、虚拟化、边缘计算、异构接入、物联网设备等,增强了 5G 网络的通信能力,促进

笔墨浓情寄最美
"最美移动人"主题文艺创作掠影

了各种新业务的产生，但也带来了新的安全挑战。

黄昭文与团队研发的"网络安全机器人"已广泛应用在5G网络、边缘云、接入层、互联网等多个领域，在支撑5G网络安全运行的同时向全网客户提供安全服务。但他仍一直执着于迭代优化，每天对全网网络设备完成超过10亿次安全检测，安全服务效率提高了90%以上，实现多个行业首创：首创超大规模网络安全服务、首创安全智能化技术、首创安全一点接入技术等。

随着移动互联网飞速发展，技术更新得很快，几乎每天都在变化，需要解决的难题也在增多。尽管已取得多项成就和荣誉，但黄昭文常常感到能力恐慌。"作为一个技术人员，如果失去学习的动力，很快就会落伍，就会被淘汰，甚至出局。"黄昭文如是说道。为了克服这个难题，他要求自己补短提能、坚守初心。

他翻阅了大量关于网络终端、网络流量、云计算技术的书籍，查遍了通信领域的所有规范，请教了很多专家，优化各种各样的质量短板，反复尝试不断试验，直到找出最优方案，成功解决端到端的保障和优化问题，实现客户感知的最优体验。

他花费3年时间研究、设计、开发、编码、测试、验证、应用、推广、优化等。在钻研的过程中，在无数个日夜里，他也曾遇到瓶颈，也曾感到困惑，也曾经有过放弃的念头……但是，最终还是坚持了下来，让国际首创客户感知端到端评估体系成功上线。

从2G、3G、4G到5G，从青葱小伙到成熟中年，时代在变迁、技术在进步、岁月在流逝，但不变的是融入黄昭文血液里的倔强基因，始终勇于挑战困难，沉着跨越障碍，不断为建设网络强国、数字中国添砖加瓦、贡献力量。

（文/程飞　图/王慕恬）

高原格桑花

——记"最美移动人"其美多吉、边巴卓玛

这里是地球的第三极
坐落着世界之巅珠穆朗玛
神山冈仁波齐
圣洁格桑花
她是自然界奇迹
严寒中盛开着绚丽
她是高原上神奇
穿越千年香飘雪域

其美多吉
"金刚"无所畏惧
你把信号传遍屋脊的屋脊
你让党旗飘扬在极地阿里
一碗酥油茶
让营业厅温暖如家
一句扎西德勒
让"不关门"服务成全一段佳话

边巴卓玛

笔墨浓情寄最美
"最美移动人"主题文艺创作掠影

美丽笑容在塔尔坎常挂
你坚守岗位放弃产假
你肩扛责任顾不上襁褓中的娃
一抹高原红
难掩手脚上累累的伤冻
厚厚的藏袍
让青藏乡愁越来越浓

其美多吉　边巴卓玛
一对格桑花
你们是游客的急救站
你们是藏民的生命塔
十四年的坚守

无法遮挡身上的道道伤疤
十四年的坚守
无法忘记雪中救援的摩托脚踏

神山基站下
转山别忘带上移动卡
这是格桑花
五千个日夜不变的情话
严寒中的青稞酒
暖了人心没了温差
记录本上留下
深沉记忆青葱年华

这对幸福花
用独有的淳朴孕育了传奇
把"感动网事"大奖揽下
这对时光花
坚守着"移动夫妻店"
抗争的是含氧量的巨大反差
他们是高原上梅朵
玛旁雍错边永不凋谢的圣洁花

(文/孟丽媛、谷兵生　图/罗婵婷)

"重"力并，则万钧不足举

——记"最美移动人"北京公司重大通信保障团队

金秋的风吹过飘扬着五星红旗的天安门，醇厚柔润的阳光挥洒在庄严而肃穆的金色国徽上，红墙、蓝天、白云交相辉映，无声地在述说着中华民族不懈奋斗、奋勇拼搏的动人故事。伴随着雄壮激昂的军乐声，数万万从五湖四海会聚在天安门广场的各族兄弟姐妹们激动地挥舞着手中的五星红旗，数万万身处在世界各地的中华同胞们全神贯注地紧盯着直播屏幕，在人们的期盼与欣喜中，盛大的阅兵仪式开始了。

这一切的热闹与欢呼，在天安门东西侧辅路的应急小站的中国移动北京公司重大通信保障团队听来，都是莫大的激励与鞭策。为了保障天安门广场阅兵仪式的顺利开展，保障现场数万万人民群众的网络需求，保障屏幕前通过网络转播观看阅兵仪式的世界各国人民的网络感知，来自北京公司 11 个部门 33 位不同线条的重大通信保障团队的成员们，在应急小站内默默无声地贡献着自己的智慧与力量。

"一群人，一件事，一条心，一起拼"，北京公司重大通信保障团队始终坚持以"最高标准"，保证"最全覆盖"，坚持"最严落实"，做到"最快响应"。

"新中国成立 70 周年保障，任务重、要求高、范围广，保障需求涉及部门多，技术难度前所未有。为新中国成立 70 周年提供通信保障，这是一项光荣而艰巨的任务，一定也要必须高质量完成。"接到任务后，重大通信保障团队第一时间前往天安门广场进行实地调研，结合天安门广场现场布局、设备仪器性能、工作人员分布、观众座位分布等多角度因素，决定将应急小站放置在天安门广场东西侧路的辅路上。"这个决定太大胆也太冒险"，但重大通信保障团队在经过反复计算后坚持了自己的判断。

在持续10小时的头脑风暴与讨论后，重大通信保障团队从物资如何调配、高低层如何兼顾、天线如何架设、线路如何过街等多方面综合考虑，制定了立体保障方案。"早上安排部署，凌晨再晚也要集中讨论。"重大通信保障团队秉承着"当日事当日毕"的工作态度与工作作风，按照"全力以赴、万无一失"的整体要求，高标准完成了新中国成立70周年通信保障"三个零"既定目标。

"能够作为中国移动北京公司重大通信保障团队的一员，参与到天安门现场阅兵仪式的通信保障中，我感到非常骄傲和自豪。虽然没能欣赏到阅兵式、群众游行的盛况，心里多少是有一点遗憾，但看到全国各族兄弟姐妹能够在现场传递这份激动与喜悦，我觉得心里很满足。"重大通信保障团队的负责人说道。是啊，正是重大通信保障团队的全体成员都秉承着"人民邮电为人民"的红色初心，不计较个人利益与得失，放弃个人休息时间，为保障任务奉献自己的光和热，才能有这传遍五湖四海的举国上下欢庆的场面。

"孤举者难起，众行者易趋"，重大通信保障团队成立以来，出色地完成了一系列重大活动的保障工作。"每一次保障都有它不同的特点，针对不同的保障，就要有不同的应对举措。"在2015年纪念中国人民抗日战争暨世界反法西斯战争胜利70周年阅兵式重保预演中，重大通信保障团队发现即便使用了应急车，网络效果和用户感知仍旧欠佳。重大通信保障团队立刻从中总结经验、吸取教训、举一反三、补齐短板，最终圆满完成了重保任务，并为圆满完成新中国成立70周年重保任务打下了坚实的基础。

每次保障，重大通信保障团队都在总结经验；每次保障，重大通信保障团队都在迭代优化；每次保障，重大通信保障团队都认真整体地做总结复盘，把经验和方法沉淀下来、积累下来，再因事制宜，推陈出新，为下一次重保任务做好准备。"重大活动保障对政治素质和业务素质都有着极高的要求。当所有人心往一处想、劲往一处使，最终完成任务的时候，那种成就感是前所未有的。"

"重"力并，则万钧不足举。北京公司重大通信保障团队面对时间紧、任务重、要求高、范围广、级别高的各种重要保障任务，时刻坚定为人民服务的宗旨，齐心协力，坚持学深悟透、真信笃行，以圆满完成各项重要保障任务为坚定目标，奉献自己的光和热，用自己特有的方式，向祖国母亲献上深情告白！

（文 / 刘剑亭、崔洋）

草帽下的"梦想"

——记"最美移动人"徐菊芬

一顶安静泛黄的草帽,在透窗而入的阳光下显得格外温馨,这个色彩,是农家人编织的梦想,而那凝结着汗水和阳光的味道,是那浓浓的乡情,一种饱含泥土气息的奋斗精神。在盐城盘湾,有一位被乡亲们亲切地称为"草帽姐"的移动人——徐菊芬。今日得以与她交谈,更是让我深感其人格之伟大。

徐菊芬,一顶草帽,遮住了夏日的烈日,也遮住了尘世的喧嚣。她笑容满面,那笑容仿佛是从心底涌出的阳光,让人感到温暖。我们在田间走着,她不时地指着这片绿意盎然的土地,告诉我这是她的梦想所在,也是她的责任所在。

谈及工作,她的眼神中闪烁着坚定与热情。当被问及如何克服基层工作的困难时,她淡淡地说:"用心和坚持,就是我的秘诀。"这简单的话语,却道出了她对工作的执着与热爱。无论是酷暑还是严寒,她都坚守在自己的岗位上为民服务,从不言苦。我曾问她:"您这样付出,觉得值得吗?"她微笑着回答:"我生在农村,扎根盘湾已有十几年,群众就如同我的亲人一样,当我看到他们因为我们的帮助而笑得更加开心,当我听到他们说'谢谢',我就知道这一切都是值得的。"她的话语中充满了对工作的热爱和对群众的深情厚谊。

看着金黄的麦田,听着那劳作的声音,秋日乡村的道路总能带来别样的美感。徐菊芬指着那金灿灿的麦田告诉我,这些都是她的宝贝。她

笔墨浓情寄最美
"最美移动人"主题文艺创作掠影

说:"每一粒粮食都代表着农户们的辛勤付出,我们可不能辜负他们的期望。"听到这话,我深深地被她的责任心打动,一路上,她还向我分享了服务工作中的点滴故事,有难事,也有趣事。谈笑之间,我们来到了盘湾的南沃村,这里"省电子商务示范村"的招牌赫然醒目,人们的生产生活已经发生了肉眼可见的大变化,村民们都住进了崭新的楼房,移动安防遍布村落,村部里信息调度大屏、云视讯会议系统等设施一应俱全,农户们正在热火朝天地张罗线上农产品直播……

徐菊芬不仅在工作上用心坚持,在生活中,她也是一个热心肠的人。在农贸集市上,我经常看到她忙碌的身影。她帮助摊主们搬运货物,与群众亲切交流,解答他们的疑惑。从乡亲们的口中得知,徐菊芬是镇里家喻户晓的公益达人,无论是助老助残还是扶贫助学,她都冲在最前面,把温暖传递给最需要的人,帮助很多家庭走出了困境,而对于

自己的家庭，她却总是那亏欠最多的一个，在疫情防控中，她一个多月都没回县城的家里。

气温 31.5℃，阳光炙热，完全不像九月的天气，徐菊芬却毫不在意，蹲在田埂上与农户们一起劳作。草帽下，她的身影格外高大，动作熟练而有力，俨然一位经验丰富的庄稼人。闲暇之余，她用家乡土话与农户们亲切交流，耐心讲解着 5G 手机、智慧家庭业务方面的知识。农户说，自己通过 5G 网络能够随时连线农技平台，向镇里农技专家请教问题，一字一句中充满幸福感和安全感。把热爱贯彻到每一天，把简单做到极致，就能够在不经意间触动人的心灵，我想，这就是徐菊芬的魅力所在吧！交谈中，她提到被评为"全国劳动模范"的经历时，眼中闪过一丝自豪的光芒。她说："这是党中央对于劳动模范的最高礼遇。"听到这话，我深深地为她感到骄傲和自豪。

临别时，徐菊芬送我来到盘湾镇路口，金色的耕牛塑像显得格外耀眼，俯首奋蹄，充满力量和希望，像极了在这片土地上奋斗的人们。

头顶一片天，脚踏一方土，草帽下光芒照耀的广袤天地，是万千家庭的梦想，"草帽姐"徐菊芬身在基层、干在基层，更乐在基层，绽放着移动人服务和奉献之美。即便岁月无情流逝，即便困难重重，她也始终坚守初心，勇往直前地走在基层工作的道路上。愿我们都能像徐菊芬一样，用心、坚持、不畏艰难地为民服务，让草帽之下的光芒照耀更广阔之地！

（文／顾晓帆、宋定君　图／邓咪）

满身勋章的通信"旗"兵

——记"最美移动人"岑曙炜

一支军队,尤其是一支战无不胜攻无不克的铁军,有两个角色绝不可或缺,一个是激号催征的司号兵,另一个是领军冲锋的扛旗兵。岑曙炜就是那位矢志不移、冲锋在前的通信"旗"兵。

初见岑曙炜,你一定会被他严谨又温文的形象吸引,鼻梁上稳稳安置的黑框眼镜,由内而外散发着一种独特的学术气质,不张扬却又与众不同。作为公司网络规划主管,他是网络战线扛大旗的技术专家,是一位荣誉等身却始终躬身奋战在一线的劳模工匠。大家亲切地喊他"岑博",还经常用杭州话评价他"岑博这人真当'结棍',做事情毛'来噻'咧"。

匠心坚守,廿年同行

作为公认的首席工匠,匠心与创新在岑博身上完美融合,一面守正、一面求新,从业20年来,他始终保持对科学的敬畏、对技术的执着。他坦言:"工作实际应用的情况要比学校里的研究模型复杂多了,数万个基站组成的网络是牵一发而动全身。技术一旦进入社会,是鲜活的、充满生命力和可能性的,而且正是它的复杂性、发展性,让我们网络人员有不断前进的动力,所以才有了现在的5G领跑。"

岑曙炜亲身参与、推动和见证了杭州从4G第一城到5G第一城的历史性跨越。与一座城同向奔赴中,他收获了极大的幸福感和成就感。杭州不仅是 4G 第一城、5G 第一城，更是引领数字经济潮流第一城，这座城市的数智底座正是无数个岑曙炜在负重前行、默默托举。

2011 年，国内外 4G 技术应用尚处于萌芽状态，杭州移动在全国范围内率先开始 4G 规模技术试验网建设。在"一片空白"的窘境下，身为技术领头人，岑曙炜带领团队攻坚克难，边学习边摸索，通过不断试验，最终通过 3G 与 4G 基站双模演进升级方式建设 TD-LTE 网络，取得了 4G 规模试验网的突破性成功，为集团 4G 建设探索出一条高效率、省投资的创新路线。为了将 4G 网络尽快投入应用，岑曙炜提出并实现了将 4G 网络搬到公交车上，解决了 4G 基站连续覆盖、车载 4G-Fi 设备信号转换等一系列问题。2012 年 3 月，全国首个 4G 应用上线——4G 覆盖的 B1 公交线路成功推出，标志着杭州成为全国首个 TD-LTE 业务应用城市，拉开了 TD-LTE 高速发展的时代序幕。

从"受制于人"到"先声夺人"，以岑曙炜为代表的通信人在践行网络强国使命的道路上走得坚实、走得义无反顾、走得铿锵有力。他说："织罢 5G，我要再织 6G、7G，往后余生，我要做一颗运转在通信网络建设一线的小螺丝钉，为织好这张通信网而奋斗。"

星火成炬，精彩亚运

2019 年，中国移动成为第 19 届亚运会官方合作伙伴，而岑曙炜也担负起了新的使命，领衔杭州亚运会保障整体网络规划。亚运场馆网络保障任务重、要求高。面对挑战，他毫不畏惧，第一时间组建亚运攻坚党员突击队。由他打造的劳模工作室，集结了 8 名博士和硕士研究生，毅然承担起了亚运会 AGIS 和互联网核心网规划、网络维护、传输网络和广播电视转播支撑工作。在他的带领下，工作室成员个个都是"斜杠青年"，是网络技术的研发者，是专业知识的传播者，是项目管理的推动者……而劳模工匠的精神也流淌在每一位工作室成员的血液里，展现

笔墨浓情寄最美
"最美移动人"主题文艺创作掠影

在他们经年累月的工作中。

以岑曙炜为首的亚运攻坚党员突击队，手动打点，反复勘察、测试、分析，通过采用"最小化分区、多频段应用"技术，按座位区块差异化规划天线覆盖安装点位，实行个性化分区，运用 3DMIMO、多频分层、超大上行、超窄波束赋型天线、毫米波等技术的组合创新，打造了一张会"呼吸"的超密弹性自呼吸的 4G/5G 公网，在亚运会开闭幕式期间可满足 10 万名观众与工作人员收发视频、图片，拨打视频通话等网络需求。岑曙炜与网络同仁们始终牢固树立"每一个移动人都是一个窗口"的大局意识，全力以赴圆满完成 2082 场亚运赛事网络保障和开闭幕式保障工作，顺利实现"四零双优"的保障目标，为今后超大规模赛事通信保障输出中国移动经验。这是一张亚洲标杆级的 5G 精品网络，也是一场史无前例的智能化亚运会。

金桂飘香的十月，杭州亚残运会闭幕式正式落下帷幕，现场网络保障人员以"轻舟已过万重山"一句诗在朋友圈举重若轻地抒发了难以言喻的复杂心情。而岑曙炜微笑转身，又投入 6G 网络的研究，就像是杭州的三秋桂子，秋风中摇曳的桂花树，迎风一抖，便香了整个城市。

（文 / 徐聪、徐婷婷）

最美"慰民" 创新"为民"

——记"最美移动人"杨慰民

马克思说:"科学绝不是一种自私自利的享受。有幸能够致力于科学研究的人,首先应该拿自己的学识为人类服务。"

中国移动福建公司就有这么一位拿自己的学识为人民服务的享受国务院政府特殊津贴的专家,他毅然拒绝华为2亿元购买他的五元五阶主动运维核心技术,主动将该技术免费提供给全网使用。他说:"中国移动是人民的移动,我作为中国移动的一员,工作是为了服务人民,让大家用上便宜快速的互联网服务。"

他还是中国移动首席专家,他开创的五元五阶主动运维体系、样本空间置换算法、无线延伸技术达到全球领先水平,获得中国通信学会科技进步奖和中国移动科技进步奖。他说:"抬头望天,低头行路,梦想是靠一步步拼出来的。"

他叫杨慰民,人如其名的他,现任中国移动福建公司网络部网管中心副总经理,先后荣获中央文明办"中国好人"、中央企业劳动模范、"最美移动人"和劳动模范称号。

"常怀为民之心、常行惠民之举。"这是杨慰民创新的底蕴。为了实现客户无阻碍感地融入网络,这位站在移动通信科研一线的创新先行者,带领他的团队创新提出五元五阶时空模型、样本空间置换算法、异常事件聚集性模型等系列原创性的大数据理论、技术和方法并付诸实践,不仅保证了网速快,而且能够在两分钟内,完成从发现问题到解决问题，这些技术产生了显著的经济效益和社会效益。

"自立自主，方可创新领先！"杨慰民说，"中国应该要有完全自主研发的移动互联网通信科技，只有这样才能真正地走在世界通信行业的前列。不自觉地去 IOE 化是我们的选择，在大数据领域，通过应用创新带动底层核心技术的创新，放弃对国外科技的依赖，把数据安全牢牢掌握在自己手中，用堂堂正正的核心竞争力实现直线超车，而不是弯道超车。"

心有所信，方能行远。在旁人看来，杨慰民似乎是一个"技术疯子"。在他的世界里，几乎没有昼夜之分，他一直在思考技术方向，常常为了一个算法思考到深夜，废寝忘食，物我两忘。而在他看来，这种状态太"痛快"了。这个痛快，就是痛并快乐着。

痛来自他对于科研极致的追求。常年密切关注业界技术发展动态与趋势，杨慰民认识到科技创新容不下一丝懈怠，企业必须自主掌握核心开发能力，才能保持领先度。他提出"等米下锅"的压迫式开发模式，摒弃以技术底线为目标的科研模式，选择不断刷新技术的极限。在他的带领下，包含着 9 大类、106 个专题，数量超过 1000 个应用的 CHBN 主动运维体系，实现了别人做不出来的，我们能做；别人做出来的，我们更优；别人只能基于国外系统软件，我们现已全栈国产化；别人只能做非实时的大数据，我们实现了裸金属实时大数据技术。

在成为中国移动集团首席专家后，他牵头主导国产数据库产品的测试、优化、重构、适配和移植，最终实现国产分布式 OLAP 数据库对国外同类数据库的完全替代，解决了核心数据库"卡脖子"问题，填补了国内空白，得到"中国数据库之父"冯裕才教授的高度认可。杨慰民说，没有什么比为国为民解决问题更快乐了。

"荣誉分量越沉，自身的责任担子也越重。"杨慰民说，"最美、首席，意味着需要以最好的科研成果回报荣誉，必须要做好传承。"他认为,"最美移动人"应该有想做事、能做事、做成事的拼劲和能力:想做事,需要胸怀"国之大者",积极跟随科技浪潮去了解世界,发现问题,推动发展;能做事,要能组建一支具备"大国工匠"精神的技术雁阵,勇于挑最重的"担子"、啃最硬的"骨头",领航通信科技升级;要带领团队靠创新做成事,不断突破"卡脖子"瓶颈,紧握全球领先的核心竞争力,通过创新不断解决国家、企业的实际问题。

人心公则如烛,四方上下,无所不照。他将获得的各类奖励金,都用于团队培养和首席专家工作室建设。他发扬"爱拼才会赢"的福建精神,积极做好"传帮带",将创新团队打造成集技术研发、人才培养、运维管理于一体的综合性和交叉性平台。团队中先后有4人获评中国移动"十百千"省级技术专家,4人获得中国移动技术能手和金牌工人称号,1人获得福建省五一劳动奖章。

潮起正是扬帆时。5G端到端的数字孪生运维系统自适应建模,系统后端100%国产自主可控……在永无止境的研发创新之路上,杨慰民秉承着"慰民基因""为民初心",持续以最亮眼的创新"慰"人民,持续以永不停歇的脚步为人民。

(文/刘寿坤)

数字王国中的快乐"操盘手"

——记"最美移动人"赵静

赵静是湖北移动业务支撑中心的一名普通员工,她爱岗敬业,扎根于中国移动经营分析系统,一干就是20多年。她坚定理想信念,牢记党的宗旨,努力工作、业绩突出。她创先争优做楷模,攻坚克难当先锋。她曾获得全国五一劳动奖章,当选全国劳动模范和党的十九大代表。

爱岗敬业,勇当楷模

从一项项分析需求到数据结果,从一个个数据结果到模型优化,她一直与中国移动经营分析系统打交道,她每天沉浸在数字王国中,如痴如醉钻研了20多年。正是这份热爱、这份坚持,让她从一名默默无闻的职场"小白"成长为全国经营分析系统领域的专家,并成为全国劳动模范、党的十九大代表,成为党员先锋模范的卓越代表。

20多年来,恍若梦境。但工作中的每一个时刻,每一次耕耘,每一次挑战,她都历历在目。1998年,刚参加工作时她一无所知,从事经营分析系统的业务开发统计工作,凭着不服输的韧劲,她不断学习、不断钻研、不断实践,终于从一个门外汉变成了熟练工,从职场"小白"变成了项目牵头人,从零基础的计算机专业新兵成长为统计分析领域专家;2003年,她带领团队首次建设并建成了全省集中性的经营分析系统,实现了全省用户信息的集中统计和数据展示;2006年,湖北移动经营分析系统实现了从"1.0"到"1.5"的升级改造，面对新的小型机、数据库、数据模型、数据流程等，她和同事们一起连续工作五天四夜，确保数据完整和准确，实现了全省用户数据的准确完整和平稳迁移；从2008年开始，赵静开始担任经营分析组组长，从一名技术专家转变为技术带头人，并着力培养新人。她的团队先后培养出了两位集团专家、一名省级专家、一名省级青年英才。

　　一路走来，风雨兼程。工作20多年来，所有的节假日，甚至大部分春节，她都是在办公室、在海量的数据和无数的报表中度过的。"一天不坐在电脑前看着那些滚动的数据，我心里就空落落的。"这就是她内心的真实感受。这句话的背后，是她对工作深深的热爱和对千万移动用户强烈的责任感。

　　回首那些难忘的与数字打交道的日子和她的生活都深深地融合在一起，甚至时常会有一些神奇的事情发生。比如，有时候睡觉时，她会突然想到，今天的统计还没有做出来，算法没有算出来，然后想着想着就把它解出来了，把它想透彻了，她就马上坐起来整理要点。一个事情没有解决，心里放不下，会一直想并坚持去解决。

　　作为一名数据分析师，需要提供有价值的数据，并对它负责。通过这些表面看起来冷冰冰的数字反映问题，再把它延伸到对客户的服务，也是数据分析师的工作内容之一。比如，把数字提供给业务部门，利用这些数据去做分析、诊断问题，通过一些多维度的分析或者标签，能够把用户圈定出来，然后采取一些措施，结合实际调整营销政策、优化营销计划给到前台，把数字的价值发挥出来，她就觉得破解了数字里的"生命密码"，这项工作就会更有意义。

　　数字的神奇之处在于应用，她的工作就是用模型赋予数字生命，让它"活"起来，这些数字就像她的孩子，她跟它们有深深的感情。

笔墨浓情寄最美
"最美移动人"主题文艺创作掠影

不负韶华，不忘初心

成长，是一个不断更新的过程，就像数据和程序开发不断更新、不断迭代。

赵静具有典型的理工"技术宅"理性冷静的性格，但并非不善言辞，也许只是没有找到打开赵静话匣子的那把钥匙。这把钥匙，和嵌入赵静血液里的大数据紧密相连。作为一名数字王国中的"操盘手"，破解数字里的生命密码是赵静最重要的工作内容。为了提高数据的准确度，同时尽可能挖掘其中有价值的部分，赵静和她的团队要针对不同需求，不断搭建相应的数据模型。

作为一名共产党员，她说："党是先进的代言，我作为一名共产党员，要更加严格地要求自己，碰到困难就会多想一下，可以通过什么样的办法解决。"不忘初心、砥砺前行，是她在平凡的岗位上追求卓越的不竭动力。大数据是企业赖以生存发展的无形资产，是助力产业转型升级和社会治理创新的利器，这也是她和她的团队不断努力去攻关的重点所在。

2020年1月23日，疫情最严重时刻武汉封城。为了给中央和地方提供疫情防控支撑服务，她和同事们迎难逆行，白天讨论数据，晚上加班建模型，平均每天连续工作18—20小时，克服了物资和心理的强大压力，没有一个人叫苦叫累，更没有一个人打退堂鼓。当时，大家都憋着一股劲，一定要通过自己的努力护好武汉，用实际行动守好家园，每天给政府和管理部门输送数据，为疫情防控决策部署提供了有力的支撑服务。

重拾征程，续写最美

成绩属于过去，梦想属于未来。2021年年底，赵静从大数据部调到政企支撑部，政企支撑工作充满新的机遇与挑战，通过学习，她逐渐适应了新工作。身为政企领域支撑人员，将以提升一线支撑满意度为宗旨，努力改进IT支撑能力。"欲穷千里目，更上一层楼"，她将不断坚定信心，砥砺前行。

（文/管宗琴）

匠心护强网

——记"最美移动人"郭兰珂

无需用言语表达
那些
交织的管线
矗立的铁塔
无形的信号
更迭的数据
是你从心中溢出的挚爱
是你用激情演绎的交响曲

尽管它们让你放下家人团聚
尽管它们让你时常夙兴夜寐
甚至殚精竭虑
你无怨无悔
用你的热血
以及坚韧的信念
去完成与理想的交融

看,阶阶向上
钢筋水泥的森林

爬满了移动的信号格
瞧，熙熙攘攘
人群穿梭的解放碑、洪崖洞
充斥着无形的电波
听，潮鸣电掣
错落有致的 CBD
涌动着闪烁的数据码
小山城，大重庆
数据流量将 8D 魔幻城市推向世界
移动事业如火锅般红火沸腾

看，巴渝大地上
山花烂漫、万里如火
红遍一个又一个春天
瞧，洋槐一泻向天
星星点点连起串串飞花
繁茂一个又一个夏天
听，乡亲们的笑声
荡漾在屏幕上、电波里
惊叹一个又一个秋天
闻，飞雪簌簌而下
纷纷扬扬覆盖万里沃野
蓄势一个又一个冬天
网络村村通、户户入
从脱贫攻坚到乡村振兴
让通信发展成果在贫困山区得以共享

笔墨浓情寄最美
"最美移动人"主题文艺创作掠影

你又卸下昔日成绩再出发
那些鲜花与掌声
淡淡如过眼云烟
你用只争朝夕
呵护着那份匠心匠情
在技术创新的路上驰而不息

也许就在那一刹
一个数据已被你破译
也许就在这一瞬
一个设想已在脑中生成
世界把时间还给你
你让网络强国的梦想
璀璨如花

（文/刘小家）

独龙江畔的通信之歌

——记"最美移动人"马春海

独龙江畔,青山如黛,绿水如镜。阳光透过茂密的树林,洒在江面上,泛起层层涟漪,远处的山峰巍峨耸立,云雾缭绕其间,仿佛一幅天然的水墨画卷。这片美丽而偏远的土地,是习近平总书记一直惦念的地方,也是马春海20余年来一直扎根奋斗的地方。

初见马春海时,他穿着深蓝色的外勤工装,帽檐下是一张晒得黝黑的脸庞,正在一座新建成的5G基站前忙碌着,手法娴熟地检查着每一个细节。我问他:"在这么偏远的地方工作,不觉得辛苦吗?"他抬头看了看我,笑了笑说:"这是我的家乡,为乡亲们办点实事再辛苦都不觉得。"

独龙江乡,一个位于中国西南边境的少数民族聚居区,曾经是中国最后一个通电话的地方。然而,在马春海和同事们的努力下,这里已经实现了通信的信息化跨越式发展。从"放炮传信"到5G网络覆盖,这里的通信历史可以说是一部波澜壮阔的史诗。

这些年来,马春海见证了独龙江乡通信建设的每一个重要时刻。无论是第一个基站的开通,还是4G、5G网络的覆盖,他都亲身参与其中。他说:"每一次的成功都让我感到无比的自豪和满足。"谈到他的工作时,马春海的眼睛里总是闪烁着光芒。他谈到了如何在恶劣的自然条件下建设基站,如何在缺乏材料和设备的困境中解决问题。他们跋山涉水,肩扛手提,将一根根线缆、一个个基站运送到这片曾经与世隔绝的

笔墨浓情寄最美

"最美移动人"主题文艺创作掠影

荒芜之地。在恶劣的自然条件下，他们不仅要解决材料和设备缺乏的困境，还要应对各种突发状况。有时一场大雨或者一次山体滑坡就可能毁掉他们几个月辛苦建设的成果。无论是崇山峻岭还是深沟险壑都留下了他们的足迹和汗水。他说："我们没有什么高科技设备，只有手中的工具和心中的信念。"正是凭借着这种坚定的信念和不懈的努力，他们才能在独龙江畔创造出一个又一个通信奇迹。20余年来，马春海和同事们累计步行超过5万公里，用双脚为大山里的独龙族闯出一条连接世界的信息之路。一个个通信基站如同信息时代的"烽火台"，点亮了独龙江的夜空，也点亮了乡亲们的生活。

从跋山涉水的基站建设者到信息时代的服务者，马春海把带领独龙族人民跨越"数字鸿沟"、共享信息红利作为新的使命。他手把手教乡亲们在"彩云优品"平台上开网店，帮助独龙江乡特色种养业打开销路，让5G直播带货成为独龙江与世界连接的"新时尚"。他帮助当地学校用上了中国移动"蓝色梦想"产品，让高山深谷中的独龙族少年也可以共享全国的优秀教学资源。他帮助当地乡政府、村委会建成联防到户的治安防控体系，用上电子政务平台，守护着群众的平安喜乐，为乡村治理添上了"安全锁""智慧脑"。他帮助乡亲

们用上中国移动"爱家健康"平台,让乡亲们能够在家门口享受到优质的医疗服务。他说:"通信不仅仅是传递信息,更是传递希望和温暖。"

在与马春海的交流中,我深深地被他对于家乡的热爱和对于通信事业的执着打动。他说:"我过怕了那种没有网络、信息闭塞的日子,不想独龙族的乡亲们再过那样的日子。"这句话虽然简单朴素,他却用实际行动生动诠释了"全心全意为人民服务"的坚定信念和"建设好家乡、守护好边疆"的庄重承诺。

现在,马春海在通信建设和信息服务的道路上依然没有止步。他和同事们用肩膀扛出来一座座移动基站,用脊背支撑起一个个通信机房,用信息通信搭起一架架连接世界、牵引发展的"彩虹桥"。他们以坚韧和执着创造了一个又一个通信奇迹,让独龙江畔的青山绿水间充满了希望和梦想。他们或许没有豪言壮语,没有惊天动地的伟业,但他们的行动却是"最美移动人"的真实写照,是这片土地上最美的风景,是独龙江畔最动听的通信之歌。

(文/黄晓薇 图/吴传丹)

零下45℃的温暖

——记"最美移动人"石玉喜

神州北极,茫茫雪海。

"冷"上热搜的祖国北极漠河,泼水成冰、极光闪耀,各种神奇的体验让许多人心驰神往,但在这些美丽的自然风光背后,也有雪虐风饕、折胶堕指的极寒考验。全年8个月的寒冬,空气冻到冒烟,给室外工作者带来极大困难和挑战。

中移铁通大兴安岭分公司石玉喜在漠河这里一干就是20年。在零下45℃寒冷环境下,给"高寒禁区"带来了别样温暖。正是这份执着和坚守,同事们都亲切地叫他"小石头"。

"小石头"所在的班组,早期的任务是建设通信网络,说白了就是"挖坑""立杆""架线",看似简单,但在高寒禁区实施作业难度极大。面对近一米深的地表冻土,十余斤重的铁镐用力夯在坚硬的地面上,像弹了土地一个脑瓜嘣,仅能咂出一个白点。这个时候,如果有人"雪中送炭",那是极好的,也是极盼望的,更是极需要的。"小石头"就是最擅长"雪中取火"的人。零下45℃,凌晨时分,伴着错落星光来到施工现场,在刺骨寒风中扫清一片雪地,用裂满口子的双手小心翼翼地点燃报纸和干柴,点点火星蔓延形成了团团火焰,有光、有热,也有温暖和希望。就这样,"小石头"每天带着大家用这样的方法焐热地表冻土。清晨,再清理出燃尽的火炭,几人轮换着一镐接一镐不间断地刨,生怕时间长了土层冻硬。经常是双手冻得无法动弹,只能插到胸口暖和一下再拿出来，冻了再捂一捂、再接着干……直至土坑达到标准，再立好杆，挂钢线，拉电缆。长年累月，大家手上的冻疮久久不能痊愈，最后形成厚厚的痂。自2003年起，"小石头"在零下45℃的季节里，数不清点燃过多少这样的火堆，记不得走过多少里崎岖的山路，但他的心中清晰地记得点点火光，照亮和温暖了当地老百姓上网冲浪的探索之路。

　　2007年初冬，由于常年风餐露宿，饮食不规律，"小石头"患上了直肠癌，看到诊断书的"小石头"打了个冷战。没有人知道，那一年的冬天是雪更厚，还是火更亮……"小石头"说，患病期间，眼前闪现的不是那纸诊断，而是那星星点点的火光，还有那洋溢在当地客户脸上的笑容、紧握在同事手中的缆线、书写在客户脸上的牵挂。2008年春，冰冻三尺的大地融化了，"小石头"身上的肿瘤细胞被那星星之火点燃，并神奇地消失。领导和同事劝他离开漠河，换个好点儿的环境，可倔强的"小石头"还是跟以前一样坚定执着，毅然决然地坚守在零下45℃的严

笔墨浓情寄最美
"最美移动人"主题文艺创作掠影

寒里，往返奔波在漠河村屯之间。暴风雪天，为了及时抢修被刮断、被压折的杆路、线路，他行走在没膝深的雪地里，深一脚浅一脚地到用户家中处理故障成为他的日常。20年里，他始终坚守北极村，焐热一片土地，架起一张网络，让祖国最北端小县城里的人们，能与远方的亲人天涯变咫尺。

用户满意才是真的满意。漠河老百姓使用移动宽带网络的感知度，网络好不好，网速快不快，用户满不满意，这些都让他牵肠挂肚。他组织漠河支撑服务中心员工为用户"上门送关怀"近2000户，5年来上门关怀总量破万户，做到了管内用户全覆盖。面对新冠疫情，他心怀百姓、逆行而上，充分发挥党员的先锋模范作用，冲锋在通信服务保障第一线。

2017年，"小石头"光荣当选党的十九大代表。回到漠河，在零下45℃的天气里，他用自己最质朴的语言，第一时间把党的精神传递给了当地的群众。他聚焦"两和"升级，将党建触角向祖国最边远村落延伸，与最北城镇"北极村"和最北村庄"北红村"两个党支部建立联系，发挥移动5G、宽带网络等技术优势，为打造"不夜城""北方第一哨"等旅游金色名片贡献移动力量。

夜色难免微凉，前行必有曙光。只要有激情、有干劲、有担当，通信事业就会越来越好。石玉喜坚信，在党的领导下，在中国移动飞速发展下，更多新业务、新产品会"飞入寻常百姓家"，边疆地区也能享受与大城市同等品质的信息服务！

（文/王佳、许秀杰　图/魏冉）

走在别人没有走过的路上

——记"最美移动人"孙滔

1G空白,2G跟随,3G突破,4G并跑,5G引领,中国用30年时间实现了全球领先,而这离不开许多如孙滔一样的科研人员。正是他们追求卓越、创新不止的努力,中国通信产业方能插上腾飞的翅膀,突破一个又一个技术难关,成为5G时代的引领者。

孙滔,一个山东滕州走出来的80后青年,一个扎根通信标准领域的创新"尖兵"。自加入中国移动研究院以来,他一直从事网络技术研发和标准化工作,已在网络技术研究的千层梯上攀登了10余年。

作为中国移动研究院首席专家,在每道技术难关面前,孙滔都义无反顾地躬身入局,挺膺负责。在同事眼里,孙滔是绝对的"技术大咖",他爱岗敬业、勇于创新、从不止步……从业10余年,他与他的团队深耕通信技术科研工作,获得无数荣誉。2019年新中国成立70周年之际,在全国"最美奋斗者"评选中,他成为通信行业的唯一获奖代表。同时,他还入选2022年国家级领军人才计划,获得第二十四届北京优秀青年工程师标兵等荣誉称号。

这些瞩目的荣誉和成就背后,有他对中国科学家精神的传承,有他对科技创新梦想的坚持与追求,也有他对青春无悔的奋斗和付出。

从标准突破到架构引领,推动5G变革式发展。孙滔和他的团队在深入分析技术发展方向基础上,在3GPP牵头提出了服务化架构(SBA)、质量可保障的网络切片、新一代协议体系等重要创新技术。为达成技术共识,孙滔和团队做了大量深入分析、协议仿真、观点碰撞,不但和主要设备商合作伙伴的标准专家讨论,也和产品开发的系统架构师们讨论。他们坚持到底,不轻言放弃,最终在会上,中国移动牵头提出的服务化架构作为5G独立组网唯一基础架构,获得现场全体国际运营商和主流设备商支持。从此,5G架构标准有了中国移动的创新基因,也实现了我国在该领域"零"的突破。

国际标准竞争是残酷的,但孙滔始终相信尊重强者,就能成为引领者。在这种背景下,孙滔及团队坚持自己的科学判断,积极创新工作方法。他牵头发起成立运营商网络架构设计小组,吸引全球20多家主流运营商的参与,并以每周电话会形式,探讨关键问题、分享成果、寻找共识、开放共赢。在世界移动通信标准组织的辩论会上,当时只剩下孙滔团队所提的服务化架构和北美公司所提的点到点架构,在方案获得较多支持并获得完善机会的情况下,孙滔始终秉持在竞争面前,必须尊重科学、尊重强者的宗旨,建议主办方给予对手同样的机会,这不仅让对方很受感动,在情感上也为自己"加了分",最终孙滔团队的方案在技术方向上与全球产业界达成了一致,被确定为5G核心网唯一基础架构,为5G快速商用奠定了基础。也正是因为锲而不舍的努力、开放共赢的作风使得5G架构研究项目完成、5G架构标准正式立项时,他赢得了67家公司支持!

2019年年底,他牵头申报新型信息通信网络架构全国重点实验室,在最关键时刻遇到了疫情。面对团队封控在不同酒店,沟通困难甚至吃住行都很困难的情况时,为了不耽误研究,他带领队员迎难而上,没有办公桌就趴在床上、蹲在茶几前,甚至端着电脑站立办公到凌晨,与外界传递信息也只能通过2位未被隔离的同事来进行,最终在他们的努力下,实验室的整体规划布局获得上级高度认可,赢得了与现有国家重点实验室同场竞技的机会。

每一个工作"剪影",都是孙滔扎根于科技创新一线,不惧挑战、勇攀技术高峰的生动证明。进入研究院十余年,孙滔对工作始终保持热爱和激情。对于他而言,无论是当下研究热点,还是常人眼中的技术"冷门",他都能深入钻研下去。正是这种十几年如一日的创新初心和广泛涉猎的知识积累,帮助孙滔在进行5G架构设计时从容应对各领域的难题,也引导着他聚焦新一代信息通信网络架构演进的方向,在5G演进方向,以及6G架构搭建领域不断创新,并在计算与网络的融合方面展开交叉创新的研究。目前,6G网络架构演进的设计得到了业界院士专家们的高度评价,在国际上也逐渐获得业界共识。

凡是过往,皆是序章;所有将来,皆为可盼。孙滔表示,之所以取得这么好的成绩,是基于习近平总书记提出的网络强国战略,党和国家的高度重视以及良好的创新环境给了我们创新的动力,作为通信科技工作者,自然是"不用扬鞭自奋蹄"。

(文/张天祎)

在回眸里闪光

——致中国移动武汉抗疫群体

万里无云
独来独往
你对两座"神山"心悦诚服
山之褶皱和岩层是地质说明书
血肉之躯在它面前至暂至轻
有毁灭感的约摸,让人看到了余生
风压抑着想法,吹过深深的松树林
断了层的流水,一度沦陷

庚子春节
新冠疫情暴发
千万人的武汉,空洞
疫情的"风暴眼",昨夜惊慌
灵与肉,浮沉明灭,纷纷扬扬
九省通衢处,恶疠骤兴妖
人间肆虐无忌,气焰甚凶嚣
夺命飞沫在城头上破晓

最美的背影

中国移动武汉蔡甸、江夏建维中心
"火神山逆行者战队"
"雷神山红雁突击队"
一整夜,雨夹雪落在心上
天成了铁,地成了钢
那按满手印的请战书
那铿锵有力的出征誓言
那帮小伙,像射出的利箭

抗疫生存战,紧迫在眉间
接战令,军民动,起狂飙
三天开通火神山医院 5G 站
"5G+云视讯"临危受验
多个媒体卜进行视频连线
数条互联网数据专线
入驻定点医院和隔离酒店
向央媒高清直播,"糖葫芦串"正式上线
平凡中的不平凡
奋斗是移动人最美的体现

把光阴的足迹留下
珍藏在永恒的心间
重复着,要更快的动作
弯下腰,让自己靠近土地
抬起头,让自己接近天空
哪里有幸福辛酸,哪里就有回忆感伤

笔墨浓情寄最美
"最美移动人"主题文艺创作掠影

哪里有沧桑岁月,哪里就有胜利满满

最美的脚步前行
像耕牛一样默默无语
前者在白天,后者在夜晚
沼泽边的泥泞、桥洞下的电杆
思绪整天在"两山"上奔窜
悲壮的落日,见证的孤雁
时间悠悠,遥望上方的青天

站在世界的边上
亲临人间的深渊
郊外的太阳把泥土记在心间
一阵又一阵晕眩
火神山,雷神山
在大地上走神
踩着大家的心向前滚动
一次次祈祷与山呼吸交换
时间是无尽的线团卷轴
一点点地贮存在钟表里旋转

最美的声音
那是"逆行者""红雁"敲击键盘的脆响
音调在静夜里高亢而悲壮
不远处的高速路上
期望和速度成正比

空白之页,正生出眩晕的翅膀
光荣和梦想被扔进一个螺旋桨

超大肺活量在窄小空间引爆
希望的钟声唤醒了四周的麦苗
神助功,各自偏安,岁月浑圆
从山地里榨出清流泉
基站矗立野地
混似于一株健硕玉米
日光西沉,月亮升起
满格信号,蓑草和青松相映
目光落在这里,昭示无限
宛如为歇息而留下思想的哨壑

一场必须破纪录的跨栏运动
小伙们只顾急速奔跑
翻越一颗被撕扯的心脏
按下快进键
一万条道路只认一条
至此雅歌,竟成绝唱
既不能折返,也无法跳下
迎接胜利
在党旗下拍张照片
名词动用,诗和词形成同心圆

在这座深陷迷梦的都市

笔墨浓情寄最美
"最美移动人"主题文艺创作掠影

诞生了无数个英雄群体
他们不愿被这混沌的旋涡裹挟
不愿在黑暗中慢慢窒息
激情与壮烈并举
为人们诠释惊心的典集

波澜过后,他们成了金色的光圈
坐成了里程碑,躺成了地平线
海拔在斜阳里放下身段
一幕幕,一桩桩
在年轮中沉淀
在回眸里闪光

(文/杨电波)

"疫"线上的数智先锋

——记"最美移动人"疫情防控大数据支撑团队

2020年春节，北京市长安大街，本应是车水马龙、川流不息，几乎是毫无征兆地变得空旷寂寥，人迹罕至。第一次全国抗击新冠病毒工作调度会的消息在空中传递，百行千业几乎同时按下了"暂停键"。

铁肩担道义

召之即来，来之即战。信息技术中心、北京公司在集团公司党组的坚强领导下，第一时间靠前站位，快速凝聚战"疫"力量。2020年1月，组建疫情防控大数据支撑团队，新冠病毒防控大数据应急项目组利用大数据开展疫情溯源、检测和分析，积极协助政府部门及时掌握疫情态势，全力支撑疫情防控和企业复工复产。

"难，肯定是难，但面对防疫攻坚第一战，总要有人迈出第一步、挑起这副担子。"党龄超过20年的一名老党员，毅然肩负起了业务组和报表组的统筹工作。任务繁杂又紧急，不眠不休连轴转使他病倒了，但接到新的紧急需求后，还没来得及喘口气、歇一歇的他又立即打起精神，统筹方案制定、组织报表出具。当时，他的医生妻子也投身抗疫一线，孩子尚年幼，需要有人照顾，但他还是毅然决然地把孩子托付给亲戚照看，坚定地投入疫情防控工作中。他平均每日在岗超过18小时，关键时刻更是连续180天无假无休。领导问他有什么困难和要求，组织上可以帮忙解决，可是他没有提任何要求，只是回答说："我希望能坚守

笔墨浓情寄最美
"最美移动人"主题文艺创作掠影

在岗位上。"

每次离家,看到孩子哭,他也在流泪,"现在疫情形势还很紧张,爸爸必须去帮助更多的人。"团队里,还有许多的"他"。他们,因为战"疫"经历着生活中的艰难时刻:亲人重病需要照顾却无法顾及,孩子哭喊着要妈妈却无法陪伴……他们,是家庭的主心骨,更是战"疫"团队的铁脊梁。

妙手护"三色"

这场疫情,让很多人认识了红、黄、绿三色的动态健康码、企业复工码和社区通行码:"绿色"代表可以出行复工,"黄色"代表低风险需观察,"红色"代表高风险暂不可出行复工。这是中国移动大数据疫情防控分析平台利用智能化手段,助力疫情便捷防控、高效复工的又一创新成果。

为贯彻落实党中央、国务院关于疫情防控的决策部署,做好疫情防控期间流动人员行程查询,工业和信息化部于 2020 年年初,牵头组织"通信大数据行程卡"服务,由中国信通院与中国电信、中国移动、中国联通等共同推出,其中移动用户查询量占整体查询量的 64%以上。

疫情就是命令,防控就是责任,疫情防控大数据支撑团队利用智能化手段,从产品对标到快速开发用时 2 天,从迭代优化到落地推广用时 2 天,第一款"移动健康码"上线仅用 3 小时……其间,团队成员不断打磨优化产品,陆续衍生了支持扫码展示的"动态健康码"、支持员工打卡和企业管理的"企业复工码"、支持社区场景的"社区通行码","通信大数据行程卡"雏形诞生。

"没有人教,我们就摸着石头过河,咬定青山不放松。"信息技术中心联合卓望公司、智慧家庭运营中心和互联网公司组成的团队,面临着前所未有的压力，也在重压之下迸发出了强大能量、跑出了"加速度"。2020年2月至5月，短短3个月时间里，累计完成工信部、卫健委等数据分析需求713项，出具报表近2万份，游客数量分析覆盖259个5A级旅游景区，通过对数据处理引擎算法的不断改进，使得数据分析从天级缩短到小时级，这就是抗疫的"移动速度"。

守得云开见月明

一场突如其来的疫情，打破了无数人的平静生活。面对这场看不见硝烟的战"疫"，新冠病毒防控大数据应急项目组成员们以咬定青山不放松的信念感，始终坚守在抗疫一线，为疫情防控贡献"数据力量"。当防疫进入常态化，当熟悉的生活逐渐步入正轨，当春天如约而至，他们仍在各自的岗位上默默坚守。

后疫情时代，街道重回喧嚣，城市重回烟火。为了保障和推进企业的有序复工复产，大数据应急项目组主动请战，为相关政府部门梳理制定复工复产分析框架。身为党支部书记的彭勇以身作则，牵头跨部门协调一切可用资源，带领团队成员连夜对北京市整体人口变化及 33 个重点工业园区复工复产情况进行监测分析。

"累是毋庸置疑的，白天对接需求，晚上部署运算，但我们团队每个小伙伴都没抱怨过。大家都知道自己做的这一切是为了让更多人回到原来的生活状态，想到这里就干劲十足了。"连续 20 小时的并肩作战，偌大的办公室里只听得到偶尔的交谈声、纸笔挥洒的沙沙声和时钟的嘀嗒声。虽然熬红了双眼，但及时交付高质量复工大数据报告的那份成就感，让彭勇和他的同事们觉得一切都是值得的。

疫情反复之下，掌握国际疫情流动态势已经列入新冠病毒防控大数据应急项目组的长期工作议程，而身为小组一员的张娟也早已做好了"有呼必应，有令必达"的准备。当国际疫情呈暴发趋势，她接到政府的防疫需求后迅速响应，短短 24 小时内就完成了某单位公共安全防控方案，并制定了国际疫情防控大数据模型口径。

"很荣幸能参与疫情防控工作，也很高兴能为我热爱的这个城市做些什么。所以我会尽最大努力贡献自己的力量，也希望早日迎来云开见月的那一天。"在大数据分析过程中，她更是发挥团队精神，耐心仔细对后台数据代码进行逐项检查，确保数据的准确性，为防止国际疫情在首都的蔓延扩散提供有力支撑。

一边是数据保障，一边是战"疫"需要。大数据应急项目组的同事虽身处各地，却因助力战"疫"的共同使命而紧紧联系在一起。有了他们的担当与坚守，我们仍然相信，没有一个春天会迟到。

自己淋过雨就会撑起伞

"想学校之所想、急学校之所急，让学生安心踏上返乡旅程！"2022 年

1月19日，中国移动陕西公司收到一封特殊的感谢信。

2022年寒假，西北农林科技大学所在的杨凌农业高新技术产业示范区，因与西安共用区号029，当地移动客户的行程卡均显示曾到达或途经西安，被标注为高风险区，给学生返乡过年带来困难。

为帮助学生顺利回家过年，1月11日，信息技术中心联合集团客户部、网络部、陕西公司，迅速启动全国各省协同模式，搭建绿色通道，汇聚"集省专地"四级力量组建全国范围的服务工作专班，30多名服务人员和技术人员连续坚守岗位5天5夜，不间断为万余名学子顺利返乡保驾护航，赢得了学校、学生及家长的一致赞誉。

"危难时刻挺身而出，让我切身体会到了中国移动的担当，正如那句广告语'关键时刻信赖中国移动'！"西北农林科技大学学生母亲给陕西移动杨凌分公司发来一封很长的感谢信。

近年来，疫情防控大数据支撑团队将抗疫精神融入奋斗血脉，不断释放数据价值，实现对内注智见实效、对外赋能有突破。以"通信大数据行程卡"为标志，从"数智防疫先锋"逐步拓展服务范围，已涵盖乡村振兴、数字政府、智慧城市、公共治理、公益慈善等各领域，为促进信息技术的融合创新、技术与经济社会民生的深度融合贡献了力量。

"任何一项事业的背后，必然存在一种无形的精神力量。"籍贯不同、年龄不同、专业不同、性格不同的移动人，都有着同一个文化印记：人民至上、举国同心、舍生忘死、尊重科学、命运与共。这些发生在身边的数智战"疫"故事，是移动人以实际行动践行抗疫精神的真实写照。

（文／何露　图／王慕恬）

网格里的她

——记"最美移动人"赵菲

她是一滴水,
在乡间的小溪上,
忙忙碌碌地流淌,
在农家的地头上,
从这头到那头,
从昨日到明日。
我知道,她也在向往,
向往飞鸟的向往。
我明白,她也在奔涌,
奔涌大海的奔涌,
正如有千千万万个她,
一同永不干涸地奔涌。

她是一粒种子,
春夏沐着雨露滋润,
秋冬经着雪剑风霜。
泥土沁入甘甜的阳光,
辉映精彩绽放的烟花;
风雨洗净了尘埃,

雷电镶嵌了光芒；
把根脉扎向更深处，
像一座默默无闻的山峰。
岁月流淌成悠扬的吟唱，
向上生长，
成为一座森林的宝藏。

她有一颗红心，
青春年少的梦，
热得滚烫，
梦想一路奔向远方，
把诗歌写在大地上。
将青春忽地卷进日记本，
又挥洒下漫天的星斗，
点亮穿透阴霾的微光，
升起温暖冬日的炉火。
逆行向前的身影，
是灯火阑珊处，
眺望不及的背景。

一双鞋、一个人、一网格，
一个包、一支笔、一个团队，
踏遍山野，走过草木，
把自己融入绿水青山。
于是——
河里有了她辛勤的汗水，

笔墨浓情寄最美
"最美移动人"主题文艺创作掠影

山里有了她忙碌的步伐,

云里有了她深情的凝望,

梦里有了她暖暖的、阳光的笑。

(文/孙正亚)

"徽骆驼"

——记"最美移动人"华少华

"徽骆驼"是胡适对徽商的美称，意指徽州商人像骆驼一样，有着拼搏奋进、百折不挠、吃苦耐劳的精神。

2017年，华少华调任黄山移动祁门分公司。在此之前，他对祁门印象最深的其实并不是徽商，而是知道这里有举世闻名的祁门红茶。原本想着什么时候有机会可以顺道去当地尝一尝正宗的"祁红"，没承想，一纸调令竟让他的"顺道"成了"驻守"。

初来乍到，华少华暗暗鼓励自己，虽然学不来徽商的经营之道，但"徽骆驼"的精神却是必须学的。

祁门县是典型的地广人稀山区地貌，素有"九山半水半分田"之说，受自然条件影响，网络建设存在很大困难。他对同事说，没有一只"徽骆驼"会在困难面前停步不前，甚至是打退堂鼓。这个劲，不仅是鼓给同事，更多的是鼓给自己。

安凌镇广乐村是华少华基层调研的第一站。"远！是真的远！"从县城到村里已经下午1点了，他跨出车门，伸伸胳膊踢踢腿，稍微活动一下筋骨后一头扎进普查。广乐村是祁门县最远的行政村，县域内无直达道路，驱车需要在隔壁石台县地界上行驶约1小时，然后再绕回祁门县地界。地理条件限制的客观因素，导致移动网络建设和宽带建设特别困难，这次现场勘查，目的就是寻找最合理的网络路由，力争利用最少的投资，完成该村的网络全覆盖。几小时下来，他们完成了广乐村东西两侧的全程步勘,并通过电力杆附挂及自建杆路等复合模式,确定了传输路由,同时对该村的人文环境及经济状况做到了一个全面了解。工作中,饥饿难耐的同事打趣说:"华哥,再不让吃饭,我们就要成'瘦骆驼'了。"看到已经累瘫的同事,华少华慷慨道:"道虽远,行则将至;事虽难,做则必成,说的是不是现在的我们?"直到今天,华少华对广乐村印象一直很深,倒不只是因为远,更是因为他为了掌握第一手真实材料,来来回回跑了不下 10 趟,哪条路上有几个坑他都记得清清楚楚。

除了远,祁门县的网络建设还有一个很突出的问题——县境内有 6 个乡镇为小水电区域,约占全县面积的 30%,由于历史原因,移动杆线附挂建设难度极大。华少华一方面积极协调地方政府,另一方面又在建设、发展、维护各个环节不断完善解决方案,一次解决一个问题,一天推进一步。经过两年多的努力,祁门县终于实现全县宽带网络全覆盖。

这原本是件很值得庆贺的事,可是华少华却没有显得很满意。因为他知道,在广袤的农村,网络覆盖只是打下了一个基础,脱贫攻坚、乡村振兴还有很长的路要走。尤其是当他来到帮扶村时,心情更是有些沉重。

祁门移动的帮扶村是新安镇高塘村,其中有一个叫作余坑的村民组,处于深山,毗邻江西,整个村庄只有十几户人家,不通公路,不通信号,村里年轻人大都外出打工,是一个典型的空心村。

"脱贫路上,一个都不能少!"为了帮助帮扶村尽快脱贫,华少华在长期的走访过程中总结出了一个属于自己的"四看三问"工作法:一看房屋,二看档案,三看粮食,四看家禽;一问身体,二问经济,三问困难。一本笔记本上密密麻麻地详细记录着贫困户的基本情况。带着这本笔记本,他一次次与村委会沟通帮扶方案,为帮扶对象出点子、找路子、建项目。经过积极谋划和争取,冷水鱼养殖、茶叶加工厂房、村委信息化建设等专项帮扶项目接连投入使用。其中,联合茶企实施的"茶叶物联网"项目还被集团公司授予"全国十大行业示范应用基地"称号。这不仅让这座地处偏僻的小村庄产业逐渐兴旺，村民越来越富，余坑组也随着项目的实施通了公路和4G网络，看着在外打工的年轻人春节回来，拿着手机教家里的老人跟外地亲戚拜年时，华少华笑得比他们还开心。

每次归程都是为了更好地出发，每次停歇都是为了积攒力量。华少华离开时说，无论走到哪里，他都会一直怀念他奋斗过的这片热土，在他今后的工作生活上也烙上"徽骆驼"深深的印记。

（文/黄厚升、王晶）

他用生命绽芳华

——追忆"最美移动人"李跃龙

大地回春，遍地姹紫嫣红，张扬着生命的蓬勃绿意。

而他，却永远把生命定格在了为之坚守的岗位上。

"等我回来。"2020年2月2日，李跃龙因突发心梗，倒在了疫情防控第一线，永远没能兑现他对妻子的最后承诺。

2020年的那个春节，新冠疫情正在中国肆虐，全国各地积极响应党中央的号召，万众一心与病毒展开了一场你死我活的生命争夺战！

大年初三，福建龙岩分公司承接了市委、市政府的紧急任务：2月8日前，必须确保完成龙岩康山医院整体信息化、智能化改造，为接收感染者作准备。

这既是命令，又是责任！正在厦门老家过春节的李跃龙听到消息，急忙返回龙岩，主动请缨扛起项目技术主管重任！

受疫情影响，物流停运。为保证设备货源及时到位，李跃龙连夜做好对接，协调派车到福州接货。施工现场闪现他瘦弱的身影，实地勘察留下他急促的脚印。1月29日，他整天在指挥视频会议设备安装，下午4点才扒拉了几口饭。晚上7点，设备运抵龙岩，他开车取货，又紧急运往医院，现场跟进设备调试。

"ICU病房一切正常""指挥中心一切正常"……当晚10点30分，李跃龙通过视频监控系统，与ICU病房、指挥中心实现视频通话后，才拖着疲惫的身体，融入茫茫夜色。那一天，他说得最多的一句话就是，

"一切正常"。

1月30日，医院指挥部一期项目超前竣工。

李跃龙还是不放心，第二天一早，他再次赶往医院，测试设备，确保万无一失。在同事眼中，他是"行走的百科全书"，是技术上的"大拿"。他说："市委、市政府把这么艰巨的任务交给我们，就不能因为我们工作不到位，影响全市的防控进度和防控质量。"

一连几天，排查、分析、解决、再调试、验收，李跃龙电话没闲着、步子没闲着、思绪更没闲着……2月2日早上，熬了一夜的李跃龙感觉有点扛不住了，连续作战了5天，他感觉有些头晕眼花，一头栽倒在工地。这次倒下，李跃龙再也没能起来。

李跃龙走了，他把优质的网络服务留在了康山医院，却把对家人的思念和承诺永远留在了遗憾中。

为李跃龙送行那天，龙岩天空阴沉，寒风刺骨。同事悲痛地说，李跃龙是个"拼命三郎"，"他白天都在工地，一忙就到深夜，饭也顾不上吃"。"他爱自己的小家，更爱着我们这个大家，全身心投入医院信息化项目建设中，就是希望能够救治更多的人！"

在李跃龙的悼词中，有这么一段评价：

无论什么任务，他都冲锋在前，追求卓越。他牵头圆满完成的"龙岩市协同办公系统"，获得全国业务与服务创新二等奖，极大地提升了龙岩市整体信息化水平，使龙岩市党政机关办公自动化整体水平跃居全省前列。

无论什么困难，他都敢于担当，勇于突破。他带领团队承建35个重点信息化项目，有全国首创党建教育新模式"红盒子"智慧平台、破解城市难题的"畅通工程"智能交通系统、城市生态环保攻坚的"汀江—韩江环保网格化监管信息系统"……

无论什么岗位，他都模范带头，助人奋进。他在部门实施"导师制"项目管理，打造懂商务、懂技术、懂管理、懂风险控制的复合型团队。牵头成立市物联网行业协会，助力物联网产业强市……

人讲究"盖棺定论"，这些评价在平凡中闪着亮、透着光、凝聚着催人奋进的力量。

战"疫"英雄，逆疫而上，向光而行。他用生命诠释了共产党员的初心使命，展示了中国移动人的奋斗精神和优秀品质。这燃烧的生命之光，永不熄灭，为移动人照亮前行之路。

（文 / 刘寿坤）

一片山海"移"生情

——记"最美移动人"三都海上营业厅

初心是什么？是旗帜，迎风飘扬猎猎作响；坚守是什么？是灯塔，冲破黑暗永不迷航；使命是什么？是责任，一份遨游海疆的宽广。

在福建宁德东南部有一个被称为"海上明珠"的世界级天然深水港湾——三都澳。远远望去，是1.5万多个渔排，6000多座"海上浮城"的独特风景。再向前看，是海天一色、浪花飞舞、沙鸥鸣空。在这里，有一支年轻团队，不论海上作业条件多么艰苦，不论海岛网络建设难度

笔墨浓情寄最美
"最美移动人"主题文艺创作掠影

有多大,他们从不畏惧,冲锋在前,他们就是中国移动福建公司宁德分公司三都海上营业厅。

与大海相伴,与移动结缘。海上工作条件艰苦,淡水珍贵,冬冷夏热,吃不上新鲜蔬菜,每当太阳下山,微弱的渔火早早熄灭,一片黑暗,没有人声,更没有娱乐设施,唯有单调的海浪声。在风急浪高的时候,船不能航行,这里更是与岸上隔绝,那是难以想象的孤寂。

2004年,三都海上营业厅等来了第一批员工。19岁的陈巧玲就是其中的一个。她怀揣梦想,异常兴奋。海并不像诗歌中描写的那么浪漫,更多的是艰难与凶险。海上渔排,小浪小晃,大浪大晃,一天到晚无时无刻不在晃动,年轻的陈巧玲常常一边晕船一边为客户办理业务。既然选择了远方,便只顾风雨兼程。渔民作业时间特殊,通信是连接外界的唯一工具,陈巧玲必须24小时待在海上,以保障客户"足不出海"就能享受中国移动的便捷服务。寒冬凌晨的4点,门外一个男人大声疾呼:"妹呀,我老婆突然提前要生了,我手机丢海里啦,开门呀,帮帮我呀!"陈巧玲被一阵紧急的敲门声惊醒,她赶忙开门,迅速帮客户联系边防战士帮忙,把产妇送到陆上,还为客户补办了手机卡,添置了新手机,这惊险的一幕不过是她海上工作的普通清晨。几个月后,客户带着妻儿、鱼货到海上营业厅,拉着陈巧玲的手感激地说:"移动在海上设点,真是救急救难,妹,你可千万别走呀!"这一句"别走",让陈巧玲更加感受到海上群众生活的不便,这一片海域需要移动,需要更加优质的服务,客户的肯定,给予了她坚持的动力。

那些在狂风暴雨中与台风赛跑的勇毅,那些在寒冬酷暑里孤单的坚守。陈巧玲这一守就是7000天,她用尽职尽责诠释着移动人的初心,用坚守诠释践行使命担当。

从最初的小舢板、浮球木屋升级为以环保材料为主体的新型营业厅,从最初的1人坚守到现在6人的团队,海上营业厅不管春夏秋冬、风狂浪高始终矗立海滨。如今，还增加了家庭体验区、数字业务体验区、海上直播间等，为海域3万多名客户提供服务。

这里有全国首个5G智慧海洋样板区，实现了50公里海域5G全覆盖，海域网络速率提升70%、容量提升2倍。

这里还有全国首个海上"惠民"服务平台、全省首个5G海上执法平台、海上平安社区。

海上营业厅见证着中国移动从2G到5G的技术飞跃，更是凭借5G精品网络，实现了海上营业厅从简单服务向深层次、全方位服务的华丽转变。

一份初心一片海，一份坚守一队人。他们相依相伴，见证着这片海域通信的变迁。作为亲历了中国移动"1G空白、2G跟随、3G突破、4G并跑、5G引领"的通信"老兵"，团队骨干陈巧玲感慨道："我们移动人，用最初的心坚守一方海域，用最美的笑让海上营业厅成为渔村与世界连接的一扇窗。"

"美"是一种来自使命的信仰，这一队人，用脚步丈量时光，彰显了移动人最美的形象；用坚守书写担当，诠释了移动人最美的精神；用奉献点亮梦想，传递了最美的能量。厅虽小，舞台却很大，人不多，责任却不小，他们用奉献和坚守推动三都澳"从信息孤岛到优良渔港再到发展新区"的崛起，让"最美移动人"的名字响彻东海之滨。

（文/吴丽琴、林立　图/方钰婕）

沂蒙汉子移动兵

——记"最美移动人"朱祥磊

你从老区走来
沿着沂蒙深处的蜿蜒小路
带着蒙山汉子的厚重与质朴
怀揣着乡亲的叮咛与关怀
你从老区走来
沐浴着沂河秀丽的风光
哼唱着古老的沂蒙小调
带着少年的憧憬与梦想
也带着对大千世界的迷茫
懵懵懂懂闯入世间走向人生的舞台

你有真挚的情怀
你朴实的外表下
有着精巧和真诚的内涵
你轻语而重诺善行而寡言
在纷乱与嘈杂的日子里
寻找生活的意义和乐趣
登高望远摄下沂蒙的美丽
再简单的生活你也过得盎然诗意

你是钻石
在中国移动这个广阔的平台闪耀着华彩
跳跃的思想孕育的是创新
睿智的目光搜寻的是光明
你曾坚守岗位六个日夜
以瘦削的身躯为群众遮风挡雨
二十载苦心经营你不曾放弃
二十载潜心磨砺你终成利剑

你是哨子
为一流信息服务的宏愿
创建劳模创新工作室
哨声一响应者云集
四十余众心系一处抱薪添柴
协同人工智能大数据云计算
提效降冗完成两千节点的构建
数据共享跨域支撑
分钟处理两亿条海量数据
信息化建设造福齐鲁大地

你是斧头
绝处破釜沉舟背水一战
历经千锤百炼锻造利器
着眼全球突破技术壁垒
从大数据核心仓库到 BOSS 核心系统
化解"卡脖子"问题

集团首创国产技术规模化落地
攻坚克难只为日新月异

你是处理器
小头脑大容量
低成本高效率
加快转速提升动力
整合公司资源
开发云效管家提升资源利用率
降本增效三个亿
首创了端到端 AI 应用生产线
提升客户满意度五个百分点
以自主新技术破解历史难题

你是旗手
将开拓创新的旗帜插满各个阵地
从计费账务大数据到客户管理
从传统架构到云架构智慧中台
数字化转型拿了十二项专利
应急保障能力评比六次第一
勇攀高峰创下非凡成绩

云飞扬兮大风起
人生奋进不言弃
你立足本职奋斗不息
面向齐鲁大地为民服务不停进取

提高智慧中台运营效率
创新构建新型信息服务体系
为中国移动数智化力量大厦添瓦筑基
为网络强国续写新的奇迹

（文/倪占贤）

移动人的"技术范"

——记"最美移动人"范春凯

要说范春凯这些年克服一个个技术难题的那股劲儿,可谓"山空云断得流水,咫尺万里开江湖"。

作为商丘移动公司的网络信息安全管理员、中国移动通信集团公司网络安全团队"泰山队"特聘技术指导和集团高级专家,在每道技术难关面前,范春凯都义无反顾地躬身入局,挺膺负责。

在同事眼里,范春凯是绝对的"大神":爱岗敬业的"职业范"、岗位创新的"技术范"、守护安全的"责任范"……入职10余年,他获得无数荣誉:央企劳动模范、河南省五一劳动奖章、中国移动工匠、技术能手、"最美移动人"、优秀网络安全专家……

上班时,第一个来到公司,登录上运维系统,从查看报表开始一天的工作;下班后,最后一个回家,再三确认设备状态后才离开办公桌。这几乎是他的日常,无论春夏,也无关寒暑。

只要有与工作相关的新技术、新设备和新方法出现,他就第一时间总结归纳,直到融会贯通,即便是弥日累夜、宵衣旰食,也在所不惜。

功崇惟志,业广惟勤。他钟情于技术,致力于创新,善于发现问题,破解网络疑难杂症宛如庖丁解牛,充分挖掘技术资源,给出最优解题。

随着互联网的发展,信息安全问题越来越受到人们关注,隐私泄露、钓鱼诈骗等现象层出不穷。在看不见的战线上,有攻击别人谋取私利的"黑帽子",更有保卫网络安全的"白帽子","范大神"就是一名当之无愧的网络安全卫士。

2017年,在全国两会保障工作中,他作为集团总部安全值守团队"飞鹰5号"A组组长,连续15天奋战在值守第一线,不仅拦截阻断了网络安全攻击,同时针对勒索病毒发布应急处置手段,获得集团公司的高度赞赏。

2018年,在网络安全攻防演习行动中,他利用收集防守方的网络信息细节,提出近源攻击战法,深入防守方内网,为攻击队开辟了新的攻击路径,为最终拿下靶标立下汗马功劳。

近年来,范春凯累计发现各类网络信息安全漏洞70余个,其中高危漏洞48个,并提出了相应的整改措施,避免了漏洞被恶意利用的问题,让"黑客"和诈骗分子知难而退,给予客户一个更加安全的网络空间。

2020年春季开学季,因疫情防控需要,商丘各中小学校首次开展线上教学活动,而此时,没人知道该怎样将线上教学资源组织起来,也没人清楚该怎样将学习视频统一推送给每位学生。在大家手足无措的时候,范春凯站了出来,提出了汇总学习内容、统一入口、分年级展示的在线视频教学方案。该视频满足了商丘近百万中小学生线上学习的需求,获得了各校和师生的一致好评。

勇于创新、追求卓越的工作态度,使范春凯练就了过硬的技术本领。在中国移动3届信息安全技能竞赛中,他获得个人一等奖1次、三等奖1次,团体二等奖1次。

面对金灿灿的奖牌和红彤彤的证书,"范大神"总会憨厚一笑:"我是一名基层网络安全工作者,我只是希望能通过自己的努力,使更多的客户能够没有后顾之忧地享受网络带来的便利,减少电信诈骗、网络攻击等不良事件的发生。网络安全了,我就会价值感'爆棚'。"

笔墨浓情寄最美
"最美移动人"主题文艺创作掠影

10年来,他坚守岗位、恪尽职守,见证、参与了移动通信的一次次飞跃;10年来,他执着奋进、臻于至善,用自身态度和行动践行着移动人的核心价值观,诠释着改革者的精神;10年来,他孜孜不倦、亲力亲为,从技术升级到网络安全,不断用自身的坚毅品格和钻研精神感染着身边的人,为年轻人树立了榜样;10年来,他兢兢业业、步履不停,伴随着商丘移动的成长,紧跟着新时代的步伐,为筑牢网络信息安全阵地,无怨无悔地尽心、尽责、尽力。

如今的"范大神"虽然即将步入不惑之年,但其内心的信念却更加坚定:通信畅通是用户的基本诉求,也是运营商技术人员的职责,网络信息安全更是重中之重。

无论日月其迈,还是时盛岁新,范春凯继续攀登技术高峰的动力始终在于不变的初心。

(文/范强、孟庆慧)

红旗村上旗鲜亮
——记"最美移动人"邢亮

看，朝阳照亮沉沉的黑夜，
听，风声扇动深深的渴望。
那一年，他来了，
来到那片涂鸦贫瘠的土地，
被穷困桎梏的村民们，
一声声的"年轻人"里，
透出丝丝疑虑。
那一年，他来了，
站在那间无人的办公室前，
他的铁拳紧握，
凿开，誓要凿开！
于混沌之中找寻希望！

晨光沿着夜空铺满，
晚霞随着月色消逝。
那磨平了的鞋底，
那晒黑了的脸庞，
那清瘦了的身影，
一笔一画绘出奋斗之卷。

笔墨浓情寄最美
"最美移动人"主题文艺创作掠影

吃百家饭,聊百家情。
干百家活,解百家难。
甘当脱贫攻坚"铺路石",
是他!
愿为红旗人民"孺子牛",
还是他!
他用真挚热烈,
一字一句谱写奋斗之歌。

他眼里深切的凝望,
只为炽热那片土地。
村民说,饮水难,
他想尽办法
铺设管道,覆盖供水。

村民说，出行难，
他四处奔走
硬化道路，亮化路灯。
村民说，致富难，
他沉淀筹划
盘活经济，发展产业。
没有解不了的难，
没有攻不下的关，
摆脱贫困走向振兴，
乡亲们的眼睛里透着"亮"闪。

铁肩担当，
凝聚成蓬勃的力量。
滚烫梦想，
滴洒在温软的泥床。
鞠躬尽瘁，
盛下四季轮转的酸甜苦辣。
赤子初心，
浸润着热土，
闪亮了年华。

（文/翁恋恋　图/王慕恬）

生命禁区的守望

——记"最美移动人"丹真曲批

雪域群山，遥遥相望
岁月沉淀，冰川阳光
有山，就有宁折不弯的脊梁
有路，就有风雨兼程的行囊

站在扎溪卡的高岗上，背影孤毅刚强
怀揣着移动人的赤诚，似烈火般滚烫
生在高原，从不缺精神，如雄鹰般翱翔
网络强国，践行着担当，满格信号穿越叠嶂

风花雪月，水墨万疆
步履未歇，紫外晒伤
你用汗水浇灌，人民至上的坚定信仰
你用行动诠释，为民服务的价值导向

你身披蓝色战衣，把双肩上的责任举高过山峰
你背负基站建设，走在悬崖峭壁架起信息桥梁
拍拍身上的尘土，把佩戴的徽章闪亮胸膛
擦擦额头的汗水，把滚热的心间贴近山岗

牧民载歌，牛羊过岗

铿锵男儿，风雨情长

你在逆境中砥砺前行，闯出了属于自己的一片天地

你在困境中奋力拼搏，创造了"生命禁区"的奇迹

缺氧的高原，无法动摇你听党话跟党走的初心

巍峨的雪山，无法阻拦你建设数智乡村的决心

轻轻拨动 5G 网络的琴弦

广阔的草原唱起"振兴"主旋律

偏远的牧场成为"共富"主战场

二十载风雨露

把广袤的扎溪卡丈量

守望

生命禁区的身影依然刚强

（文 / 龚秋德吉　图 / 罗婵婷）

他是"战士"

——记"最美移动人"丁于

黎明的星辉

透过窗

洒在办公桌上

知识的海洋

泛着粼粼波光

奋力汲取着营养

在智启未来的征途上

培育着谦虚涵养

学会了责任肩扛

心中从此有了使命担当

人民至上

在远方

那是一束强光

是奋斗者的行至所向

是耕耘者前行的力量

在网络安全舞台上

七色"彩云"支援边疆

铸牢了铁壁铜墙

架起了金盾护网
国家安全从此固若金汤

薄暮的氤氲
漫过山
病毒入侵降临得很突然
最美逆行"疫"线亮闪
彻夜排查不惜苦战
在抗疫的道路上
你让党旗飘扬在一线
梯田中把耕作美景呈现
城市的烟火被重新点燃
神州大地再现国泰民安

改革的浪潮
铺面来
万物智联迎来了新时代
信息服务科技创新
"云岭"工作室有了大舞台
在创新的征途上
从不缺少梦想未来
站立,倾听群众期待
俯首,直至难题解开
前行,留下工匠精彩

是战士

笔墨浓情寄最美
"最美移动人"主题文艺创作掠影

就要把强国梦当作检验初心的"主战场"
脚踏实地，心存信仰
堵漏洞、树形象
让国家安全时时放在心上
是战士
就要把岗位当作攻坚克难的"练兵场"
厚积薄发，逐浪护航
拔头筹、夺大奖
让信息安全时时担在肩上

是战士
就要把服务当作为民至上的"创建场"
踔厉奋发，怀揣梦想
云之南、建屏障
使得万家互联清朗无恙
是战士
就要把破难题当作践行红色通信的"竞技场"
超越自我，愈难愈强
揽五彩，拥霞光
用责任把"力量大厦"变成诗和远方

（文 / 郭旖）

从"中国好人"到"樱桃书记"
——记"最美移动人"赵军

一条条崭新平整宽阔的水泥路铺到家门口、一间间白墙灰瓦的房屋掩映在绿树花丛中、一面面"会说话"的社会主义核心价值观文化墙、一阵阵从文化广场传来玩耍嬉戏孩子的欢笑声……共同勾勒出陕西省富平县中合村文明和谐美丽的乡村画卷。

2021年7月,怀着对土地的热爱和"为人民办实事"的信念,满载着"中国好人""最美移动人"等荣誉,赵军主动请缨来到中合村开展乡村振兴工作。从那时起,中合村开始变得热闹起来。

让自己住进村民心里

驻村是一场"赶考",农村是"考场",群众是"考官",只有真蹲实驻、真帮实干,才能交出满意答卷。近两年来,中合村的村头村尾,河岸塘堤,成了赵军迎朝阳、送余晖的又一个家园。从驻村第一天,赵军就马不停蹄地走访群众、了解民情,总能在田间地头、街头巷尾、农户家里看到他忙碌的身影——他亲切地坐在群众中拉家常,大家也敞开心扉把家里头急事难事说给他听。不长时间,他就与群众打成一片,"有事找赵书记"成了村里人的习惯。

"我要加强锻炼,多住点儿年头,不然对不住现在的好日子,对不住我们赵书记像亲人一样的关怀啊!"年过八旬的老李是位五保户,掰着指头数工作队的好:帮扶政策一项不落,吃饭穿衣住房看病都不愁;

笔墨浓情寄最美
"最美移动人"主题文艺创作掠影

逢年过节送米送油送衣服送生活用品;酷暑寒冬都上门看望并叮嘱注意身体;孩子上大学每年给提供5000元的助学资金。老李入住敬老院,也是赵书记和他的工作队员齐心协力,背着老人多次进出医院进行体检,办好手续。

把初心种在土地里

乡村要振兴,找到适合的产业很重要。这个在城里长大的干部撸起袖子、俯下身子,吃住在村,蹚过田间地头,走进农户院落,走访脱贫户、边缘户、老村干,摸清村情民意,明晰工作思路。一户、两户、三户……一趟趟跑下来,他的笔记本变成了发展规划书:发展樱桃种植最靠谱!

方向定了后,转变观念是关键。他不畏辛苦,奔波在路上,一次又一次组织群众到产业园区参观,邀请驻村农技员和区镇专业人员免费指

导。与此同时，他还从公司争取到了樱桃种植专项资金10余万元，建成了村级樱桃产业园，面积达到了200亩，时光不负赶路人，两年下来，到了收获的季节，樱桃一个赛一个，村民们交口称赞，赵书记变成了大家口中的"樱桃书记"。

"富平柿饼美太太，一身皆是宝，没有它不能活……'第一书记'就是硬品牌，我就是这个村的第一书记，请大家记住我的脸，放心下单，'干'就完了。"在抖音直播间，赵军的妙语连珠，让人印象深刻，不仅引来围观村民的阵阵喝彩，其别具一格的直播风格，还被不少年轻村民效仿。会种地，更要会销售。驻村以来，帮助村上的农副产品找销路的事，他没少费心。一方面，他当起了义务"推销员"，发动公司员工购买农产品，方便了员工；另一方面，变身电商主播，开设学习小课堂，让越来越多的土特产在"电商联盟"加持下彻底打开了销路，富了百姓。

携村庄走进数智生活里

在赵军的牵头下，中国移动陕西公司助力中合村建设"5G+数智乡村示范村"，搭建了"数字乡村"平台，不断提升乡村治理智能化水平。在村委办公室，5G数字乡村大屏实时展现着数字乡村综合服务平台的运转情况，生产、生活、党务公开各种信息一目了然。60路普通摄像头和多路人脸、车牌识别摄像头，覆盖村里主要路口及人员聚集区，村干部在村委平台可随时查看村里状况，配合云广播可定向与村民沟通布置工作。村民也可以打开手机"数字乡村"App查看并参与互动，及时了解村里的情况。在赵军的推动下，村里建立了合作社，为农业大棚建设宽带网络，推进智慧路灯、千兆光纤进村，中合村一步步融入数字化生活。

"两年帮扶路，一生驻村情。这里是我第二个家，不求走的时候老

笔墨浓情寄最美
"最美移动人"主题文艺创作掠影

百姓敲锣打鼓欢送我,只要再来的时候村民能竖起大拇指欢迎我,我就心满意足了。"如今,赵军在中合村所做的一切都得到了应有的回报。村庄的一切都在悄悄地发生着巨变,乡亲们脸上的皱纹舒展开了,笑容更灿烂了!

(文/李萍 图/黄绮韵)

走过你来时的路
——记"最美移动人"多杰才旦

一次难得的机会，我终于可以去看看果洛，果洛久治的门堂村是我的同事多杰才旦驻村担任第一书记的地方，总听说那里艰苦贫穷，想象中，应该是一个贫瘠的地方。

茫茫的雪域高原上，有一个静谧的地方，黄河从镇子旁缓缓流过，这里就是位于青海省果洛藏族自治州久治县的门堂乡门堂村。门堂，在藏语中是药草滩的意思，飞驰的车子没能把海拔3000多米的高山留在身后，一座连着一座，置身其中，仿佛车外的一切都静止了。这里就是"全国脱贫攻坚先进个人"多杰才旦担任第一书记的地方，也是我此行的第一站，我迫不及待地下车，发现这里和我想象中的不太一样。

我在朋友的照片中见过这里，广袤的草场拉远了每家每户的距离，起伏的山丘拒绝了车载运输的可能，风吹日晒的帐篷透露着岁月的痕迹，生活方式与居住环境仿佛停留在我们没有经历过的那个年代；我在同事的口述中听过这里，6月的盛夏偶尔还会飘着大雪，早晚温差20℃的严酷挡不住多杰才旦入户调研的热情，每户家庭之间1个多小时的路程也拦不住他宣讲政策的脚步；站在这片土地上，我回想起第一次接触这位"草原儿子"的情景。外出学习的多杰才旦需要通过录制视频的方式在公司表彰会上作报告，厚厚的嘴唇，黝黑的皮肤，憨厚的笑容，党旗前他穿着一件干练的短袖白衬衣，讲稿被他攥在手里捏得发皱，额头上沁出细密的汗珠，几分钟的视频录得他满头大汗，最终还是有些害羞地告诉我"我这普通话真的不行，只能让全省的领导同事们凑合着听啦"。

驰骋而来的马匹将我的思绪牵回，我听着牧民朋友讲多杰才旦在马背上宣讲扶贫政策的故事，他们所描述的那个激情飞扬、侃侃而谈的第一书记，让我一度怀疑和自己接触过的多杰才旦不是同一个人。远处的砂石路上，我们看到压路机缓缓驶过，好像隔着老远都能看到空气中飘扬的飞土，老乡讲起多杰才旦组织的公路养护队和奶牛代养项目，多杰才旦始终坚信"扶贫先扶志，扶贫先扶智"的真谛，他心里明白，思想观念还比较保守和陈旧的牧民们，需要脱贫致富的实例和方向。为此，多杰才旦多次组织村"两委"班子成员召开座谈会，讲一讲脱贫攻坚过程中涌现出的典型案例，说一说国家"脱贫攻坚"的路线政策，谈一谈符合门堂村发展的村集体经济，找一找解决眼前困难问题的方式方法，通过引导党员、党员带动，全村整合到户产业资金近18万元，实施了门堂村奶牛代养项目，人均分红400余元。"门堂村公路养护队"共养护38公里县级公路，收益26万余元。记得在多杰才旦担任"第一书记"之前，久治县集中开展软弱涣散党组织摸排工作，因门堂村党组织服务意识不强，被确定为软弱涣散基层党组织。他上任后，从"零"起步，积极组织村党组织所有党员开展整顿转化升级工作，结合"脱贫攻坚""1234强基筑垒"工程，开展"三会一课""帐篷党日""党员志愿服务活动"，加强了牧民党员的思想教育，增强了党员服务群众的意识，最终一举甩掉了软弱涣散党组织的"帽子"，全面完成了村党员活动室的规范化建设，打造了"树精品党建、提'两委'水平、促精准扶贫"项目党建的样板。在多杰才旦的带领下，门堂村87户建档立卡贫困户脱贫了、发家致富的能人多了、草原得到恢复性修复……在牧民眼中，他是帮助致富的朋友；在他的眼中，牧民是共同进步的亲人。

回程的路上飘起了细密的雨，我想起第二次见到多杰才旦的情景，彼时他作为优秀党员代表坐在主席团成员席上，还是一件白色短袖衬衣，举手表决的时候脸上刻着坚毅，会场屋顶的灯光照在他胸前的党徽上，照耀着一名共产党员的初心与使命。回想这几天的所见所闻，其实这里和我想象的一样，这里有热情好客的藏族同胞，有善良淳朴、自力更生的牧民老乡，这里的一切都在乡村振兴事业的推动中焕发出勃勃生机。如今的多杰才旦已经是青海移动果洛玛多党支部的支部书记、县公司负责人，他说起自己的孩子、身上的担子，还是那种憨厚的表情、那种坚毅的模样。看着他从扶贫一线一路走来，又踏上生产经营一线的征程，即使去往海拔更高、气候条件更艰苦的地方，依旧信心满满，我看到他带领着玛多县公司党员干部员工，一步步踏着一贯坚实有力的步伐，致力于玛多的通信建设和信息服务，我走过他走过的路，听到山腰传来马蹄踏地的声音，微风细雨却撞击着我的心灵。

（文／杨美枯）

有一种责任叫奔赴

——记"最美移动人"新疆公司深度贫困村第一书记

多少次风尘蔽日、多少回碱水涟涟,新疆喀什地区叶城县的一些边远村庄被岁月锁在烟雨中,发出无声叹息。

这里的依力克其乡依力克其(11)村等8个村庄均属于国家级深度贫困村,贫困发生率达到六成以上,用"捉襟见肘"来形容这里老百姓的日常生活并不为过。2018年,中国移动新疆公司深度贫困村第一书记(集体)从乌鲁木齐出发,穿越1536公里,奔赴8个村庄,助力摆脱贫困枷锁,实现凤凰涅槃。

奔 赴

2018年1月30日深夜,中国移动新疆公司人力资源部总经理李江的家中,妻子刘红一边替他整理着行李箱,一边叮嘱:"你胃不好,村里事情多,不要忙起来就忘了吃药。"

第二天一早,李江就和同事一行赶到机场。2个小时的飞机、3个小时汽车,接着是颠簸的乡村公路,经过1500多公里的跋涉,直到傍晚时才抵达此行目的地——叶城县依力克其乡依力克其(11)村。从这一天开始,他的身份就是叶城县依力克其乡深度贫困村第一书记工作队总领队、依力克其(11)村"访惠聚"工作队第一书记。

走在路上,黄沙漫漫枯树连天,污水顺着沟壑淌、北风裹着垃圾飘、畜草沿街随便码、鸡鸭放任满村跑;推开门,苍蝇在馕饼上打转,毡毯泛着陈年油渍，床头的衣服可以抖落出跳蚤……他愣了几秒钟，感到肩头沉甸甸的！贫穷落后是李江对这里的第一印象。

进　驻

经过数天的调研后，8 个村的驻村书记首次坐在一起"头脑风暴"。他们结合调研情况，展开了一场主题为"如何带领村民脱贫致富"大讨论。大家七嘴八舌，现场异常热烈。思路在碰撞逐渐清晰，目的在交流中逐渐明确：在有限的时间内，尽快带领村民共建一个宜居的幸福家园！

理想很丰满，现实很骨感。他们面临一个棘手的问题：经济底子单薄、收入渠道单一、创业途径匮乏，对农业技术更是一窍不通。

思想决定方向。很快，深度贫困村第一书记工作队作出了入驻以来的第一个决议：第一书记"挂帅"，实施农产品全面改良；各"访惠聚"工作队对接周边工厂，建立就业输出渠道；8 个工作队联合推动项目落地，布局合作社经济。

丈量每一分土地、熟悉每一户人家、走遍村庄的每一寸沟壑，他们就是村民的领路人。

同吃一锅饭、同喝一碗水、同睡一张床，他们就是村民的贴心人。

"买买提家的 185 核桃今年卖了个好价钱。"

"巴拉提去县城打工了，1 个月有 2000 多元呐。"

"加入合作社之后，买吐逊家又多了一份收入。"

这些消息就像长了翅膀的风一般，飞遍了村里每一户人家，拂动起人们对美好生活的向往。

在第一书记们的协调下，248 个国家项目和 31 个公司项目顺利推进、29 万元公司项目资金为 500 余户村民们添置了家具。与此同时，村庄里还成立了农业机械、服装加工、肉鸽养殖、果蔬种植等 25 个合作社，数

笔墨浓情寄最美
"最美移动人"主题文艺创作掠影

千人实现了稳定就业，上万人的生活实现了翻天覆地的变化。

责任与使命，岂是说说而已，当成为一滴滴汗水，浇灌一方土地。

蜕 变

日历翻到 2021 年。

肉孜成了村里第一个买小汽车的人；

卡斯木在叶城县开了一家属于自己的店；

阿不都拉学会了用手机进行网络直播卖货……

8 个村庄都建了幼儿园、卫生院、文化广场，居民基本医疗保险实现 100% 覆盖，模特表演等文艺活动丰富了乡村生活……"贫困村"的"帽子"终于被摘，贴上了"美丽乡村"的标签。

经历过风霜的村庄，最知道太阳的温暖。年长的村民们逢人就感慨，"自从'第一书记'进了村，我们就过上了好日子。"善于烹饪的主妇们会给他们送来刚出锅的第一碗抓饭。年幼的孩子们害羞地抓一把杏子塞进他们手里。

8 个村庄就像绘制在西部边陲的"八骏图"，嘶鸣奔跑。

长卷的绘制者，用手臂体验昆仑山的高度，用脚步丈量提孜那甫河的长度，勾勒脱贫攻坚的全景图。

长卷的着色者，以心往一处想劲往一处使的干劲，以一户美带动一片美的闯劲，换来瓜果飘香的乡村振兴美景。

长卷的拥有者，实现了思想和民族团结双向奔赴，实现了转型发展与数智赋能的同向发力，在他们心里深深埋下了自强自信的印记。

（文 / 徐懿）

"船"承通信梦，领航新篇章

——记"最美移动人"NFV 网络云项目团队

在中国移动设计院，有这样一支队伍，他们就好像一艘航船，在社会信息化大潮中破浪前行。以精湛的技术和顽强的拼搏精神，不断突破着通信行业的技术难题——这就是 NFV 网络云项目团队。

乘风破浪、领航新时代

要说这艘大船的领航员，非冯征莫属。冯征深耕中国移动核心网二十五载，见证了从 2G 到 3G、4G 再到 NFV 以及 5G，从电路域到分组域再到 IMS 域，从智能网到物联网的网络迭代更新历程……他和他的团队不断创新突破，攻克复杂技术问题，为我国信息通信产业的快速健康发展持续注入动力。

每当面对方案选择时，冯征总是带着大家端到端地将业务跑一遍，将国际标准、企业标准中的标准流程走一遍。从终端、无线接入网、传输网、承载网、核心网、业务平台到支撑网络，从核心网电路域、分组域、IMS 域到信令网，哪里有标准无法落地的问题，哪里有无法走通流程或者流程不合理的问题，哪里有功能要求，哪里需要改造和优化，他们就细细琢磨哪里，不断提出优化方案，直到整个流程可以顺畅、合理地走通，安全隐患完全消除，最终形成可商用部署的方案。正是凭着这种冲云破雾的精神，团队技术不断精进。在最具挑战性的 5G SA 商用部署项目中。面对国际标准不完善、厂家经验缺乏和产品成熟度不足的困难，冯征带领团队成功找到突破口，创新性地提出了对现网影响最小、成本最优的解决方案，成功为中国移动建设了首个 5G SA 核心网络。

风雨同舟、砥砺新征途

在这场技术革新的征途中，最令人动容的莫过于团队在新冠疫情期间的坚守与奉献。回首 2020 年，当疫情如暴风雨般席卷而来时，团队成员们在风雨中稳固船锚，坚守在他们的工作岗位上，奋不顾身，谱写了中国移动网络数字化转型华章。

承载中国移动 5G 核心网的网络云资源池二期工程是保证 5G 业务按期上线的关键基础，正是在这一期工程，NFV 网络云团队扛起了两个大区中心的硬件集成任务，这是中国移动首例自主完成的云集成项目。一方面，面对全新领域无人探路，只能边摸索边推进；另一方面，云集成需要大量的现场协调和组织工作，没有远程操作的可能性，要想赶进度，必须到现场！"这种时候，我不上谁上！"共产党员田盛泰同志发挥先锋模范作用，在疫情肆虐的时期逆行而上，带领系统集成团队出发了。复工早期，所有酒店、饭店停业，团队就自带睡袋和方便面；为了避免疫情传染影响工程进度，他们一个多月没吃过一顿午饭！就是在这样艰苦的条件下，团队组织协调相关单位近百人的各项工作，克服万难，仅用时 50 天即完成了近万台设备的验收交付，比原计划提前将近一个月。

随着中国移动 5G 建设的步伐加快，项目团队承担的 5G SA 核心网工程设计周期从原计划的 2 个月缩短到 1 个月，加之突发疫情，更增加了任务的完成难度。团队内的共产党员同志组成突击队，面对工期紧、任务重、形势严的情况，带领团队迎难而上、攻坚克难、夜以继日地开展工作。每周至少有 3 天从晚 8 点到 11 点作为项目组沟通时间。其间，项目总负责人周维突发高烧 39.3℃。第二天，当大家在云视讯上看到他的头像和嘈杂的背景出现在屏幕上时都很诧异，原来他正在医院一边打点滴一边参加会议。周维生病期间不仅没有休息一天，还坚持开会牵头讨论技术问题。项目组就是这样以惊人的实力和毅力，肩负起重任，共完成 5 次施工图设计会审，涉及 31 个省区市、296 个本地网、600 多个局址、近万台设备！全力支撑中国移动"6·30"80 多个先发城市 5G SA 商用，抢占市场先机。

梦想成真、破浪向未来

冯征曾说："坚持重复的生活。"这看似简单的一句话，却蕴含着团队对技术钻研和创新的坚定信念。对于他们来说，每一天的"重复"都是一次新的探索和突破。正是这种对技术和创新的不懈追求，让他们能够在信息通信这片星辰大海中破浪前行，将梦想照进现实。

NFV 网络云项目团队的事迹，不仅是技术创新的传奇，更是一个关于梦想、坚持和奉献的故事。我们看到了一个团队的航船如何在技术的海洋中不畏风浪，勇往直前。他们的故事，将永远激励着每一位移动追梦者，在自己的岗位上，为实现更加美好的数字生活而不懈努力。

（文 / 李心恬、吴倩、丁志刚）

集智聚力普"芯"章
——记"最美移动人"肖青

"积力之所举,则无不胜也;众智之所为,则无不成也",这是肖青非常喜欢的一句话。

2022年12月,当肖青在中国移动合作伙伴大会的分论坛上,发布中国移动首颗RISC-V内核NB-IoT通信芯片和国内首颗64位RISC-V内核LTE Cat.1bis通信芯片时,他的眼睛微微湿润,心中感慨万千,脑海中又回忆起了过去两年多时间里,他和团队日夜奋斗的身影。

时光的列车缓缓回到2020年一天的下午,窗帘遮挡的会议室稍显昏暗。作为芯片设计的核心,是选择生态成熟但存在受国外制约风险的ARM架构,还是新兴的开源开放的RISC-V架构开展芯片研发?肖青和他的团队正在面临着芯片研发道路上第一个重大决策。

激烈的讨论已持续了很久,会议室里静悄悄的,没人再发言。沉默良久,终于还是肖青进行了表态:"现在是万物互联时代,各种应用终端呈现碎片化和多样化特点,对内核架构有了新的需求。RISC-V架构独特的开放属性确保了RISC-V在演进和拓展道路上不易受到相关约束,有助于实现国产内核的自主可控。选择ARM架构无疑会大大提升研发进度,但是我们需要承担起作为央企的担当,我建议芯昇应坚持RISC-V的技术路线,在芯片国产化的道路上奋勇向前。"

肖青说完最后一句话,团队的一位成员拉开了窗帘,热烈的阳光洒在了每个人身上。就这样,一场为助力国产芯片自主可控,基于RISC-V

架构开展通信芯片攻关的战斗正式打响。

一般来讲，通信芯片的研发周期需要3—5年。而为了按期完成中国移动关键技术攻关项目——物联网芯片研发项目攻关任务，留给芯昇的研发时间仅有2年左右。

同时，相比生态成熟的ARM架构，选择RISC-V开展芯片研发注定会遇到诸多荆棘和艰辛，难以预知的困难随之而来。以"NB-IoT通信芯片项目"为例，在2021年4月的样品验证测试中，肖青团队发现射频IP发射和接收部分存在影响性能的重大问题。为了按期在9月完成芯片投片，需要在5个月时间内，完成射频发射部分频谱展宽严重、杂散超标、谐波超标、接收部分镜像抑制和噪声系数较差这些问题的定位分析，设计解决方案，并完成电路和版图设计。

问题多，时间紧，任务重。为了快速定位问题，肖青带领团队主动加班、放弃周末，一个问题一个问题地攻关。在进展焦灼时，团队成员朱磊、戴山彪、侯昊鹏、刘晓松、祝希克服困难，多次去成都与射频IP提供商协同攻关。作为总负责人的肖青，更是把行军床放在了办公区狭窄的工位旁，争分夺秒夜以继日地工作。收到肖青凌晨发出的邮件，对于团队成员们来说已不足为奇。

令人欣慰的是，经过肖青团队的不懈努力，最终完成了相关的测试和验证工作，各项指标达到或超过了设计标准。2022年1月，中国移动在北京组织召开了物联网芯片研发项目验收评审会，两款通信芯片顺利通过由倪光南院士任组长的专家组评审和集团验收。专家组认为，中国移动勇担国家科技攻坚任务，研发了多款基于RISC-V开源指令集架构的芯片产品，填补了多项基于RISC-V内核的物联网芯片产品空白，多项技术指标达到国际领先水平。目前，NB-IoT和LTE Cat.1bis通信芯片已全部实现量产。其中，NB-IoT芯片累计销量已突破百万颗，并入选国务院国资委《中央企业科技创新成果产品手册（2022年版）》。

十年饮冰，难凉热血。肖青说，目前芯昇已积累了丰富的基于 RISC-V 的开发经验，并推出多款 RISC-V 内核的芯片产品，在 RISC-V 技术路线和芯片内核自主可控的道路上越走越远。虽然芯片国产化未来之路依旧漫长，但中国的芯片产业没有退路。未来，我们仍将聚焦芯片国产化建设，以科技创新赋能 ICT 产业高质量发展，打造国产芯片产业的"芯"篇章。

（文/王标）

我们不干，谁干？

——记"最美移动人"咪咕视讯直播团队

百年前，毛泽东在《湘江评论》中写道："我们不说，谁说？我们不干，谁干？"中国移动咪咕公司就有这么一支团队，他们诞生于中国"直播元年"2016年。8年来，他们召之即来，来之能战，始终坚定地站在直播制播一线，储就了不断开局与破局的巨大能量场。

——不相信有完不成的任务，不相信有克服不了的困难，不相信有战胜不了的敌人！

2020年，是国人登顶珠峰60周年，中国移动配合中国测量登山队开展珠峰测量任务。

4月11日，咪咕视讯直播团队接到一项紧急任务：支援5G上珠峰，协助中国移动于珠峰5300米、5800米、6500米3个营地建设3个4G基站、5个5G基站，并建立稳定的5G+4K直播环境，为中国登山队测高提供直播技术支持。

还来不及细思进入"人类生命禁区"的危险，第一批先遣队争分夺秒地抵达珠峰营地。

而接下来，高反、缺氧、低压、暴风雪，各种挑战接踵而至。队员们扛着300多斤的设备、100多块电池、5个背包的物资，步行抵达海拔5300米的基站建设点。在没有任何过往经验参考的情况下，队员们首次通过5G通信技术进行了超高海拔、超大带宽、超高清晰度、极低温环境的 4K 信号测试，成功传回了第一场 2 小时的珠峰 5G+4K 直播画面。

随后一场罕见暴风雪降临，十几级的大风刮来，帐篷一下子没了。局部积雪深度达 50 厘米以上，人员行进十分困难。

渴了，喝一口烧不开的雪水；饿了，啃一口硬邦邦的饼干。在等待窗口期，队员们拼了命地坚持，最终与海拔 6500 米的战友们合作，成功架起了世界最高点的 5G+4K+VR 的临时直播点。

5 月 27 日 11 点，2020 珠峰高程测量队成功登顶，测量数据通过 5G 网络实时传回。

那一刻，世界移动通信史又一次被刷新。中国移动通过 5G 信号完成了一次世界海拔最高的直播，全国无数网友第一次通过 5G 网络，在云端共同见证了登顶和高程测量的伟大时刻。咪咕视讯直播团队将信号分发给央视、新华社等多家央媒全国同步直播，直播画面 2 天内播放量破亿。

——在重要时刻冲得出来，关键时刻站得出来，国家需要的时候豁得出去！

2021 年 5 月，咪咕视讯直播团队接到了庆祝中国共产党成立 100 周年文艺演出《伟大征程》中戏剧组即时拍摄和"子弹时间"拍摄的"秘密任务"。

这又是一场与时间、经验博弈的硬仗。导演组提出的"即时摄影、瞬时导播、实时投屏"的构思，以达到在 8000 多平方米的舞台大屏上以电影级质感实时呈现演员的表演，放眼全球没有任何先例。

能扛事的人，往往来不及说一句"出发"，脚步已经在路上。

队员们火速开工，研究和专攻拍摄制作解决方案。戏剧视频组的排练时间通常是每天 23 点到次日 4 点多钟，"夜行组"用了近 1 个月的时间反复测试信号输出、投屏延迟等问题，硬是在千难万难中撕开了一道口子，实现了行业首次 230 毫秒超低延时，率先"投屏成功"。

"子弹时间"的拍摄同样困难重重，导演组留出来的搭建和拍摄时间只有 60 小时。面对人手严重不足，队员们大胆假设，小心求证，在实施过程中创新了多适应性桁架、索降动态捕捉与大旗多点位追焦技术，硬生生打通所有技术关节。

2021 年 6 月 28 日晚，庆祝中国共产党成立 100 周年文艺演出《伟大征程》在国家体育场盛大举行，7 月 1 日晚正式播出。中国移动咪咕公司圆满完成"5G+ 极低延时电影化即时拍摄创作"的世界首次创新应用，"子弹时间"以时空定格般的电影特效展现出大型情景史诗之美，全国亿万观众共同观看了这部波澜壮阔、豪情万丈的现象级史诗巨制，集体沸腾。

中国国家话剧院院长、《伟大征程》副总导演田沁鑫在采访中说道："在科技和艺术如何结合创新这件事情上，我觉得咪咕视讯直播团队做到了，不仅是国内创新，而且是国际首创。"

8 年来，咪咕视讯直播团队承接并完成中宣部、国资委、网信办等重大项目超 100 场、常规项目超 300 场。轻捻时光，他们从"0"到"1"，实现了从广电级高清直播迈向 8K 电影级超高清直播、5G 云直播、XR 元宇宙直播等创新前沿技术的跨越。春去秋来，他们甘之如饴，欣然奔赴从抗击疫情到乡村振兴到保障冬奥会的每一次大战大考。

（文 / 陈琳）

在线飞歌

——记"最美移动人"徐吉恩

有一首歌,从春天唱到冬季,悦耳动听
有一首歌,从清晨唱到深夜,回旋婉转
歌声围绕着一条热线
10086,7×24小时,守候无极限
热线连接着无数心声
10086,365天,陪伴永在线

从白雪皑皑的北国到南海之滨
我们拥有同一个名字
——中国移动10086客服

从革命英雄城市南昌到井冈山
一条热线与一副耳麦
——最美的她连接着客户万千

2010年,你还是一颗青春的"凡星"
第一次入职培训,在懵懂中懂得"客户服务"
第一次上阵接线,紧张的汗水打湿了青春衣衫
第一次拓展训练,同伴手让你体验心手相连

第一次团队聚会，你的笑脸融入了集体的温暖

那一年，你深耕服务话术、钻研客户需求
成为一颗客户服务的"明星"
曾由于解答不完美而感到失落
曾因为客户的感谢而备受鼓舞
也曾坚守通宵，接听来自新年的第一通电话
在收获100%满意时深刻领会服务的意义

那一年，你编写《六脉神接》、开设《聚"宝"盆》
成长为一颗管理的"新星"
组织技术研讨沙龙
热线运营、CHBN、多点交互
从热线到在线

笔墨浓情寄最美
"最美移动人"主题文艺创作掠影

在服务营销转型的热土
你的热情一次次被点燃
带领班组不断编织通往成功的经纬线

你把青春沉淀成宝藏
谱写成默默奉献的乐章
重大服务保障
你耐心解答、仔细受理
用甜美的声音传递着友谊和激情

转型发展风高浪急
新征途上满布荆棘
你和年轻的客服人一起
用在线服务连接山区与岛屿
无论富裕或贫瘠
总能把温暖和关切送到人的心里

星辰闪耀,岁月如歌
从江西大地飞出的最美最甜旋律
久久回荡在10086热线和互联网的海洋
微笑之线、责任之线
最美的中国移动服务之线

12年,赢得荣誉串串
贡献和荣誉齐飞
成就由蛹化蝶的蜕变

流淌在空中的电波见证了累累硕果
你在这里，与伙伴们一起
用转型的力量与时间进行赛跑
让移动信息专家改变生活

从优秀到卓越
你用行动实践理想
手挽着手，心连着心
从一个最美到更多最美
你用奋斗诠释"恒星"的意义

请允许我
与你一起凝聚山的坚韧，徜徉海的宽广
请允许我们
旋转风的轻盈，闪亮星的灿烂
在线飞歌在华夏大地传遍

（文/陈超　图/黄绮韵）

移动最美

——中国移动"最美移动人"主题曲

1=F 4/4
♩=128

融入空天 云端时空 穿梭 跨越山河 连接万家 灯火 荣耀之光 映照初心 闪烁 移动最美 温暖万千你我 闪亮的名字 是拼搏的坐标 奋斗的精神 在传承中闪耀 流淌的汗水 浇灌会心微笑 最美的力量 吹响胜利号角 山遥遥水迢迢 筑梦苍穹向长天 算网看今朝 Wu wo 在这一刻 让时代看到 信息飞驰电掣 让世界感受 科技美好生活 你与我 创新开拓 能量满格 期许着 最美的期许

42
5 6 5 3 | 7 3 2 3 2 | 1 - 0 0 | 2. 2 2 3 2 | 2 3 2 1 1 1 |
欢乐着 最美的欢乐   共同激扬 创世界一流

47
3 5 5 5 0 3 2 | 2 - - 0 | 3 5 5 2 2 3 | 3 0 3 2 1 1 1 |
的 浪花 朵 朵   Wu wo 在这一刻 让责任在胸

51
2 2 2 2 2 2 3 | 6 1. 0 1 7 5 | 6 6 6 5 5 6 6 |
间炽热不负祖国的重托 让梦想拥抱新征程数

54
6 6 6 5 6 5 6 5 | 5 5 5 5 5 5 5 | 1 2. 2 3 2 1 | 3 5 5 6 5 |
智蓝海的辽阔你与我携手并肩踏浪逐波 坚持着最美的坚持

58
5 6 5 3 | 1 3 2 3. | 2 1. 1. 0 0 | 2 2 2 2 1 | 2 2 3 2 |
执着着最美的执 着   共同奏响新时代建功

63
♭3 - 5 - | ♯5 - 2. 1 | 2 1. 1 - :‖ 3 5 5 2 2 3 |
的 壮 丽 凯 歌   wu wo 在这一刻

67
3 0 3 2 1 1 1 | 2 2 2 2 2 2 3 | 2 1 2 2 1 1 | 7. 5 6 6 5 6 |
期许着最美的期许欢乐着最美的欢 乐坚持着最美的

71
6 1 2 2 1 2 1 | 3 5 5 5 0 3 2 | 2 3 2 2 1 | 3 - 5 5 6 |
坚持 执着着最美的 执 着 共同激 扬 创世界

75
6 5 3 3 1. | 7 1 0 3 2 | 1 - - 0 | 2 2 2 1 1 | 2 2 3 2 |
一流 的 浪花 朵 朵   共同奏响新时代建功

80
♭3 - 5 - | ♯5 - 2. 1 | 2 1. 1 - ‖
的 壮 丽 凯 歌

后 记

党的十八大以来，中国移动深入学习贯彻习近平新时代中国特色社会主义思想，在全集团党员干部员工中弘扬以伟大建党精神为源头的中国共产党人精神谱系，深入践行社会主义核心价值观，连续10年开展"最美移动人"主题宣传活动，选树了一批代表新时代移动人精神风貌的先进典型人物，持续宣传他们在建设科技强国、网络强国、数字中国事业中的奋斗故事，为激励广大干部员工奋进新征程、建功新时代凝聚了思想共识、营造了良好氛围，为中国移动创建世界一流信息服务科技创新公司注入了强大精神力量，彰显了新时代中央企业员工"顶梁柱、顶得住"的责任担当和时代风采。

10年来，中国移动坚持面向基层，从改革发展各领域各条线选树了一大批"最美移动人"，他们来自一线、扎根一线，立足本职、默默奉献，在各自岗位上作出了不凡业绩，汇聚成为新时代中国移动奋进一流的壮丽凯歌。他们的事迹可学可做，他们的精神可追可及。为将"最美移动人"主题宣传活动进一步引向深入，在活动开展10周年之际，按照中国移动党组统一部署，党组宣传部组建编写组，历时半年完成《最美移动人》图书编辑。全书共包括3个部分。第一部分《凝聚移动"最美"力量 奋进强国建设新征程》一文，是中国移动党组书记、董事长杨杰在第四届"最美移动人"发布暨事迹报告会上的讲话,《弦歌十年芬芳路》是党组宣传部关于10年"最美移动人"活动的综述。第二部分《又是芳华正浓时》为第四届"最美移动人"事迹巡礼,编入了第四届"最美移动人"发布活动情况、表彰名单,并分"创新开拓　勇于进取""忠诚事业　勇于担当""尽职尽责　平凡坚守""矢志不渝　奉献社会""至诚至信　精益服务"5个小节,编入了51个"最美移动人"先进事迹。第三部分《笔墨浓情寄最美》,编入了中国移动员工在学习历届"最美移动人"感人事迹中所创作的散文、诗歌等文学作品33篇,部分诗文选配了员工绘画作品,并在末尾编入了中国移动员工集体创作的《移动最美》歌曲,展现了中国移动丰富多彩的员工文化。本书既有中国移动各领域各条线先进典型的真实事迹,也有员工自主创作文艺作品,语言生动、文字鲜活、体裁多样,具有较强的可读性、文学性,具有一定的思想性、艺术性,是一本学习先进典型的好读物,对于企事业单位开展先进典型选树具有一定借鉴意义。

　　本书在编写过程中,中国移动党组书记、董事长杨杰,党组副书记李丕征等领导高度重视,提出明确要求。学习出版社为图书出版工作付出了大量心血,在此一并表示感谢!

　　由于时间和水平所限,书中疏漏和不当之处,敬请广大读者批评指正!

本书编写组

2024年6月

本书编写组

组　　长　李丕征
副组长　　张　利　卢小山
统　　稿　徐晓杰
成　　员　袁腾飞　徐林涛　谷兵生　徐　君